U0783249

# 产出导向法视域下的
# 高职英语教学研究

李首权　著

天津出版传媒集团

 天津科学技术出版社

图书在版编目（CIP）数据

产出导向法视域下的高职英语教学研究 / 李首权著
. -- 天津：天津科学技术出版社，2024.5
ISBN 978-7-5742-2168-0

Ⅰ.①产… Ⅱ.①李… Ⅲ.①英语 – 教学研究 – 高等
职业教育 Ⅳ.①H319.3

中国国家版本馆CIP数据核字(2024)第106362号

———————————————————————————

产出导向法视域下的高职英语教学研究
CHANCHU DAOXIANG FA SHIYU XIA DE GAOZHI YINGYU JIAOXUE YANJIU

责任编辑：刘　鸫
责任印制：兰　毅
出　　版：天津出版传媒集团
　　　　　天津科学技术出版社
地　　址：天津市和平区西康路35号
邮　　编：300051
电　　话：（022）23332377
网　　址：www.tjkjcbs.com.cn
发　　行：新华书店经销
印　　刷：河北万卷印刷有限公司

———————————————————————

开本 710×1000　1/16　印张 17　字数 226 000
2024年5月第1版第1次印刷
定价：98.00元

# 前　言
## preface

　　教学方法论是教育学的重要组成部分，对于高职英语教学而言，选择合适的教学方法是提高教学效果的关键。在众多教学方法中，产出导向法以其独特的教学理念和教学流程，成为近年来教育研究的热点。在这个前提下，本书着重研究了产出导向法在高职英语教学中的应用和实践，力图为广大高职英语教师提供一种新的教学思路和策略。

　　本书共分为八章。第一章主要介绍了产出导向法的创建动因、创建依据以及发展历程，让读者可以更清晰地了解到产出导向法的起源和基本概念，为后续章节深入探讨产出导向法的教学流程和理论特色打下坚实的基础。第二章深入探讨了产出导向法的理论体系（包括其教学理念、教学假设、教学流程以及理论特色），旨在揭示该教学方法在高职英语教学中的可行性和优越性。第三章分析了高职英语教学的基本认知，这将帮助读者理解产出导向法与高职英语教学的契合点，为后续的教学实践和研究提供理论支持。第四章至第六章重点研究了产出导向法在高职英语教学中的具体应用，包括驱动场景、促成活动以及教学模式的构建，这些章节通过理论与实践相结合的方法，为高职英语教师提供了一套具体可行的教学方案。第七章则专注于产出导向法视域下高职英语教学的评价机制，提出了师生合作评价的理念和实施步骤，使评价更为公正、合理，有利于提高教学质量。第八章是本书的实践部分，详细阐述了产出导向法在高职英语的听、说、读、写、译五个方面的具体实践和案例分析，这些实际案例可以帮助读者更加直观地理解和掌握产出导向法，使产出导向法能够更好地融入高职英语的教学中。

  本书所探讨的产出导向法视域下的高职英语教学研究基于对相关文献和实际教学经验的综合分析，它既有深入的理论探讨，也有丰富的实践案例。希望通过本书的阅读，高职英语教育工作者能够得到启发，产生思考，找到适合自己教学环境的教学方法和策略，从而提高教学质量，推动高职英语教学的优化与发展。限于水平，书中如有不妥之处，欢迎各位老师、学者批评指正。

# 目 录
## contents

第一章　产出导向法的创建与发展　　　　　　　　　　　　　　1

　　第一节　产出导向法概述　　　　　　　　　　　　　　　　1

　　第二节　产出导向法的创建动因　　　　　　　　　　　　　3

　　第三节　产出导向法的创建依据　　　　　　　　　　　　　9

　　第四节　产出导向法的发展历程　　　　　　　　　　　　　14

第二章　产出导向法的理论体系　　　　　　　　　　　　　　18

　　第一节　产出导向法的教学理念　　　　　　　　　　　　　19

　　第二节　产出导向法的教学假设　　　　　　　　　　　　　25

　　第三节　产出导向法的教学流程　　　　　　　　　　　　　31

　　第四节　产出导向法的理论特色　　　　　　　　　　　　　41

第三章　高职英语教学基本认知　　　　　　　　　　　　　　45

　　第一节　高职英语的教学目标　　　　　　　　　　　　　　45

　　第二节　高职英语的教学原则　　　　　　　　　　　　　　54

　　第三节　高职英语的教学特色　　　　　　　　　　　　　　60

　　第四节　高职英语的课程设置　　　　　　　　　　　　　　64

第四章　产出导向法视域下高职英语教学的驱动场景　　　　77

　　第一节　驱动环节的研究现状　　　　　　　　　　　　　　77

　　第二节　英语环境下的场景设计　　　　　　　　　　　　　80

　　第三节　场景设计中的注意事项　　　　　　　　　　　　　93

　　第四节　场景设计案例分析　　　　　　　　　　　　　　　97

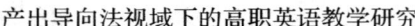
**第五章　产出导向法视域下高职英语教学的促成活动**　　111

第一节　促成环节概述　　111

第二节　促成协同性的基本知识　　120

第三节　围绕产出任务设计促成活动　　125

第四节　促成设计案例分析　　134

**第六章　产出导向法视域下高职英语教学模式的构建**　　142

第一节　产出导向法视域下混合式教学模式的构建　　142

第二节　产出导向法视域下多模态教学模式的构建　　147

第三节　产出导向法视域下翻转课堂教学模式的构建　　150

第四节　产出导向法视域下智慧课堂教学模式的构建　　163

**第七章　产出导向法视域下高职英语教学的评价机制**　　168

第一节　师生合作评价概述　　168

第二节　师生合作评价的理论依据　　175

第三节　师生合作评价的实施步骤　　182

第四节　师生合作评价的实施要求　　198

**第八章　产出导向法视域下高职英语教学的具体实践**　　205

第一节　产出导向法视域下高职英语听力教学　　205

第二节　产出导向法视域下高职英语口语教学　　213

第三节　产出导向法视域下高职英语阅读教学　　223

第四节　产出导向法视域下高职英语写作教学　　234

第五节　产出导向法视域下高职英语翻译教学　　244

**参考文献**　　259

# 第一章 产出导向法的创建与发展

## 第一节 产出导向法概述

中华人民共和国成立之后，我国的外语教育随着时代的浪潮出现了一系列改革和发展，外语教学理论也在时代演进中经历了持续的发展和转变，课文中心法（text-centered instruction）、听说法（audiolingual method）、交际法（communicative approach）、任务教学法（task-based language teaching, TBLT）、内容依托法（content-based instruction, CBI）等教学理论相继出现，出现外语教学"方法热"。这些方法各具特色，然而无论哪一种理论，多年来我国英语教学似乎一直将重心放在了知识的传授上，即强调词汇和语法的"输入型"教学，将较少的注意力放在学生"输出"型能力（如口语、写作等）的培养上。

但是，语言作为一种工具，其主要功能是沟通和交流，因此语言学习的核心目标应该是实际应用。如果学习者仅仅是能够理解和掌握大量的语法结构和词汇，而不能将这些知识运用到实际的语境中，那么这种学习就显得相对无效和孤立。英语教学是一场涉及教师和学生的双向、活跃的交流，而不应是教师的单向教授，学生在学习过程中不但要有机会获得必要的语言"输入",还应该有更多的机会开展"输出"能力的锻炼。

"产出导向法"(production-oriented approach, POA)这一外语教育理论体系的创立,正是基于对传统英语教学现状的反思而提出的。文秋芳教授分别于 2008 年 [①] 和 2013 年 [②] 刊发了两篇文章,在这两篇文章中,她提出了"输出驱动假设",认为输出比输入对外语学习的内驱力更大。文秋芳认为,传统教学中教师更多地采用讲授法,侧重语法、词汇的学习,学生处于被动接收、输入的地位。"输出驱动假设"是一种着重于学生语言产出和输出能力培养的英语教学法,它强调学生在学习过程中的实际操作与运用,以输出为驱动力促进英语学习,侧重写作和口语等"输出"方面的产出训练。2013 年,这一理论拓展到了大学英语教学领域,文秋芳及其团队在汲取了中国传统教育思想的基础上进一步融合了课程论和二语习得理论的有关内容,历经了多轮"学习借鉴—提出、修订理论—实践理论—反思阐释"的循环。2014 年 3 月,文秋芳在大学英语教学发展学术研讨会上提出了"输出驱动—输入促成假设"(output-drive, input-enabled hypothesis),将输入和输出进行了有机结合。2014 年 10 月,经过修订和改名,该理论被正式命名为"产出导向法"。

产出导向法是一种全新的教学模式,它强调"以学习为中心""以产出为目标",侧重学生的语言"输出",强调输出既是语言学习的动力又是语言学习的目标,鼓励学生的主动学习和实践,并以此为"驱动力"推动学生的语言习得和语言输出能力的发展。学习外语与掌握其他技能有所不同,它要求在真实的语境中进行,依赖大量的实践来将被动的语言认识转变为主动运用的知识和技能,最终实现利用语言进行实际操作的能力。以产出为导向的语言学习环境能够为学生创造更多的表达和解

---

① 文秋芳. 输出驱动假设与英语专业技能课程改革 [J]. 外语界,2008(2):2-9.
② 文秋芳. 输出驱动假设在大学英语教学中的应用:思考与建议 [J]. 外语界,2013(6):14-22.

释的机会，有助于激发学生的学习热情和自我驱动力，进而实现学习效果的提升。在实际应用中，学生不仅能够检验和巩固学到的语言知识，还能够在实际交流中不断学习和进步，形成一种动态的、持续的学习过程。从这个意义上说，"用"（或"实际应用"）不仅是语言学习的目标，还是语言学习的一种重要方法。开展语言应用的实践活动能够促使学习者在交流中不断发现问题、解决问题，从而更好地掌握和理解语言。因此，POA 克服了长久以来我国外语教学中"学用分离""文道分离"的弊端，强调"学中用，用中学"，在很大程度上提高了外语教学效率，推动了英语教学方法的创新。

## 第二节　产出导向法的创建动因

改革开放后，我国对外语人才的培养越来越重视。然而，随着我国社会的发展和国际化程度的不断提高，我国高校的外语教育质量却难以尽如人意，批评和质疑的声音逐渐明显（如学习过程重讲轻练、死记硬背、哑巴英语等），这些现象的出现给外语从教者提出了新的时代要求，鞭策教育者不断与时俱进、改革创新。分析这些批评和质疑，我们可以将其原因归为以下两类。

### 一、教学模式与语言学习目标相分离

目前的英语学习中，学生将大量的时间和精力用于记忆语法规则和词汇，这种以"输入"为主的学习模式使学生虽然可以在笔试中获得高分，但在实际的交流中却表现不佳。换句话说，学生的英语学习往往停留在知识的层面，而没有将其转化为实际的能力。这就使学生虽然投入了大量时间学习英语，但实际运用中却常常感到无从下手，导致了学生学习效率低下、学用脱节的现象。这一弊端还会带来更深层次的问题，过度地侧重于输入性学习不仅会影响学生的实际运用能力，还会抑制学生的学习兴趣和积极性。学生被长期困于单一、乏味的记忆学习，很容

易产生学习疲劳，甚至出现叛逆、抵触、厌学心理。由于缺乏实际应用和交流的机会，学生的创造性和批判性思维能力也会大大受到限制。

语言作为一种工具，其主要功能是沟通和交流。语言教育的核心目标在于培养学生在实际环境中运用语言的能力，这个目标寄托于学校的英语教学目标中。因此，如果教学目标只能使学习者理解和掌握大量的语法结构和词汇，而不能使他们将这些知识运用到实际的语境中，那么这种学习就显得相对无效和孤立，教学目标与语言学习目标就是分离、割裂开来的，即"学用分离"。这类教学方法有两类代表。

## （一）课文中心法

课文中心法可以分为"自下而上"的教学方法和"自上而下"的教学方法两种。

### 1. "自下而上"的教学方法

"自下而上"的教学方法在 20 世纪 50 年代至 20 世纪 90 年代中期颇为流行，目前在一些偏远地区可能仍有应用。该方法的核心思想是，教学过程需从细节到整体，即从语言的微观单位逐渐过渡到宏观单位。这种方式下，教师会将课文细分为多个小部分，每部分含有一个或多个段落，具体数量取决于各段落的长度。通常，教学过程会遵循一定的流程：学生逐段朗读—教师逐一讲解词汇、语法以及难以理解的句子—学生进行相关的练习，如图 1-1 所示。

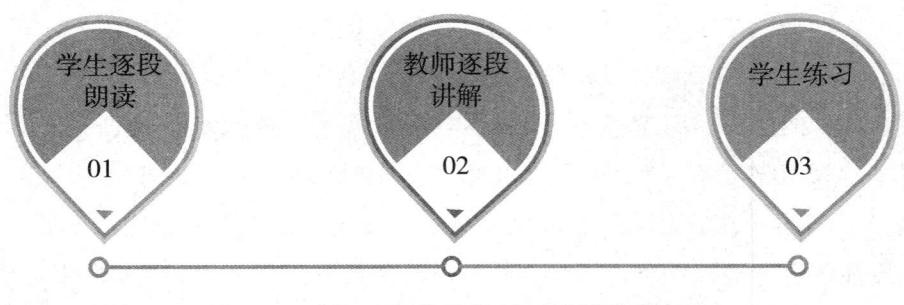

图 1-1　"自下而上"教学方法的课堂教学流程

这个教学模式侧重于对语言知识的学习和记忆，但似乎忽略了如何将这些知识应用于实际交流中。学生机械地记忆，教师强调"熟能生巧"，期望学生通过大量的课外练习来掌握知识，但如何将所学知识应用于真实的交际场合往往并不在教学的重点考虑范围之内。

很明显，这种"自下而上"的教学方法存在一定的局限性。它主要强调对语言元素的分析和理解以及对知识的记忆，往往过于重视对单一知识点的教授，而缺乏对语言运用的实际指导和实践机会，对语言的整体运用和实际交流能力的培养重度缺乏，从而造成学生的学用脱节。

2."自上而下"的教学方法

自 20 世纪 90 年代中期开始，"自上而下"的课文教学模式逐渐成为主流，一直持续至今，应用广泛。该模式强调从整体的文章含义入手，而非仅仅着重于单词和句子的基础语法结构，其教学流程如下（图 1-2）：预热活动激，发学生对新教材的兴趣；引导学生进行略读和扫读，帮助他们掌握文章大纲；分析文章结构，使学生了解课文的基本框架；回答、理解问题并穿插讲解部分单词和难句，确保学生理解文章的主旨；完成课后练习。此外，课后教师还会安排一些与课文主题相关的产出活动。

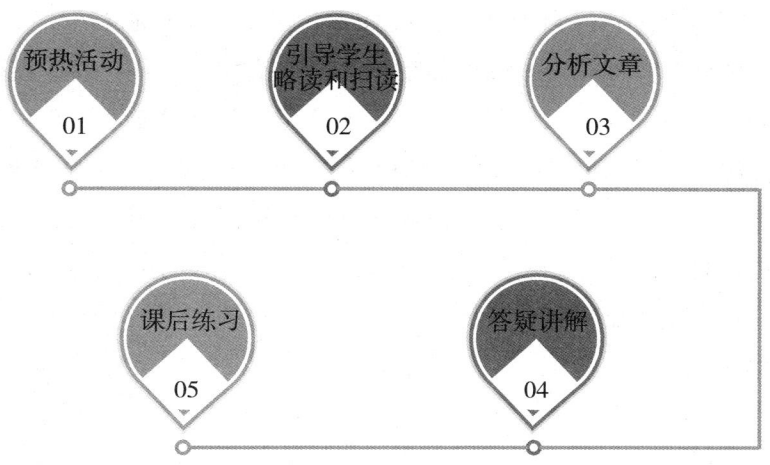

图 1-2 "自上而下"教学方法的课堂教学流程

可以看出，"自上而下"的课文教学模式侧重于对文章内容的理解，而忽略了对语言基础结构的重视，教学过程缺乏有序和逐步的活动安排，难以帮助学生将所学语言知识有效转化为实际表达能力。这种模式下，学生能在一定程度上理解和记忆文章内容，但对于语言的实际运用和表达却显得束手无策，这显然不符合语言学习的终极目标。因此，这种教学模式需要重新进行审视和评估，寻求更为全面、平衡的教学方法，以确保学生不仅能理解文章内容，还能够灵活运用语言进行准确表达。

### （二）任务中心法

"任务中心法"又称为"任务教学法"或"任务导向教学法"，是指教师通过引导语言学习者在课堂上完成实际的任务来促进语言学习，掌握语言技能。这种方法起源于 20 世纪 80 年代，在当时是一种创新的教学方法，因为其教学理念不再只是停留在语言知识的传授上，而是强调"在实践中学习"（learning by doing），更加重视语言技能的实际运用和综合能力的培养。学习者需要通过参与和完成具体的语言使用任务，将语言学习与实际应用相结合。在这种教学框架下，教师负责设计和引导学生完成旨在提高交际能力的具体任务，学生则通过参与讨论、沟通、协商、解释和提问等多种交际活动来完成这些任务，不再只是被动的接收者和聆听者，整个教和学的过程都在真实任务语境中发生和完成。任务中心法吸纳了多种传统教学方法的优点，并与其他教学方法相辅相成，并不相互排斥。任务中心法在我国的外语教育体系中的引入，标志着我国外语教育向理论结合实践发展的方向迈出了重要的一步。任务中心法的一般教学流程如图 1-3 所示。

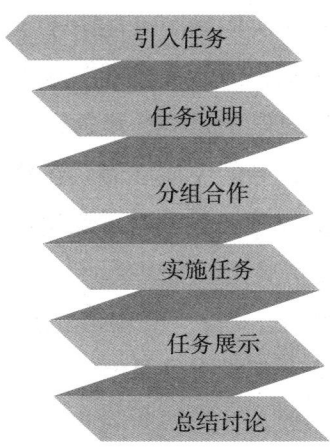

图 1-3 "任务中心法"的课堂教学流程

在教学过程中,学生可能会被赋予这样一个任务:"If you are an environmental protection director, how would you formulate strategies to address climate change issue? You are required to write an English essay of no less than 150 words to show your views and answers." 针对这个任务情境,学生需撰写一篇不少于 150 词的英文文章。通过引入这个任务,教师可以激发学生的学习兴趣并明确学生的学习目标。之后,在任务说明阶段,教师向学生解释任务的具体要求和目标,包括背景信息、所需的技能和知识以及完成任务所需的步骤。教师对学生进行分组,学生需在小组内进行讨论与共同合作,分享想法并解决问题。教师提供必要的指导和支持,鼓励学生积极参与讨论。在任务实施阶段,学生根据先前讨论中形成的观点、想法和意见,进行英语写作练习,完成写作任务。接着,学生对自己的英语习作进行分享和展示,教师则归纳总结其中的共性问题,并给出针对性的修改建议。在最后的总结讨论阶段,教师引导学生归纳总结该写作任务的工作要点和注意事项,促使学生形成在真实的工作中运用语言的能力。

这种教学模式给学生提供了实践和应用知识的平台,更加强调知识的实际应用。这种模式虽然有助于学生更加灵活地运用所学的知识,但问题也随之而来，学生在解决问题时可能限于水平，多数会依赖已有知识，难以有效拓展他们的知识体系和技能。尽管学生间的互动和查找资料能够给学生提供互学和自学的机会，但这样的学习更多是随机性和偶然性的，仅仅停留在定向任务的完成层面。在整个任务完成过程中，教师未能给予系统且专业的指导，很可能导致学习效率低、课堂混乱、学习没有针对性、学生能力扩展受限等现象。

通过以上内容可以看出，"以课文中心"和"以任务中心"的教学方法都强调语言输入，两者都没有将足够的注意力放在输出上，导致教学输入与输出之间缺乏连接，存在着断裂和明显脱节现象，不符合语言"学以致用"的教学目标。

## 二、教学模式与人文素质教育目标相分离

另一不可忽视的问题是传统教学模式与我国人文素质教育目标相分离，文秋芳将其归纳为"文道分离"，即学校语言技能训练与个人价值观、人格塑造的分离。这种分离导致学生在掌握语言的同时，缺乏对语境、文化背景的深入了解和对语言交流中的情感、价值观的把握，最终影响语言的实际运用。

传统的英语教育存在一个明显的趋势，即将重心放在知识的灌输（特别是语法和词汇的学习）上，而忽略了对文化背景、思维方式和价值观的教育。这种偏向于知识导向的教学方式不仅与人文素质教育中培养全面素养的目标背道而驰，还导致了学生虽然掌握了丰富的语言知识，却未能学会如何将其应用于真实的语境中。在应试教育背景下，教学内容和方法在很大程度上都是围绕着考试展开的，这不仅忽视了培养学生批判性思维、创造性思维和独立性思考能力的重要性，还使学生缺乏对英语文化的深入理解，难以在交流中实现文化与价值观的共鸣。

在这种教学环境下，个性化教学的缺失变得尤为明显，传统教学很少考虑学生个体间的差异，也很少提供符合学生个人发展需要的教学内

容和方法。情感因素在教学中也常常被忽略，缺乏对学生情感、态度和价值观的培养，这与人文素质教育强调个体全面发展的理念不符。师生互动的不足会导致学生在课堂上缺乏表达和参与的机会，不利于沟通能力和批判性思维的培养。由于教材内容的单一，传统教学的重点过分集中在语言知识的传授上，而忽略了对文化、道德和价值观等方面的教育，这与培养学生全面素质的目标存在着较大的差异。

教学模式上的不足会导致人才培养的缺陷。"以文载道"是中华优秀教育传统的核心理念，其中"文"不仅包含了语言文字，还融入了文化、道德和价值观等多个层面；"道"则体现了教育的终极目标，即培养具有正确价值观和道德观的人。教学模式上的偏差导致外语被视为一种纯粹的交际工具，教学过程甚至仅限于语言知识的传授。教育者应该认识到，"立德树人"是教育的根本任务，语言教学也是一种育人的载体，在教学过程中也要使学生得到道德、文化和价值观方面的熏陶，要将人文素质教育融入每个环节，强调人的情感、态度和价值观的培养，确保学生在学到知识的同时，能得到全面的人文素质教育，成为具备深厚文化底蕴和正确价值观的人。

正是基于以上对传统英语教学的反思，文秋芳教授提出了"产出导向法"理论，旨在解决英语教学中"学用分离""文道分离"的弊端。

# 第三节　产出导向法的创建依据

产出导向法是一种重视学生语言输出的教学方法，它不仅涉及语言知识的获取，还关注学生如何有效地使用语言。它以心理语言学、社会语言学以及外语学习者的自身要求为依据孕育而生。

## 一、心理语言学依据

关于语言习得领域研究，美国学者克拉申（Krashen）提出了"输入假设"（input hypothesis）理论，强调了学习者接收的语言输入（学习者听到或读到的、能够理解的语言信息）的重要性。他认为，为了有效地习得第二语言，学习者需要接触略微超出其当前语言能力水平的输入。他将这种输入称为"i+1"，其中"i"代表了学习者当前的语言水平，"+1"则指的是略微超出该水平的复杂性或理解程度。这样的输入能够在提供可理解信息的同时，提供新的语言形式或结构，从而推动语言能力的发展。该理论强调了可理解输入的重要性和唯一性，认为输入是推动第二语言习得的关键因素，而输出是这一过程的自然结果，并不直接促进语言习得。

加拿大应用语言学学者斯温（Swain）的"输出假设"对克拉申的观点提出了挑战和补充。斯温强调，接收可理解的输入对于语言学习者是必要的，但这还不足以促使他们全面掌握一门新的语言。她通过对加拿大法语沉浸式课程进行观察，发现输出同样关键，尤其是在提高语言技能方面。斯温在此基础上，进一步概括了输出的多种功能：一是提升语言运用的流利性；二是加强对语言结构的意识，使学习者认识到自身思考与表达之间的差距；三是通过实践检验语言假设的正确性；四是激发对语言细节的反思和深入思考。

在语言产出的过程中，荷兰的心理语言学家莱维尔特（Levelt）和美国的认知心理学家安德森（Anderson）的理论也提供了有价值的见解。他们指出，输出本身不会创造新的陈述性知识，但它可以加速陈述性知识向程序性知识的转换，从而提高语言的流利度。

日本学者泉真一（Shinichi Izumi）强调，提升流利度只是输出的一项功能，在实际应用中，学习者还可以通过自我监控发现语言输出中的不足，这一过程被称为"语言缺失"。泉真一进一步深入分析了输出在促进语言习得中的作用，尤其是当学习者意识到自身语言系统的缺失时，他们会采取多种策略进行修复。例如，他们可能会尝试使用不确定的语言形式，并根据反馈进行调整；在教师或母语者的指导下，学习者可以扩展其语言知识；在小组活动中，学习者可以利用同伴的帮助；在独自工作时，学习者可能会寻求其他资源或重新组织已有知识。在这一过程中，及时和相关的输入也对修复语言缺失有重要帮助，是语言发展的潜在动力。

美国应用语言学家斯科维尔（Scovel）强调了交际的互动性，认为交际不仅是人与人之间的互动，还发生在个体脑内部的两个系统之间，即输出系统和编辑、修正、监控系统之间。这种内部的对话为学习者分析和改进自身的语言输出提供了分析自我语言系统不足的机会，从而对自己的语言体系进行补充、拓展、提升。

心理语言学为产出导向法提供了坚实的理论基础，强调输出不仅可以提高语言的流利度，还能增强学习者的自我意识、促进知识的内化、提供自我修正的机会。在教学实践中，教师应设计多样化的活动，鼓励学生产出，同时提供必要的反馈，以帮助学生意识到自己的不足，并找到适当的策略进行改进。通过这样的过程，学生的语言能力得以全面发展，他们不仅学会了新的语言结构，还能更有效地运用语言进行沟通。

## 二、社会语言学依据

从社会语言学角度分析，外语可以应用在社会的多个领域，尤其是在职业环境中，语言的社会语言学功能展现出多样性和复杂性。职场中的外语交际不仅涵盖了听和读的接收性技能，还极大地依赖于说、写、译等产出性技能，它要求人们能够通过说、写、译等方式，将内化的理解转化为外部可感知的输出。这种现象在社会语言学的框架下尤为突出，因为在现实的工作场景中，单一的听力或阅读技能并不足以完成职业任务，即使在以听力为主的情报收集部门或以阅读为主的编辑部门，最终产出往往也需要通过书面或口头表达，确保信息的准确传递和任务的有效完成，口语和写作方面的输出在职场中占据了核心地位。

职场中的交际活动往往还需要跨语言的转换，尤其是在口译和笔译等社会职业中，交际活动往往超过了单一语言的表达。这在合资公司或外资企业中更为常见，日常业务往往涉及两种或多种语言之间的转换，凸显了熟练掌握双语转换技能在职业领域的重要性。尽管语言输入（如阅读和听力）对于培养语言感觉和获取语言知识至关重要，但对于中高级水平的语言学习者，尤其是即将步入职场的外语专业学生而言，能够有效表达、准确转换语言的产出性技能显得尤为关键。

因此，外语教学和课程设计需要根据学习者的水平和需求进行调整，对于即将进入职场的学生，应更多地强调产出性技能的培养。不仅如此，教学还应注重提高学生在实际工作环境中的语言应用能力，包括专业领域的口笔译技能以及能够在不同社会文化背景下进行有效沟通的跨文化交际能力。这种以输出为导向的教学方法不仅有助于学生将理论知识转化为实际语言技能，还能够确保他们在未来的职业生涯中应对各种语言交际挑战，实现有效的跨文化沟通。在这个过程中，教师的角色也从传统的知识传授者转变为引导者和促进者，他们需要设计更多实践性的活动，引导学生在真实或仿真的职业场景中应用语言，从而深化他们的综合语言运用能力。

## 三、外语学习者的自身要求

长期以来，我国英语教育的课程设置和教学实践一直秉承"重输入、轻输出"的教学理念，这在一定程度上忽视了学习者实际的需求和能力发展。尤其是在当前，新时代外语学习者的需求对外语教学提出了新的要求，教育者需要重新审视和强调语言输出在外语学习中的重要性，改进和优化教学理念和方法，以适应时代发展的要求。

对于高职学生而言，他们往往已经有至少十二年的英语学习经历，已经掌握了基本的语法规则和大约 2 500 个常用词汇，具备了基本的交流能力。然而，现行的高职英语课程依然侧重于接受性技能的训练，即重视语言输入而忽视语言输出。教师在课堂上引入新的词汇或语法点时，往往想当然地认为学生在未来的语言应用中会自然而然地运用这些知识内容，但学生对这些所学知识如何、何时运用却认识不清，他们大多数情况下只知道这些新知识未来可能有用，但不明了何时何地有用以及怎么用。在这样的教学模式下，学生很容易变得被动，他们或许会机械地储存知识以应对考试，但缺乏了真正的学习动力和好奇心。相反，如果学生能意识到自身在语言应用中的具体缺失，这将触发他们的自驱力，使他们从"被要求学习"转变为"主动求知"。而对于已经有一定基础水平的高职英语学习者来说，最有效的激励方法是让他们意识到自己的知识盲点，并主动寻求解决之道。

因此，教学策略的改变刻不容缓，教育者要从教材编写到教学方法上都营造一种鼓励语言输出的氛围，激发学生思考"我该如何用英语表达这个观点？""我该如何用英语进行那种描述？"等问题。在此基础上，教师应适时提供必要的语言输入，满足学生在实际语言应用中的迫切需求。当学生意识到语言学习对于填补自身能力空白的直接帮助时，他们将更加主动地吸收新知识。

通过以上内容可以看出，产出导向法的创立是在心理语言学、社会语言学和学习者个体需求三个方面的基础上孕育而成。心理语言学可以让我们认识到"输出"在英语学习中的作用过程以及对于英语学习的重要性，"输出"能够促使学习者发现自身语言体系中的"空缺"，从而产生学习的"内驱力"，它是知识内化和自我修正的心理学关键。社会语言学揭示了职场中多样化的外语应用场景，提出除了输入性技能，输出性技能同样重要，尤其是在翻译和口头表达上的实际需求，这些输出性需求必须依附于产出技能。从学习者自身需求出发，对于已具备一定英语基础的学习者而言，传统的以输入为主的教学方式已不再适应他们的学习需求，单纯依赖"输入"而缺乏"输出"实践往往难以将所学知识转化为实际能力；反之，如果通过"输出"活动来推动"输入"的学习，让学生认识到学习中存在的知识盲点，就能激发他们的"认知饥渴"以及学习欲望，实现自我驱动的学习。这三大方面的依据在后面的篇章中都会有不同程度的体现和应用。

# 第四节  产出导向法的发展历程

产出导向法的创立和形成并不是一蹴而就的，它是在理论—实践—诠释的多轮循环互动的基础上逐渐形成和完善的。根据文秋芳教授的总结，POA 的发展大致经历了五个阶段：萌芽期、雏形期、形成期（POA 1.0 版）、修订期（POA 2.0 版）、再修订期（POA 3.0 版）。

## 一、萌芽期

2007 年 5 月，文秋芳教授受邀在"首届全国英语专业院系主任高级论坛"上做主旨发言。论坛后，文秋芳教授撰写了论文，随后以"输出驱动假设与英语专业技能课程改革"为题，在《外语界》2008 年第 2 期发表了该论文。这篇论文的发表标志着产出导向法的诞生和形成。论文提到的"输出驱动假设"是产出导向法的出发点和雏形，该假设内容包括了两个方面：一方面强调了输出在外语学习中的重要性，认为输出比输入的内驱力更大，不仅能加强学生对接受性语言知识的应用，还能激发他们掌握新语言知识的动力；另一方面，文秋芳教授还指出，教学目标应更多地侧重于培养学生的口语、书写和翻译等产出性技能，以更好地满足社会的需求。之后，有些英语专业的教师开始将"输出驱动假设"融入他们的教学实践，并取得了一些积极的成果，但由于文秋芳教授并没有直接参与这些教学活动的设计，也没有亲自观看相关的教学录像，因此她对自己理论的成效持谨慎态度。

到了 2013 年 4 月，文秋芳教授再次受邀在一次重要会议上发表主旨演讲，并于同年在《外语界》第 6 期发表了一篇重要论文，题为《输出驱动假设在大学英语教学中的应用：思考与建议》，该文探讨了"输出驱动假设"与其他著名语言学假设的区别和联系，提出了一个基于"输出驱动假设"的大学英语课程体系并描述了课堂教学的基本流程。在此期间，文秋芳还在五所大学组织了产出导向法的教学实践研究，邀请教师们根据"输出驱动"理念设计各自的教学计划，并对教学过程进行了录像，以便后续分析。她通过对教学实践进行分析和总结，发现了一个关键问题：为学生输出活动提供的输入材料不够系统，教师对学生的辅导也缺乏针对性。这一发现为 POA 方法的进一步改进指明了方向。

## 二、雏形期

接下来，为了解决上述在教学中发现的问题，产出导向法研究团队引入了"输出驱动—输入促成假设"（图 1-4），并特邀资深的外语教育研究人员共同探讨这一新提出的假设。这个新假设的特点在于，它要求教师在推动学生输出的同时，精心策划并逐步给学生提供必要的、与任务相关的输入，这一过程不仅有助于学生成功地完成指定任务，还能确保最终的成果接受适当的评估。为了进一步阐明这一假设的实际应用，文秋芳教授撰写了《"输出驱动—输入促成假设"：构建大学外语课堂教学理论的尝试》，说明了新假设的实施步骤。她在论文中还使用了"中西饮食文化比较"的案例研究，展示了如何将这一教学策略应用于真实的课堂环境中。此举不仅提供了解决 POA 在实践中遭遇的难题的实用指南，还为外语教学领域的未来研究开辟了新的路径。

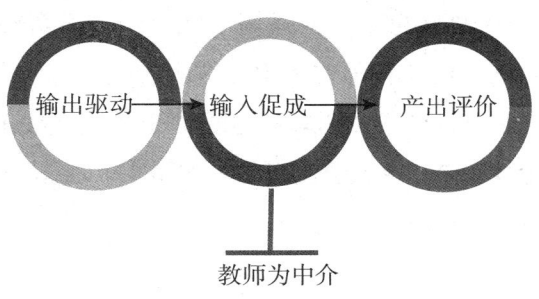

图 1-4　输出驱动—输入促成假设

## 三、形成期（POA 1.0 版）

2014 年下半年，POA 研究团队与来自加拿大多伦多大学教育学院的 Alister Cumming 教授展开了一系列对话，旨在将"输出驱动—输入促成假设"提炼为一个抽象的理论框架。在经过慎重考虑后，团队从多个可能的英文表述中，确定了"Production-oriented Approach"，即 POA 为其官方名称，其中文对应翻译则定为"产出导向法"。自此，"POA"这一术语便一直沿用。2015 年，文秋芳教授撰写论文总结概括了 POA 理论，POA 理论至此也有了相对完整的框架。POA 1.0 版包括教学理念、教学假设、教学流程三部分，其中教学理念包括学习中心说、学用一体说、全人教育说；教学假设包括输出驱动、输入促成、选择学习三方面；教学流程包括驱动、促成、评价。

## 四、修订期（POA 2.0 版）

2017 年，POA 研究团队分别于 5 月和 10 月举办了两场国际性的研讨会，旨在与全球的学者深入探讨 POA 的理论基础和实践应用。在与两场跨国的学术交流的丰富知识和新思想的碰撞下，POA 研究团队对 POA 的理论框架进行了修正，并基于国内与国外理论的比较，进一步探究了 POA 在中国教育环境中的独特性和中国特色。相较于 POA 1.0 版，2017 年的 POA 2.0 版不仅在教学假设中新增了"以评为学"假设，还在教学流程中将单向指示调整为双向，强调了教学流程中各环节之间的互动和反馈循环。团队还将"教师作为中介"的表述修订为"教师的主导作用"，这种调整更契合中文的语境，也更便于教育一线工作者的理解和实践。POA 理论体系 2.0 版教学流程图示如图 1-5 所示。

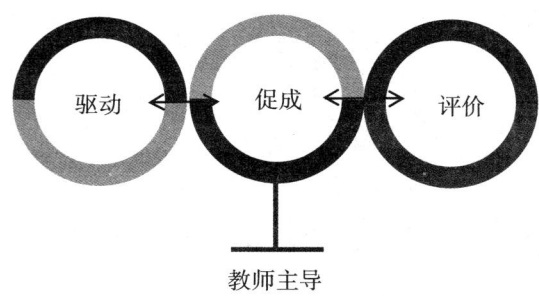

图 1-5 POA 理论体系 2.0 版教学流程图示

## 五、再修订期（POA 3.0 版）

在 POA 2.0 版本的基础上，文秋芳教授在后续的研究中对 POA 的理论体系进行了进一步的优化，将其修订为 3.0 版本。POA 3.0 版本的主要变化如下：在教学理念部分增加了"文化交流说"，同时将"全人教育说"替换成了"关键能力说"，旨在使教育目标更为具体，更为可教、可测、可量；在教学流程部分，POA 3.0 版本将"驱动—促成—评价"三个环节分为了内部的小循环和整体的大循环，同时在教学流程中对教师和学生的作用进行了更加清晰的界定，强调了教师主导下师生合作共建的教学过程。

# 第二章　产出导向法的理论体系

产出导向法的理论框架由教学理念、教学假设、教学流程三个部分组成，其中"教学理念"是指导思想，"教学假设"是理论支撑，"教学流程"是实现方式，三者互相支撑，如图 2-1 所示。

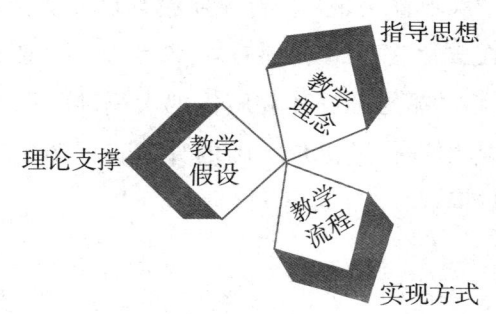

图 2-1　产出导向法的理论框架

作为"指导思想"的教学理念由四种学说构成，包括"学习中心说""学用一体说""文化交流说""关键能力说"。作为"理论支撑"的教学假设也包括四部分，分别是"输出驱动假设""输入促成假设""选择学习假设""以评为学假设"。作为"实现方式"的教学流程由驱动、促成、评价（包括即时评价和延时评价）三部分构成。产出导向法的具体内容如图 2-2 所示。

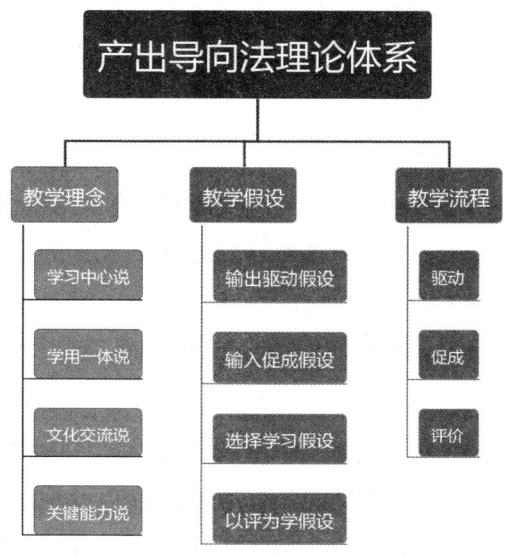

图 2-2　产出导向法的具体内容

# 第一节　产出导向法的教学理念

教学理念对于教学就如同罗盘对于航海者一般，具有指引和导向的重要作用，它能协助教师在教学的海洋中设定清晰的航向，引领教师将教学目标、教学内容和学生的需求相融合，激发学生的学习热情与自主探索的精神。它还像教师手中的工具箱，能够供应多样化、个性化的教学策略与方法，使教学过程更为丰富多彩。而在评价学生时，它更是一把尺子，能够引导教师做出更为全面、客观的评价。因此，恰当、合理的教学理念能够保证教学过程的顺利进行并最大化地推动学生的发展与进步。

前面已介绍过，产出导向法的教学理念包括"学习中心说""学用一体说""文化交流说""关键能力说"。其中，"学习中心说"和"学用一体说"用于指导教学流程；"文化交流说"强调文化对于语言学习的重要性，它是制订和选择教学内容的依据；"关键能力说"提供了一个全面发展学生能力的框架，将教学目标和人才培养目标具体化，增强了培养目标的可测性。

## 一、学习中心说

什么是教学？教学是"教"与"学"相统一的复杂的、多层次的动态过程，这个过程是在一定的教育目标指导下展开的，目的是传递和掌握知识，从而推动学生全面素质的提升。在这一过程中，教授者和学习者是两个核心主体，但这两个主体哪个更重要、哪个起主导作用，一直以来都是教育界和学者们热烈探讨和辩论的焦点话题。两大主体分别产生了两大中心学说：教师中心说和学生中心说。这两大中心学说试图解答在教学活动中，教师和学生哪个更应该占据核心地位、哪个更应该发挥主导作用的问题，二者都试图探索一种更为有效和实际的教学模式。然而，每一种中心学说都有其优势和局限性。

"教师中心说"将教师视为教学活动的核心和主导者，学生则被视为被动的知识接受者。这一理念强调教师在教学过程中的权威性和掌控性，全面决定教学目标、内容、方法和评价标准，课堂模式通常采用"满堂灌"，学生则是配合者，习得方法主要是机械记忆和刻板练习。这一模式虽然能确保学生准确、迅速地掌握知识，具有明显的结果导向性，但其缺陷也非常明显。它过分强调教师的权威，一切教学活动都围绕教师展开，重教轻学，压制了学生的创造性、学习动机以及自学能力，导致学生在学习过程中缺乏主动性和参与性，学生作为独立个体的特性被忽略，最后只能培养出缺乏人文修养的"工具人"或者"技术人"。

"学生中心说"于20世纪末、21世纪初引入我国，它以一种全新的教学模式向长期占据主导地位的"教师中心说"发起了挑战。该理念主张把学生置于教学活动的中心地位，强调学生的主动参与、实践探索和自主学习，教师应该根据实际情况围绕学生的需求、兴趣和经验设计并安排教学活动，在教学中充当的是协调者、助手、顾问、导师、引导者等角色，帮助学生建立自己的知识体系，而不只是机械地遵循教材的内容。"学生中心说"颠覆了长期主导我国外语教学的"教师中心说"，并调整了忽略学生需求、过分注重教材进度的教学方法，使其从"传授模式"向"学习模式"转变，从原本的"教师、教材、课堂"向"学生、收获、体验"理念转变，有利于促进学生的全面发展。然而，学生中心说也存在一些问题，它也未能清晰地划分学校教育与社会学习的基本差异，强调学生在教学活动中的支配地位，容易被误解成学生是教学目标、内容和进度的规定者，不适当地甚至过度强调学生的主导性、主持性、决定性，这就可能会导致教师角色的边缘化，导致课堂秩序混乱、学习效果低下、达不到既定的教学目标和人才培养目标。

在这样的背景下，POA 理论的"学习中心说"应运而生。这一理论由文秋芳教授提出，它强调所有的教学活动都应该以促进有效学习为目标，认为无论是教师还是学生，无论是教学活动的设计还是教学实施过程，都应该以学生能学到什么为出发点，以实现教学目标为最终目的。在这一理念指导下，不同的教学活动形式服务于不同的教学目标。教师需在众多教学形式中选择能够实现教学目标的最优形式，在设计每一个教学环节或任务时应考虑学生的兴趣，还要在有限的时间内，在教学准备、活动安排和评价等各个环节中更加注重学生的学习需求和学习效率，教师和学生的一切教与学的活动都要服务于学生的有效学习。

学习中心说不仅挑战了长期占据主导地位的学生中心说，还提出了一种更为全面和实际的教学模式。这一模式不仅凸显了教学活动的多样性和灵活性，平衡了教师在教学过程中的引导和促进作用，保证了知识的传递和师生互动，还激发了学生的学习兴趣和学习动机，达到有效帮助学生构建和掌握新知识的教学目的。该理论以促成有效学习的发生为目的，首要关注的是学生能学到什么，而不仅仅是谁在课堂上发挥主导作用，整个教学过程完全以学习为中心，因此更为简练、准确地反映了学校教育的实质。

## 二、学用一体说

POA 的"学用一体说"，顾名思义，它强调学习与运用的有机结合，即"输入性学习"和"产出性运用"的紧密结合、相互联动[①]。"学用一体"中"学"指的是隐性、输入性学习，如听、读；"用"指的是显性、输出性的产出，如说、写、译。它的提出旨在解决外语教学中"学用分离"的弊端。

我国目前的外语教学多以教材为导向，以课本为中心，教师在课堂进行词汇以及语法串讲，引导学生分析文章、理解语言难点、掌握写作技巧等，教师和学生之间虽有互动，但是这种互动和教学通常是以理论知识的掌握和考试考核为目标，并非将英语视为交流工具、将课堂视为实现途径去培养学生综合运用英语的能力。这就导致学生虽然掌握了课本知识，也积累了不少语法知识，但输出能力在课堂上得不到足够的、有效的锻炼，脑袋里的课本知识变为惰性知识，在实际应用中无法"盘活"，不能将其转化为产出力，从而形成了"哑巴英语"的困境。还有一种因素就是，教师普遍感受到在现有的教学时间内教材的内容很难全部教授完毕，因此很难再有额外的时间去培养学生的实际运用能力。

针对以上困境，产出导向理论主张打破"以教材为中心"的教学模式，学生不仅需要学习课文，还需要将课文学习作为实现英语应用任务的途径，将语言教学活动与实际运用紧密结合，消除"学"与"用"的界限，在学中用，用中学，边学边用，学用结合。

## 三、文化交流说

语言是文化的一种表现形式和载体，文化则赋予语言深度和内涵，它们相互影响，相互塑造。因此，语言不能脱离文化而存在，POA 理论

---

① 文秋芳.构建"产出导向法"理论体系[J].外语教学与研究，2015，47（4）：547-558，640

框架中"文化交流说"也强调这种观点。"文化交流说"为POA 3.0版本的新增内容，这一理念认为，教学要以教学内容为导向，既要将本土文化纳入其中，又要将目的语言的文化纳入进来，实现不同文化之间的交流。它强调了文化元素在语言学习中的重要性，阐明语言学习不仅仅是语法、词汇和发音的学习，还是一种对文化的学习和理解。没有对目的语言文化进行深入理解，语言学习很可能会变得片面和肤浅。学习者需要理解语言所承载的文化价值、信仰、思维方式、行为规范等，这样才能更加准确、自然地使用语言。这种文化的融入和理解不仅能帮助学习者更加全面和深入地学习目标语言，还能帮助学习者建立跨文化的视野，培养跨文化交际能力，形成更加开放和包容的文化态度，避免文化误解和冲突的发生，使学生成为更适应经济全球化时代背景的综合性素质人才。不同文化之间的碰撞也更能激发学习者学习目标语言的兴趣和动机。

教师教学过程中应该鼓励文化的融入和交流，考虑不同学生之间不同的文化背景，选择适当的教学策略；还可以设计一些跨文化的教学活动（如文化比较、文化探讨等）作为补充，让学习者有机会直接接触和体验不同的文化。这种文化的交流和互动能够帮助学习者开阔视野，提高文化素养，更加全面和深入地理解、学习目标语言。

## 四、关键能力说

"关键能力说"是根据教学目标，为发展学生的关键能力而提出的教学理念，由POA 2.0版中的"全人教育说"发展而来。"全人教育说"强调教育的对象是具有思想、感情的人，而非机器，主张教育应该服务于人的全面发展，包括智力、情感与道德等各个方面。这种理念认为，外语教育不仅要追求学生英语综合运用能力的提高，还要追求高等教育的人文性目标，如提高学生的思辨能力、自主学习能力和综合文化素养等。"关键能力说"则具体指出了外语学习者须具备的六大核心能力，相比于

"全人教育说"，它使教学目标更量化、具体化，更可教、可测。

"关键能力"即外语学习的六大核心能力，包括语言能力、学习能力、思辨能力、文化能力、创新能力以及合作能力。语言能力不仅涉及听、说、读、写、译等基础技能，还广泛地包含了学习者在语言学习和使用过程中所形成的语言意识和语感，这些技能是在不同社会情境中逐步发展和完善的。学习能力是指学生通过积极选择和运用恰当的英语学习策略，通过多种途径积累知识，从而提升学习效率的意识和技巧。思辨能力体现在学生展现出的逻辑性、批判性和创新性思维方面。文化能力不仅是对异域文化的认知，还是一种跨文化的语言行为能力。创新能力体现在学生敢于尝试和创造的思维活动中，这种能力在当今快速变化的社会中显得尤为宝贵。合作能力涉及的是学生在社会互动中学习与他人合作，妥善处理个人与集体关系的社会技巧。这六大能力相辅相成，共同塑造了一名全面发展的语言学习者。

在这六大核心能力中，语言能力是其他五种能力发展的基础，它们之间相互影响和联系。因此，在语言教学过程中，教师需要将这些能力的培养融入教学设计中，制定综合性的教学策略，确保学生在学习语言的过程中能够实现这些核心能力的全面发展。

具体而言，教师需要确保教学内容和方法能够全面覆盖六大核心能力，这意味着教学活动不仅要包括传统的语言学习，还要涉及批判性思维、创新性思维、文化理解和合作能力的培养。例如，教师可以设计一些团队合作项目，让学生在实际操作中学习如何与他人合作、如何解决团队中出现的问题。

教师需要提供一个多元化、包容性的学习环境，让学生有机会接触和理解不同的文化，这可以通过引入不同文化背景的教学材料、组织跨文化交流活动以及鼓励学生分享自己的文化经验来实现。这种多元化的学习环境有助于培养学生的文化能力，也有助于提高学生的跨文化交际能力。

教师需要鼓励学生进行创新性思维的培养，可以提供一些开放性的问题，让学生进行思考和讨论，鼓励学生提出自己的见解和解决方案。教师还可以设计一些创新性的项目，让学生有机会实践自己的创意。这种创新性思维的培养有助于提高学生的问题解决能力和创造力。

在"关键能力说"的实施过程中，学生也承担着一定的责任。学生需要积极参与各种教学活动，主动寻求学习资源，努力提高自己的学习效率。学生需要学会如何与他人合作、如何在团队中发挥自己的作用、如何处理个人与集体的关系，这些都是学生在学习过程中需要不断实践和完善的。学生需要有开放的心态，愿意接受和理解不同的文化，这需要学生具备一定的文化敏感性，能够在跨文化交流中展现出尊重和理解。学生还需要学会如何在不同文化背景下进行有效沟通、如何适应不同的文化环境，这些都是学生在经济全球化背景下必须具备的能力。

"关键能力说"提出的六大核心能力不仅是学生学习语言的基础，还是学生未来职业生涯和个人发展的基础，提供了一个全面发展学生能力的框架。因此，教育者和学生都需要重视这些能力的培养，努力实现教育的全面发展，为未来发展奠定坚实的基础。

# 第二节　产出导向法的教学假设

产出导向法的教学假设包含四个方面：输出驱动假设、输入促成假设、选择学习假设以及以评为学假设。这些假设是产出导向法的理论支撑，它们反映的不仅是教学策略的选择和应用，还是教育者在面对教与学的复杂过程中，对于教学目标、方法和结果的深刻认识。

## 一、输出驱动假设

20世纪80年代中期，二语习得研究领域分别涌现了"输入假设"① "输出假设"② 和"互动假设"③。文秋芳提出的"输出驱动假设"与"输出假设"虽然在称谓上仅有几字之差，在某些理念上也相互呼应，但两者之间仍存在着明显不同。

第一，这两个假设的底层逻辑不同。"输出假设"主要研究的是二语习得的理论，明确了输入和输出在二语习得过程中各自的作用；而"输出驱动假设"更加关注二语习得的教学效果问题，尤其是针对中高级的外语学习者，它主要探索如何优化当前的外语教学，使之更加符合学生未来的职业需求。因此，在这个层面上，"输出驱动假设"更多的是一个关于二语教学的假设，而非习得假设。

第二，这两个假设所针对的问题不同。"输出假设"主要是针对"输入假设"提出的质疑和补充。"输入假设"主张二语的习得主要依赖于输入的数量和质量，输入是二语习得的先决条件，输出只是输入的一种副产品，并不直接促进语言的习得。可见，"输入假设"忽略了输出的作用。"输出假设"在认可输入作用的前提下，补充说明了输出在习得过程不可或缺的四大功能：一是强化语言的流利度和自动化程度；二是检验语言假设；三是提高对语言缺口的意识程度，发现所想与所能之间的差距；四是培养元语言的反思能力。然而，"输出假设"理论未明确提出不同阶段的学习要以输出来驱动输入，这与"输出驱动假设"存在明显不同。

产出导向法的"输出驱动假设"作为二语习得教学假设，它要颠覆和针对的是"输入优先、输出其次"的传统教学顺序。"输出驱动假设"

① KRASHEN S. The Input Hypothesis: Issue and Implications[M]. New York: Longman, 1985.

② LONG M H. Native speaker/non-native speaker conversation and the negotiation of comprehensible input[J]. Applied Linguistics, 19834 (2): 126-141.

③ Swain M. Communicative competence: Some roles of comprehensible input and comprehensive output in its development [M]//GASS S M, MADDEN C G. Input in Second Language Acquisition. Rowley, M.A.: Newbury House, 1985.

提倡"输出—输入—输出"的教学顺序，即先让学习者进行尝试性的输出，让学习者感知自我输出的难度和不足，有目的性地给他们营造出"知识饥饿感"，从而激发他们的学习兴趣和解决问题的欲望，接着教师根据输出目标和学习者的困难进行具有针对性的输入，帮助学习者更有效地吸收、理解和应用。就教学目标而言，培养说、写、译的显性与产出性表达技能更符合社会需要。

以上可以看出，产出导向法中的"输出驱动假设"理论主张"产出既是语言学习的驱动力，又是语言学习的目标"，与输入性学习相比，产出性模式更有可能唤起学生的学习意愿和激情，即"输出比输入对外语学习的内驱力更大"[①]，并且更有可能实现优秀的学习成果。在教学过程中，如果以产出任务为教学的出发点，学生在试图完成这些任务后，一方面会更加清晰地认识到完成这些任务在提升文化修养、实现学业成功和未来职业交流中的价值，另一方面会更加意识到自己在语言能力上的缺陷，从而查漏补缺，有针对性地加强学习的紧迫性以弥补自己的不足。这一理论认为，学生一旦清楚地了解产出任务的重要性和自身的不足，他们会更加积极地参与输入性学习，以补足自己的不足。需要指出的是，"输出驱动假设"针对的是接受正规外语教育、具有一定外语语言基础的学习者。

## 二、输入促成假设

产出导向法框架中的"输入促成假设"是一种独特的教学理念，它强调输入应该服务于明确的产出目标。前面提到的"输入假设"主张"输入"是二语习得的先决条件，二语的习得主要依赖于输入的数量和质量，且大量的、可理解的自然输入是语言习得的关键，输出仅仅是输入的自然产物，不需要刻意训练。"输入假设"理论主要针对二语习得过程，并

① 文秋芳.产出导向法：中国外语教育理论创新探索 [M].北京：外语教学与研究出版社，2020：46-47.

未涉及具体的课堂教学程序。产出导向法中的"输入促成假设"理论认为，适时且恰当地提供能够促成产出的输入会比不提供获得更好的教学效果。"输入促成假设"更加关注课堂教学的实际操作，强调输入和输出之间的紧密联系以及输入如何更有效地促成输出的完成。

"输入促成假设"与"输出驱动假设"是紧密相连的。在课堂教学中，输出驱动之后，必须有相应的、精准对接的输入来促成输出任务的顺利完成。这里的"输入"必须具有针对性、可学性和促成性，这意味着教师需要根据学生的需要和产出目标，提供相关且适度的输入，以帮助学生更好地完成输出任务。这种输入不仅要与学生的产出任务紧密相关，还要能够被学生理解和学习，从而更有效地促进学生的语言习得。

"输入促成假设"强调输入的重要性，但并不是说输入本身就是目标。相反，输入是一种手段，是为了帮助学生更好地实现产出目标，这与传统的教学模式有着明显的区别。传统模式往往过于强调输入，而忽略了学生的实际输出需求和实际应用。通过将输入与具体的产出目标相结合，学生能够更加明确学习的方向和目标，从而更加积极、主动地参与学习。

"输入促成假设"也强调了教师在教学过程中的重要角色。教师需要根据学生的实际水平和需求，提供适量且恰当的输入，以促成学生的输出，这要求教师具有高度的教学灵活性和敏感性，能够准确判断学生的需求，并及时调整教学策略。这种教学模式不仅能够更好地满足学生的学习需求，还能够更有效地提高教学效率和学生的学习积极性。

一言以概之，"输入促成假设"是产出导向法中的一个核心理念，它强调输入应该服务于明确的产出目标，并与输出紧密相连。这一假设突破了"输入假设"教学模式中对输入的过度强调，将输入与输出更加紧密地结合在一起，使教学更加符合学生的实际需求和语言习得的规律，从根本上区别于其他假设。

## 三、选择学习假设

在产出导向法的框架下，"选择学习假设"提出了一种以"重点学习"为中心的学习策略，强调学习者应依据产出的需求，从丰富的输入材料中筛选产出所需要的内容、语言和话语结构，而对那些不是产出所急需的材料可以降低要求。该假设基于两方面的考虑。

第一，基于心理学和认知学理论。人们在处理和记忆信息时都会存在局限性，很难将有限的精力分散在多个任务上。因此，与其"四面出击"，不如集中精力，解决主要问题。学习者在大量的信息中进行筛选，集中精力处理和记忆最重要、最相关的信息，这种策略性的学习方式有助于学习者更加有效地利用有限的认知资源，从而更加精准地达成学习目标。

第二，基于时代发展的思考。随着时代的快速发展和信息技术的日新月异，学习模式在悄然变化，教学策略也需要不断地进行调整和优化。可以观察到，在现今信息爆炸的时代，碎片化、泛在化、机动性的学习已经成为一种新型学习方式。传统的全面精读和精学的教学模式强调全面、深入、逐句的学习，属于"非选择性学习"，这种学习方式在外语输入材料贫乏的时期具有一定的价值，可以充分发挥有限输入的作用，但在互联网时代，这种方式已经无法适应现代学习者多样化的学习需求和生活需求。

"选择学习假设"基于以上考虑，更加符合现代社会的特点和学习者的实际需求。这种以目标为导向的学习方式强调学习的精准性、灵活性、个性化，提倡学习者根据自己的学习产出目标和需求，从海量的信息中筛选重要、相关、指向产出的内容进行学习，能够帮助学习者更加明确学习方向、更加有针对性地进行学习，让学习者在有限的时间内获得最大的学习收益。

"选择学习假设"对教师也提出了新的要求。教师需要提供与学生的学习目标和产出需求紧密相关的输入材料，并引导学生进行有选择性的学习，帮助他们明确学习目标，培养学生的自主学习能力和策略性学习能力。

"选择学习假设"在产出导向法中占据了重要地位，它为学习者和教师提供了一种新的、更加有效的学习和教学策略，有助于在信息丰富的现代社会中实现更加高效、更加个性化的学习。

## 四、以评为学假设

产出导向法中的"以评为学假设"强调了评价在教学过程中的作用，指出了评价与学习的有机结合对于实现教学目标的重要性。这一假设不仅挑战了传统教学评价模式中评价与学习的分离现象，还提出了一种全新的、整合性的教学评价视角。

在传统教学中，教学与评价常常被视为两个相互独立的环节，教学过程的重心主要放在知识的传授上，而评价多半被视为教学的尾声，仅仅作为衡量学生学习成果的工具。

"以评为学假设"强调评价不应被视为教学过程的附属品、终点或者仅仅是对学生学习成果的一种量化表示。相反，评价应该作为教学过程中不可或缺的一环，是使学生学习得以强化和教师教学能力得以提升的关键环节。

"以评为学假设"强调教师在评价过程中的作用。传统的评价模式中，教师和学生的评价往往是分开进行的，缺乏有效的互动和沟通。"以评为学假设"提出，教师应该发挥更加积极和主动的作用，通过与学生的互动，为学生提供有目的、有重点的专业指导，帮助学生实现学习目标。这种互动性的模式能够更好地促进评价与学习的有机融合，提高学生的学习积极性和动机。在这一模式下，教师与学生之间的沟通和互动变得尤为重要，能够帮助教师更加准确地了解学生的学习需求和困惑，从而提供更加精准和个性化的教学支持，强调了"评"和"学"不是断裂关系，而是有机结合、相互反馈与相互支撑的关系。

"以评为学假设"还提出了一种新的评价观念，即评价应该是一种动态、持续的过程，而不仅仅是学习的终点。在这一过程中，教师需要不断地对学生的学习进行反馈和指导，帮助学生调整学习策略，优化学习过程。这种持续性的评价能够更好地反映学生的学习进展，更加符合学生的学习需求。这一动态性原则强调了教师在学生学习过程中的持续性参与和引导，要求教师不断地观察学生的学习表现，及时地提供反馈和建议，以促使学生在学习过程中不断地自我调整和完善。例如，在一门科学实验课中，教师不仅要在实验结束后对学生的实验结果进行评价，还需要在实验过程以及后续实验中对学生的操作技能和实验设计能力进行持续的观察和反馈，帮助学生及时调整实验策略，优化实验过程。

"以评为学假设"还强调了评价的目标导向性。这一假设认为，评价不仅仅是对学生学习成果的量化，还应该是一种以学生学习目标为导向的活动。通过这种目标导向的评价，教师可以更加了解学生的学习需求和目标，更加有针对性地进行教学活动，从而更好地促进学生的学习。这一目标导向性原则要求教师在评价过程中明确学习目标，以确保评价活动能够真正服务于学生的学习，推动学生朝着既定的学习目标前进。

因此，"以评为学假设"提供的是一种全新的、整合性教学评价视角，它不仅挑战了传统的评学分离模式，还强调了评价与学习的有机结合、教师与学生在评价过程中的互动、评价的动态性和目标导向性，这有助于教学目标的实现以及学生学习效果的提高，是现代教学理论和实践中的一种重要创新。

# 第三节　产出导向法的教学流程

产出导向法的 3.0 版本中教学流程分为"驱动—促成—评价"三个

环节，如图 2-3 所示。整个 POA 教学流程需要设计一个大产出目标，大产出目标还可以分为若干个小产出目标，每个小产出目标都可以完成"驱动—促成—评价"的循环。每个循环都可以是相对独立的，但又存在逻辑关系，共同服务于大产出目标的实现，达到学习的终极目的。

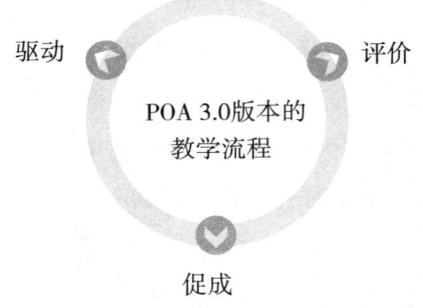

图 2-3　POA 3.0 版本的教学流程图

## 一、驱动环节

产出导向法中教学流程的第一环是驱动环节，这一环节通过创设情境或任务让学生尝试产出，从而让学生清晰地认识到自己的知识和技能的不足，激发他们的学习欲望和积极性，以驱动他们在后续环节中更加积极地参与到学习过程中来，更有针对性地完成产出目标。

### （一）驱动环节的教学步骤

"输出驱动假设"认为，输出比输入更具有驱动力，输出更能激发学习者在语言学习过程中的积极性。那么，既然要鼓励学生输出，教师就需要先抛出话题或设置情境，让学生"有的放矢"。

驱动环节的教学流程如图 2-4 所示，驱动环节通常先由教师呈现特定的交际场景，介绍产出活动的要求，但需要注意的是，教师给出的场景需具有实际性和一定的认知挑战性；接下来，学生应尝试完成产出活动，这时学生会在产出过程中意识到自我知识储备和能力上的不足，无法顺利完成产出任务，从而产生学习欲望；最后，教师进行说明，让学生知晓教学目标，清晰产出任务。

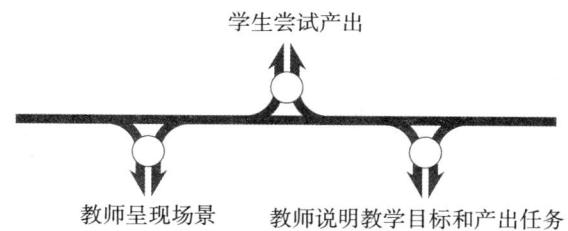

图 2-4　驱动环节的教学流程

驱动环节听上去跟传统外语教学的"热身"（warm-up）或者"导入"（lead-in）相似，在传统的外语教学模式下，当开始新的教学单元时，教师通常会安排一些"热身"或"导入"活动，目的是引发学生对新课文的兴趣，或者帮助学生回忆之前所学的知识。但 POA 驱动环节的情境呈现与这类"热身"活动有所不同，虽然二者都是为学习课文内容做准备，帮助学生更好地吸收新的知识输入，但驱动环节并非为了激发学生的产出欲望，这是二者的本质区别。

### （二）驱动环节的分类

#### 1.直接驱动和间接驱动

根据学生参与方式的不同，驱动环节可以分为直接驱动与间接驱动。

直接驱动是教师在明确了交际场景和产出活动的要求之后，让学生直接尝试完成新的产出活动的一种更加直接、明确的驱动方式，这种方式能够让学生更加清晰地了解学习目标和要求，更加有针对性地进行学习。间接驱动则通过视频展示、案例分析等，呈现与学生水平相当的其他学生尝试完成新产出活动的场景，让学生能够更加客观、全面地了解当自己在执行同样的产出时可能会遇到的困难和挑战，从而更加有准备地进行学习。

2.复杂驱动与简单驱动

复杂驱动包括了从教师介绍交际场景，到学生尝试完成产出活动，再到教师与学生一起分析产出困难的完整流程，这种方式更加全面、深入，适用于教师对学生产出困难不够了解的情况。而简单驱动可能只涵盖了复杂驱动的部分环节，更加灵活、简便，适用于教师对学生比较熟悉，对学生的学习状况、需求和困难有较为准确了解的情况。

### （三）驱动环节的教学实施

驱动环节的教学步骤可以分为三个环节，这里详细介绍一下如何对这三个环节进行教学。

具体而言，第一个环节是在新单元学习初始阶段教师就呈现特定的交际场景，这个场景可以向学生展现他们未来可能会遇到的实际交际情况和可能会参与的讨论话题。学生可能尚未亲身经历这些场景，但他们能够感受到这些情境实际发生的可能性，能够通过场景更加清晰地看到学习的目的和价值。这种实际性和相关性可能会使学生更加投入学习，更加努力地掌握知识和技能。教师在对场景进行设置时要选择对学生认知存在一定挑战性的场景，也就是说，在此场景中学生进行产出活动所需要用到的语言知识水平应略高于学生的现有水平，但切记不要设置太高，水平要处于学生的"最近发展区"，学生可以"跳一跳，摘个桃"，否则难度太大，会浇灭学生的学习兴趣和动机。

情境抛出后，在第二个环节，学生需要根据情境尝试输出。因为情境是精心设置并具有一定挑战性的，所以学生会感觉到完成这些看似简单和日常的任务并不容易，如果情境切实发生，未来可能会因此而遇到困难和尴尬。这种体验会激发学生的"学习饥渴"，在学生心中产生一种学习的紧迫感和动力，这正是教学想要达到的目的。产出或输出过程中的困难能够帮助学生更加真实地感受到学习的重要性和紧迫性，从而使他们更加积极、主动地参与学习。这种实际体验和自我感知是学生学习动机的重要来源。

　　在第三个环节，教师需要说明教学目标和产出任务，这里的教学目标被划分为两大类：一类是交际目标，即学生应该能完成何种交际任务；另一类是语言目标，即学生需要掌握哪些词汇、短语或语法知识，与交际目标无关的新词汇、短语或语法结构都不列入语言目标，这正体现了对"选择性学习"的重视。在这个环节，明确并合理地设定教学目标是实现教学成功的关键，这不仅可以帮助学生更加清晰地了解学习的方向和要求，还可以帮助教师更加有针对性地进行教学设计和实施。将语言目标与交际目标紧密结合可以确保学生的学习更加实际、有效，更加符合他们的实际需求和期望。

　　驱动环节的教学内容与意义如图 2-5 所示。综合来看，POA 教学法通过驱动三个步骤的实施，可以为学生提供一个更加实际、更加相关、更加具有挑战性的学习环境，有助于激发学生的学习兴趣和动机，推动他们更加积极、更加深入地进行学习。而教师在这一过程中，需要精心设计教学任务、挑选教学情境、不断地反思和调整教学策略，确保教学活动的有效性和成功性。

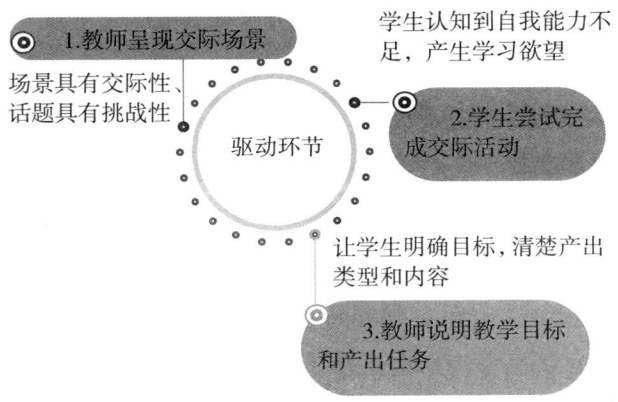

图 2-5　驱动环节的教学内容与意义

**（四）驱动环节的质量评价指标**

评估"驱动环节"的质量指标有三个：交际真实性、认知挑战性和产出目标恰当性。

1. 交际真实性

这一指标要求驱动活动应反映可能发生的真实交际场景，这样可以增加学生的学习兴趣和动机，使学生更加认真、积极地参与到学习中来。

以一个具体的例子来说，假设教师要求学生用英语进行一场辩论，主题是"线上学习与线下学习哪个更有效？"这个主题不仅贴近学生日常生活，还与学习生活密切相关。在这个活动中，学生需要进行深入的思考，探讨线上学习和线下学习的优势和劣势，比较两者在知识传授、学习互动、学习效果等方面的差异。这个过程不仅能够帮助学生学到关于教育方法的新知识，还能够锻炼他们的研究能力、分析能力和辩论能力。学生需要尝试产出，尝试如何用英语清晰、有逻辑地表达自己的观点和论据，如何与他人进行有效的交流和互动。这个过程能够帮助学生意识到自己哪些知识储备不够，哪方面英语表达能力和交际能力欠缺。由于这个任务具有很强的实际应用价值和实际情境，学生能够更加直观、深刻地体验到知识的应用性，看到学习的乐趣和价值，从而能够更加积极、主动地参与到学习过程中来，更加努力地学习和掌握新知识，更加自觉地进行自我反思和自我提高。

2. 认知挑战性

认知挑战性是驱动环节教学设计中的一个重要考量，这一指标要求驱动活动既能为学生带来新的知识，增加学生的知识储备，又能促进学生思维，推动他们的认知发展。恰当的认知挑战能够帮助学生更加全面、深入地理解和掌握知识，更加有效地提高学生兴趣和学习能力。

教师在设计教学活动时，需要精心选择和设计案例。例如，教师可以选择一些具有一定复杂性和多维性的实际问题作为教学案例，让学生在解决这些问题的过程中，不仅可以获得新的知识，还可以锻炼和提高思维能力。这些案例应该与学生的实际生活和经验紧密相关，以确保学生能够产生兴趣和动机。以一个经济主题的英语教学单元为例，教师可以设计一个关于"经济全球化对发展中国家经济的影响"的讨论情境，这个主题不仅涉及经济学的基础理论，还涉及国际贸易、政治经济学等多个层面的知识。学生需要运用所学的经济学原理和模型，分析经济全球化对发展中国家经济的各种可能影响，探讨不同国家和地区在经济全球化进程中的得失和策略。它提供了一个多维度、多层次的问题，要求学生进行深入的思考和分析。这个问题的复杂性和多样性能够激发学生的好奇心和探索欲，促使他们更加积极地参与到学习中来。问题的实际性和时效性又能够引发学生的兴趣和关注，使他们更加愿意投入时间和精力去研究和解决。这个问题的开放性和探索性能够鼓励学生提出自己的观点和见解，进行创新性和批判性的思考。

认知挑战的难度把握至关重要。认知挑战如果过高，可能会让学生感到困惑和挫败，这不仅会削弱学生的学习动机，还可能对他们的学习自信心造成打击，从而影响他们未来的学习积极性。认知挑战也不能太低，否则会无法让学生产生学习的欲望。因此，教师在驱动环节需要充分考虑学生的储备知识、学习能力和学习需求，确保认知挑战的恰当性和有效性。在实施过程中，教师需要密切观察学生的反应，及时发现学生的困惑和难点，调整教学策略，根据实际或升或降教学的难度、深度，以防止学生因过高或过低的认知挑战而感到沮丧和失落。

教师还可以通过多样化的教学方法和手段（如小组讨论、案例分析、角色扮演、模拟实验等）来增加教学活动的认知挑战性。这些方法和手段能够让学生更加直观、实际、生动地体验和理解知识，更加全面、深入地发展和提高自己的能力和素质。

3.产出目标恰当性

这一指标要求驱动活动应该符合学生的语言水平和学习能力，不要让学生感到新任务难度太大、无法完成，否则驱动不仅无法激发学生的学习兴趣，还会让学生感到过于困难和挫败，削弱学生的积极性和动机。简言之，教师需要在挑战性和可行性之间找到平衡，在设计驱动活动时，不仅要有能力评估学生的语言水平，充分了解学生的语言基础和认知状态，还需要关注学生的情感需求和个性差异，了解每个学生的学习特点和心理状态的敏感度，并在实施过程中密切观察学生的情感反应和学习态度变化，确保学生能够在成功的基础上不断挑战新的难度，从而实现持续的学习和发展。例如，在尝试产出阶段，学生会出现产出困难情况，这时可以采用小组讨论、合作学习的方式，让学生在相对轻松、无压力的环境中进行学习尝试。如果贸然要求某一位学生在全班面前进行口头展示，很可能使学生的心理压力和恐惧感剧增，如果产出失败，学生会感到难堪和受伤，这就会削弱和影响他们的学习动机。相反，设置有趣、实用的学习任务，提供积极、及时的反馈，以及鼓励学生参与决策，赋予学生一定的学习自主权，这些策略可以帮助学生建立学习信心，增强学习动机，从而使学生更加积极、主动地参与到学习中来。

## 二、促成环节

在促成环节，教师需要帮助学生克服困难，"有针对性地为学生完成产出活动提供脚手架"，帮助学生完成产出。这个环节不仅涉及对学生输入的信息加工，还包括如何帮助学生完成输出活动，即教师不仅要帮助学生从材料或情境中输入知识，还要帮助学生对这一部分内容进行消化吸收，促成"输出"的产生。这一阶段的核心在于将学习和应用融为一体，确保学生在掌握新知识的同时，能够有效地将其应用于实际的语言产出中。在此过程中，有三个关键指标需要特别关注：精准性、渐进性和多样性。

## （一）精准性

在教学过程中，"精准性"起着至关重要的作用，它要求教师在设计和实施促成活动时必须高度关注两个主要方面：一是教学活动要紧密对应预设的产出目标；二是要关注学生在产出过程中可能遇到的具体困难。

"精准性"体现在教学活动需要与既定的产出目标高度一致，这意味着教师在规划课程和教学活动时，不仅要明确最终希望学生达到的学习目标，还要确保每一个教学环节都服务于这些目标的实现。"精准性"还体现在教师能够准确识别并解决学生在语言产出过程中遇到的困难，这要求教师在教学过程中能够进行持续的观察和评估，以便及时了解学生在语言应用中的具体问题（如发音、语法、词汇使用等），并针对这些问题提指导和帮助，通过这种方式，教师不仅可以帮助学生克服当前的学习障碍，还可以为他们后续更高层次的语言学习增强信心。

## （二）渐进性

"渐进性"强调教学活动需要在两个紧密相关的维度——语言和技能上有条不紊地发展。这种方法确保了学生在学习过程中不会感到突然的、不可逾越的难度增加，而是能够经历一个连贯、系统的学习进程，逐步建立和巩固新的知识和技能。

语言维度上的渐进性要求教学活动从学生当前的语言能力出发，逐步引导学生探索更复杂的语言结构。例如，教师刚开始可以让学生基于基本的词汇和句型进行学习，随着过程的推移，逐渐引导学生去理解和使用更为复杂的句子、段落和完整的文本。

技能维度上的渐进性要求教学活动从强化学生的基本语言技能（如听力和阅读）开始，逐步过渡到更为主动的产出性技能（如口语和写作）。在这个过程中，学生从理解语言的听和读开始，逐步过渡到使用语言进行表达的说和写。这种渐进的技能培养方式能够确保学生在坚实的基础上，逐步提升自己的综合语言应用能力。

### （三）多样性

多样性涵盖三个方面：信息传递渠道、交际类型和活动组织形式。信息传递渠道的多样性体现在输入和输出活动中。输入活动主要包括听力、阅读和视觉接收等方式，它们是学生获取新信息和知识的途径。例如，学生可以通过听力练习来提高理解口语的能力，通过阅读材料来获取文本信息，通过观看视频来获得更直观的学习体验。输出活动则关注说、写和译等方面，这些是学生表达思想、情感和信息的方式。在输出活动中，学生可能需要进行口头表达（如发表演讲或参与讨论）、书面输出（如写作文或报告）或翻译练习（将一种语言的内容准确转换为另一种语言），这些多样的信息传递渠道确保了学生不仅能接收信息，还能有效地表达和应用所学知识。

交际类型的多样性是提高学生语言实际运用能力的关键。不同的交际类型（如演讲、故事讲述、新闻报道、对话、讨论、辩论和访谈等）都能提供不同的语境，让学生在多种情境下练习和应用语言。例如，通过角色扮演活动，学生可以在模拟的情境中使用目标语言，这有助于提高他们的口语流利性和应变能力；通过辩论和小组讨论，学生不仅可以练习语言，还能培养批判性思维和团队合作技能。

活动组织形式的多样性可以通过个人活动、对子活动、小组活动和全班讨论等方式体现。不同的组织形式旨在满足不同类型的学习需求，并促进学生从多个层面参与学习过程。个人活动可以帮助学生集中注意力，深入思考；对子活动和小组活动鼓励学生之间的互动，促进合作学习；全班讨论则可以开阔学生的思路，促进思想的碰撞和知识的共享。

### 三、评价环节

在产出导向法中，"评价"环节可被划分为即时评价和延时评价两大类。即时评价主要发生在"促成"环节的"检查"部分，它涉及教师在学生进行选择性学习和产出任务练习过程中对学生学习效果的实时反馈，这种形式的评价能够让教师及时调整教学策略和节奏，确保教学进度得以有效掌控。延时评价则是指学生在课外按照教师的要求进行练习后，将其成果呈交给教师进行评价。

由于产出的展现形式多样（包括口头表达、书面表达、口译、笔译和编译等），学生可以选择合适的形式。由于课堂时间宝贵，教师可以不在课堂上检查每个学生的所有产出成果，因此评价又可分为课内评价和课外评价。

POA 在参考多种评价体系的基础上，提出构建评价标准需要教师和学生共同参与并达成一致意见，即"师生合作评价"。这种评价方法强调学生在进行评价时，必须有教师的专业指导参与，以确保评价过程的准确性和有效性。每一次评价都应聚焦于关键点，解决主要的学习难题，使评价不仅仅是一个形式，还是一个复习、巩固和加强新知识的机会，从而促使学生的学习实现质的飞跃。

## 第四节 产出导向法的理论特色

产出导向法是针对我国的外语教学现状的思考而提出的，旨在解决该领域所面临的困境，提升和优化我国外语教学水平，因此具有较强的中国特色。文秋芳教授将产出导向法的理论特色归纳为以下四个方面。

### 一、课程论视角和二语习得理论视角的融合

西方的学术界对于外语学习的研究可分为两个领域，即对二语习得

的研究和对教师教学的研究，但这两项研究之间往往存在断层现象。从事二语习得研究的大部分学者认为，虽然他们的理论能够启迪语言教学，但这些成果往往难以直接转化为教学实践的服务，缺乏实际的教学验证。而从事教学研究的学者发现，教师教学工作中往往缺乏合适的理论去指导他们的实践教学。POA 理论的提出弥补了理论与实践之间的鸿沟，它不仅提供了一个全面的理论框架，还关注于这些理论如何在具体的每一个环节教学实践中得到应用，为二者之间的沟通架设了一座桥梁。

POA 理论中的教学流程由"驱动、促成、评价"三个环节构成，每一个环节都有明确的内容要素，这些内容要素与课程理论要求一致，如教师采用何种教学方法、在设计过程中如何才能达到教学目标、课后如何评测教学目标的完成度等。从二语习得视角来看，POA 驱动环节的理论基础是"输出驱动假设"，促成环节立足于"输入促成假设"，评价环节依据"以评为学假设"。由此可见，POA 恰恰是建立在这两种理论基础上，将这两种理论和视角融合在自己的体系内，为二者建立了有机联系。

## 二、坚持"实践是检验理论有效性的唯一标准"

POA 理论体系并非"空中楼阁"，不切实际。它的提出是面向我国外语教学的困境，以实际存在的教学问题为出发点。在其理论发展完善过程中，POA 理论团队进行了多项实验，不断总结实战经验；不同学科的教师在多种课堂情境中应用 POA，数以百计的教师加入了这项研究。POA 理论团队不仅深入教师备课环节，参与一线教学实践，还会查阅教师的教学录像，与教师讨论教学过程中遇到的各种问题，与一线实战者们共同梳理和反思现有理论的局限性及可能的改进策略。POA 理论团队总结和吸收了一轮又一轮的实践经验，持续对 POA 理论进行调整和优化，才得出了如今的理论框架。

同时，我们需要认识到，尽管一些教师已经将 POA 实践于教学中，并取得了一定的成效，应对了一系列问题，但可以预测到，随着社会的发展和技术的进步，POA 理论体系将来仍需面临多次、多环节的实验循环。"实践是检验理论有效性的唯一标准"，POA 理论体系也必将在未来不同学者的理智的反思和总结中，在不断的实践中得以发展、提升、完善。

## 三、立足中国国情，对症下药

随着中国经济地位的日益提升和对外开放的不断深化，社会对大学毕业生的外语能力提出了更高要求。目前的大学外语教学质量已不能满足社会发展的需求，传统外语教学中长期存在的"哑巴英语""死记硬背"和"耗时却效率低下"等现象和问题应该被解决。要解决本土问题，我们就需要深入分析国情，寻找适合自身的路径，对症下药。长期以来，中国的外语课堂大部分时间都用于文本理解和接收性技能的训练，而输出性技能的培养往往不被重视，教师往往以单词、句型、语法的讲解为主，强调知识的输入。然而，从输入到输出不仅需要充足的时间，还需要教师提供系统而有效的指导。

POA 提供了一种针对"学用分离""文道分离"问题的"综合疗法"，它既具有针对性也具有系统性，旨在使学生能够"学中用，用中学"，实现知识的实际应用和终身学习。那么，POA 与西方的教学理论有何不同？例如，Krashen（1985）的"输入假设"强调输入在语言习得中的决定性作用，Swain（1985）的"输出假设"强调输出在语言习得中的重要性，Long（1983）的"互动假设"则强调互动能提高输入的可理解性并获取必要的纠正反馈，这些理论各自突出了外语学习的某个方面，但教师往往难以将它们整合到具体的课堂教学中。相反，POA 采用了一种综合方法，它涵盖了教学的所有环节（驱动、促成、评估），各环节紧密相连，便于教师在实际教学中落实。

## 四、抓住课堂主要矛盾，突出教师主导作用

传统的英语教学往往以教师为主导，教师是课堂的主宰，是英语教学的主要角色。在 21 世纪初，受到西方教育理论的深刻影响，教师的角色经历了显著转变，教学开始以学生为中心，强调学生在学习过程中角色的重要性。但不管是"以教师为中心"还是"以学生为中心"，这些理论都没有挖掘到教师、学生在学习过程中的本质。

POA 在强调教师主导作用的同时，并不忽视学生在学习过程中的主体性。事实上，通过强调教师的专业引领，POA 旨在最大化学生的学习效果。教师经过专业训练并拥有丰富的教学经验，应对教学质量承担主要责任。为避免教育过程过于简化和教师与学生之间的中心问题，POA 提倡"学习中心"的教育理念，强调教育的终极目标是学生的实际收获和应用能力的提升。

# 第三章　高职英语教学基本认知

## 第一节　高职英语的教学目标

高等职业教育专科英语的教育目标并不仅仅是教授和培养英语语言知识与语言技能，还应该包括通用的交流能力、文化素养和个人素质方面的教授和培养，使英语成为学生在未来的职业生涯中实用、有效的交流工具。高职英语教学的目标可以划分为通用目标和专业培养目标两类。理解教育目标的深层含义和多重层次对于确保教育的有效性至关重要，教师和院校应该深入理解这些目标，充分发挥高职英语教育目标的导向性和目的性，并结合实际情况制定合适的教育培养方案和策略，确保有效地、更好地助力高职学生的未来职业生涯。

### 一、通用目标

高等职业教育专科英语教学的通用目标主要针对广泛适用的英语能力进行培养，它不受特定职业领域或学科的限制。这些目标的实现是为了确保每位学生都能够掌握英语在日常生活和工作中的基础应用，这是所有学生在学习英语时都需要掌握的核心能力，这些能力为学生在更专业或高级的领域打下坚实的基础。无论是在校园、日常生活还是未来的职业中，这些通用目标都是至关重要的，会在学生进入职场后帮助他们有效地应对各种语言交流情境。通用目标主要包含以下几方面内容，如图 3-1 所示。

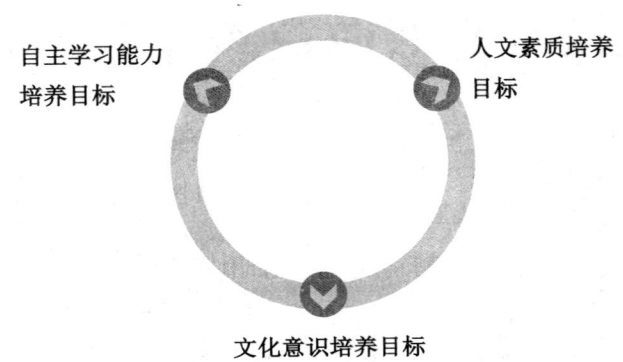

图 3-1　高职英语教学的通用目标

## （一）人文素质培养目标

高职英语教育在近年来已经超越了传统的教学范畴，教学目标也不再只是对学生进行语言知识和技能的传授，更深远的目标是通过英语学习，为学生的综合素质，特别是对人文素质的培养打下坚实的基础，使他们能够更好地应对未来的职业生涯和生活中的各种挑战。

人文素质可以理解为一个人对于人类文化、历史、艺术、哲学等方面的知识和价值观的掌握和体现，它涉及人的情感、认知和审美等多个维度，强调的是个体与社会、文化、他人之间的和谐共生。高职英语教育的首要目标就是培养学生的人文素质，人文素质包括学生的批判性思维、团队合作意识、领导力等，不仅可以帮助学生拓展国际视野、增强跨文化交际能力，还能丰富他们的情感体验、审美观念和价值观，使学生在学习语言的同时，得到更为全面和长远的发展。

### （二）文化意识培养目标

在高职英语教育中，除了语言能力的培养，文化意识的培养也具有举足轻重的地位。语言是文化的载体，文化和语言息息相关，尤其是在经济全球化日益加深的今天，学习一门语言意味着要融入这门语言所代表的文化之中。中国特色社会主义文化是中华民族的瑰宝，传承中华优秀传统文化、加强文化自信，是学习英语的基石。学生在未来的职业生涯中可能会遇到来自不同文化背景的交流合作，他们如何在坚定文化自信的基础上学习、接纳其他文化呢？这就是高职英语教育的培养目标：加强学生的文化意识、文化自信，使他们在跨文化的场景中能够展现出中国特色社会主义文化的魅力，实现文明互鉴，和谐共生，有效进行跨文化交流。

1. 理解文化多样性的能力

文化并不仅仅是一套传统或习俗，还是一个社区、一个民族、一个国家在历史长河中形成的精神和物质财富。教师应引导学生认识到世界的多样性，并理解不同文化之间的相似性和差异性。例如，教师可以通过对比节日、饮食习惯或家庭结构来培养学生的跨文化认知。

2. 文化背景下的语境理解能力

言语之外，语境和非言语沟通在跨文化交流中也起到了重要作用。教师应教授学生如何解读不同文化背景下的身体语言、面部表情、姿势等，并让学生意识到在不同文化中，相同的行为可能有着不同的解释和意义。

3. 文化冲突与调适策略的能力

随着国际交流的加深，文化冲突成为不可避免的问题。高职学生需要具备处理这些冲突的策略，以促进更顺畅的交流。例如，教师可以设计模拟活动，模拟真实的跨文化交流场景，帮助学生实际体验并找到解决问题的方法，在此过程中，学生要坚定文化自信，立场不能动摇。

4.深入体验与文化交融的能力

为了真正了解一个文化，书本知识远远不够。高职英语教育应鼓励学生参与文化交流项目、国际实习或短期留学，培养他们拥有独立深入体验与文化交融的能力，这样他们可以适应与不同文化接触，并有能力深入地理解和感受语言文化，形成真正的文化交融，提升文化素养。

**（三）自主学习能力培养目标**

在当今快速发展的信息化社会，知识和技能更新迅速，因此能够自我学习、自我调整的能力尤为重要。对于高职学生来说，他们将在多种职业环境中应用英语，有时可能涉及他们尚未接触的领域，而这正是自主学习能力的重要性所在，也是高职英语教育的目标所在。

1.自主学习态度与习惯的培养

自主学习的成功很大程度上取决于学生的学习态度和习惯。教育者应该在日常教学过程中给学生强调自主学习的重要性，并激发学生的内在动机。这意味着教师不仅要带领学生完成分配的教学任务，还要培养学生持续探索的心态，让学生愿意主动寻求新知识。例如，教师可以展示如何有效地制订个人学习计划，鼓励学生设定具体、可衡量的学习目标，并指导他们如何利用在线资源（如 MOOCs、YouTube 教程、专业论坛等）来扩展他们的学习视野；还要建立一种持续学习的文化氛围，鼓励学生在群体中分享他们的学习经验和心得，这会对学生态度和习惯的培养起到良好的促进作用。

2.自我评估与反思技能的培养

自我评估是自主学习过程中不可或缺的部分，这不仅要求学生能够准确地认识到自己在语言学习中的实际水平，还需要他们能够洞察自己的学习习惯，识别出哪些方法有效，哪些需要调整。教师可以通过引导学生设定清晰、具体的学习目标，并教授他们如何正确、客观地评估自己是否达到了这些目标，从而培养学生的自我评估能力。反思也是学习过程的关键部分，这要求学生不仅要回顾自己的学习成果，还要深入思考自己在学习过程中的体验和感受，分析成功或失败的原因。例如，教师可以鼓励学生定期写学习日记或学习报告，记录他们在学习过程中遇到的挑战、实施的策略以及取得的进步，通过分享这些反思，学生可以从中获得宝贵的反馈，不断调整和完善自己的学习方法。在自我评估和反思的过程中，教师应该提供多种评估工具和平台（如自我检测问卷、在线互动测验、同伴互评等），这不仅可以增加学生的参与度，还有助于他们从多角度理解和评价自己的学习。当学生学会了如何有效地评估自己的学习并从中吸取教训时，他们就掌握了持续进步和适应新挑战的关键能力。

3.自主学习方法和策略的培养

学习方法与策略的掌握是推动学生独立、高效学习的关键因素，强调学生根据自身的学习风格和节奏，采用最适合自己的方法。这意味着教师要在教学过程中帮助学生探索和掌握适合自己的学习方法，使学生有能力灵活应对各种学习任务。在这一过程中，教师可以介绍多种学习策略，如使用实物或图片来辅助记忆英语单词、通过故事来理解语法结构或参与小组讨论以提升口语交流能力。教师在介绍完教学内容后，要对教学方法和学习方法进行总结，让学生学会根据不同的学习内容选择合适的学习策略，如阅读理解时采用扫读和精读结合的方式、听力训练时进行反复听写等。教师还可以鼓励学生利用现代技术资源（如在线课程、语言学习应用或网络论坛）来拓宽学习渠道和视野，增强学习体验。通过这些方式，学生不仅能够获得知识，还能学会如何学习，从而在复杂多变的社会中不断适应和发展。

## 二、专业培养目标

高等职业教育专科英语的专业培养目标主要包括以下三个方面，如图 3-2 所示。

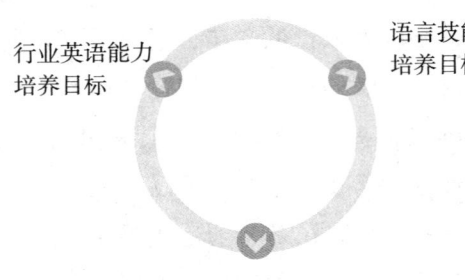

图 3-2　高职英语教学的专业培养目标

### （一）语言技能培养目标

英语的五大语言技能（听、说、读、写、译）构成了语言学习的基石。对于高职学生来说，他们不仅需要掌握这些基础技能，还需要在此基础上加强实用性、灵活性和跨专业的交流能力，以满足职业发展和应对经济全球化的需求，这就是高职英语教学的语言技能所要达成的目标。

1. 听

在职业场景中，良好的听力能力意味着能够准确理解客户需求、团队沟通或国际合作中的信息。学生应掌握技术性和专业性词汇的听力理解，同时能够在不同语境中快速捕捉关键信息。高职英语教学除了让学生掌握标准的英语口音，还应逐渐让学生接触世界各国人民讲英语的各种口音，提高他们的听力适应能力。

2. 说

口语能力在职业领域的重要性不言而喻，它关乎与客户、同事及合作伙伴的有效沟通。学生应能清晰、流利地表达思想，同时具备良好的交际策略（如礼貌用语、谈判技巧等），高职教师要以此为目标培养学生。

3.读

在职业生涯中，学生在未来的工作中会接触到各种英文材料，如手册、合同、研究报告等。高职英语教学要瞄准目标，让学生具备扫读、查读和深入阅读的能力，让他们有能力迅速捕捉主要观点，同时深入分析和评估文本信息。学生还需要培养对行业特定术语的理解和应用能力，以保证在专业领域中的阅读效率。

4.写

高效的书面表达是职业成功的关键。教师要明确目标，关注学生是否会撰写正式的商务应用文，如提案、报告、会议纪要、议事日程和邮件等。在写作过程中，教师要以目标为导向，确保培养学生内容逻辑性强、用词准确、格式规范的能力。

5.译

在经济全球化的背景下，翻译能力逐渐成为高职学生必备的一项关键技能，特别是对于那些可能涉及跨国合作和交流的领域。翻译不仅仅是语言文字的直接转化，还涉及文化、情境和语境的综合考量。高职学生英语翻译技能应达到的目标是不仅能够在不同语言之间进行高效的信息转换，还能更好地理解和应对跨文化交流中的挑战和机遇。

（二）英语知识培养目标

高职英语教学中，英语知识的基础性和重要性不言而喻。英语知识包括词汇、语法、句型结构等，这些基础性知识构成了英语学习的核心，是学生未来能够更好地学习专业英语和行业英语的基础。高职英语知识的培养目标可以分为以下四个方面。

1. 词汇的积累与运用

词汇不仅仅是英语学习的基石，还是语言的基本组成单元，是进行有效沟通的前提。对学生而言，积累大量的词汇是非常重要的。英语词汇不仅包括日常生活中常见的名词、动词、形容词等，还有行业特定的术语和专业表达。学生不仅需要记忆这些词汇，还要学会如何在不同的上下文中恰当地运用它们，包括使用固定搭配和习惯用语来使语言更标准。词汇的积累还应结合视听、说、读、写各方面，通过多媒体教学、情景对话、角色扮演等多样化的教学方法，让学生在实际语境中积累和应用词汇。

2. 语法规则的理解与应用

语法是语言的骨架，它不仅关系到句子结构的正确性，还涉及语言表达的清晰度和准确度。高职学生需要对英语语法有系统性的了解，包括时态、语态、句子成分、从句等内容。通过分类讲解、归纳总结、对比分析等教学方法，教师可以让学生深入理解语法规则，掌握其运用技巧。教师还可以设计一些语法填空、句型转换、错误纠正等形式的练习，让学生在实践中巩固语法知识，提高语言准确性。

3. 句型结构的掌握与运用

句型结构是英语表达的载体，是实现有效沟通的关键。学生需要学习不同的句型结构，了解它们的用法和功能，以便在实际交流中灵活运用。学生在表达中不仅要学会使用陈述句、疑问句、祈使句等，还需要了解和能够使用复杂句、倒装句、强调句等高级句型的结构和功能。学生要学会通过分析不同句型的特点和用法，根据不同的交际需要选择合适的句型。教师可以通过举例说明、情景模拟、小组讨论等活动，鼓励学生在实际交流中创造性地运用各种句型，使语言表达更加丰富多彩。

4. 语言知识与实际应用的结合

英语学习不应停留在书本知识的层面，而应注重实际应用，尤其对于高职英语而言，其实践性要求更加突出。教学过程中，教师应设计各种形式的实践活动（如情景对话、项目合作、案例分析等），让学生在真实或模拟的语境中运用英语解决问题。教师还应关注学生的专业背景，将专业内容和英语学习紧密结合，使英语教学更加贴近学生的实际需求和未来职业发展，提升学生英语应用能力和职业竞争力。

### （三）行业英语能力培养目标

高职英语教学除了要关注语言知识的传授以及听、说、读、写、译五项英语基本技能，还要关注行业英语能力的培养。由于我国职业划分的多样性，不同的行业有着各自独特的行业特色和专业技能要求，高职英语教学需充分考虑这些多样性，并结合具体行业的实际需求来制定培养方案。教师需深入研究各个行业的英语应用场景和需求，以设计出符合实际需求的课程内容和教学方案。例如，我国交通类职业技术学院是培养道路交通专业技术的高职院校，为了满足学生未来职业的实际需求，教师在教学中应引入相关行业的知识（如图纸类术语、交通类术语和表达），帮助学生提升英文环境的施工现场阅读和理解能力。各高职院校可以根据本校专业情况，考虑各专业未来职业的实际需求进行教学，如医学类高职院校可以侧重于英语医学术语和英文病历阅读能力的培养，而商务类高职院校应重点培养学生商务文本阅读和商务英语交流的能力。

行业英语的教学能够使学生更加切实地感受到英语的实用性和应用性，能够更好地为学生未来的职业生涯服务。这种针对性的英语教学能够避免学生在实际工作中由于英语应用能力的缺乏而遇到困难。精确定位各行各业的英语学习需求，并设计符合这些需求的教学内容和方法，也更利于有效地推进高职英语教学，真正实现"以人为本"的教学理念，培养出更多具有国际竞争力和实际应用能力的专业人才。

# 第二节　高职英语的教学原则

高职英语的教学原则是一组核心指导思想，它们指导着教学活动的设计和实施，以确保教学过程的有效性和教学目标的实现。这些原则构建了一个协同、综合和多元化的教学模型，其主旨在于最大化学生的学习效果和实际应用能力。这些原则的存在和应用有助于实现教学内容的实用性和相关性，加强学生与教师以及学生与学生之间的互动和沟通，确保任务和项目的设计与实施的针对性，完善教学评估和反馈机制。这些原则的综合应用不仅为高职英语教学提供了全面和灵活的指导，还将助力学生更好地适应未来的学术和职业发展需求。高职英语的教学原则主要包括以下几个方面，如图 3-3 所示。

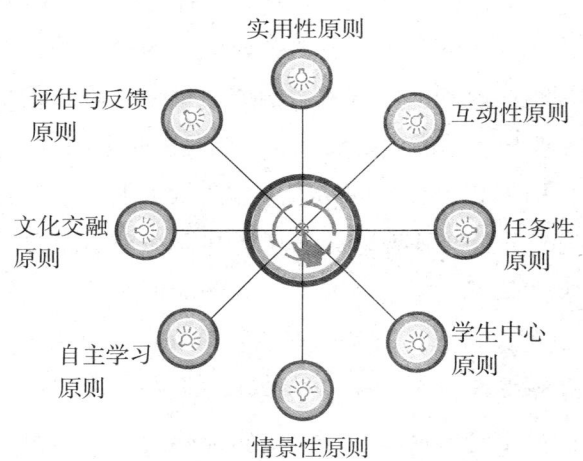

图 3-3　高职英语的教学原则

## 一、实用性原则

实用性原则在高职英语教学中占据着核心地位，它强调英语教学内容和方法应该与学生的专业需求和未来工作环境紧密相连。在高职院校中，学生主要以将来的职业需求为学习目标，因此实用性原则尤为重要。

这一原则确保了英语教学的实际操作性和应用性，帮助学生更好地融入未来的职业环境中，提高学生在职业领域内的竞争力。实用性原则不仅涵盖了职业相关的术语和语言技能，还涉及实际交流技能和实际问题解决能力的培养。例如，针对商务英语课程，教师可以通过商务谈判模拟、商务报告编写等实际任务，使学生在实际操作中学习商务术语和表达方式以及如何解决实际商务问题；在医学英语教学中，教师通过引入真实的医学案例，组织医患交流模拟，使学生不仅能够掌握专业术语，还能够学会如何与患者和同事进行有效沟通。

要实现实用性原则，教师在设计课程和教学内容时，必须充分考虑学生的专业背景和未来的职业需求。这意味着在课程设计中，教师需要加入大量与学生专业相关的实际案例并模拟实际场景，以提高学生的实际应用能力。实际案例分析和实际场景模拟可以帮助学生更好地理解和掌握英语知识，并在安全的环境中实践英语应用。例如，通过分析真实的商务合同，学生可以更直观地理解合同中的专业术语和表达方式；通过模拟商务会议和医患交流，学生可以在仿真的场景中实践英语口语和听力。实用性原则应该成为高职英语教学的基础和核心，以确保学生能够将英语知识和技能有效地应用于实际工作中，更好地服务于他们的职业生涯和个人发展，推动社会经济的持续发展。

## 二、互动性原则

互动性原则在高职英语教学中具有至关重要的地位，主张在教学过程中创造一个充满活力且参与度高的学习环境。这种环境鼓励学生积极学习和使用英语，并在教师与学生、学生与学生之间的互动中促进知识的共建与传递。互动性原则的核心理念是，学生通过实际交流和合作可以更加深入地理解语言知识，并更好地培养语言运用能力、批判性思维能力和团队协作能力。这一原则在高职英语教学中尤为关键，因为高职学生的学习目标侧重于职业发展，而在实际应用中，有效的沟通与协作是不可或缺的。因此，这一原则的实施对学生未来适应工作环境、提升职业竞争力具有深远意义。通过小组讨论、合作学习和各种互动式教学工具与平台（如在线讨论区和互动式白板），学生可以有更多机会亲身实践和使用英语。

实施互动性原则还包括引入角色扮演和模拟实践。例如，商务会议角色扮演不仅可以使学生更生动、直观地学习专业知识，还可以让学生在仿真场景中练习英语，提高沟通和协作能力。这种多元化的互动形式可以更好地激发学生的学习热情，推动他们主动参与学习，从而更加深入地掌握英语应用能力。互动性原则强调开放、包容和多元的教学环境对于学生全面发展的重要性，它以学生为中心，关注学生的实际需求，通过各种创新的教学方法，鼓励学生深入学习，发挥其创造性。随着教育理念和教学方法的不断创新，互动性原则在未来的高职英语教学中将会发挥更加突出的作用，为培养具有高度应用能力和创新能力的人才奠定坚实基础。

### 三、任务性原则

任务性原则主张通过真实、有意义的任务来驱动学生的学习动机，使学生在实际应用中更好地掌握英语。在高职教育背景下，任务性原则允许学生在具体、实际的任务中实践和应用英语，如参与职业相关的项目实践或进行专业案例分析。这更符合高职学生的学习需求和职业发展目标，能直接提升学生的实际英语应用能力和解决问题的能力。通过项目实践和案例分析，学生不仅可以更加直观、深入地学习专业知识，还能在真实的语境中不断提高英语的综合运用能力。

随着教育理念和教学方法的不断演变和完善，任务性原则将继续在高职英语教学中发挥重要作用，推动学生在真实或者接近真实的任务情境中进行英语学习。任务性原则能够结合学生的职业发展需要，通过更加丰富多样的任务类型和实践活动，帮助学生整合和应用所学知识，更好地发展学生的英语应用能力和专业技能，为培养出更多具备实际应用能力的职业人才提供支持。

## 四、学生中心原则

学生中心原则指的是将学生的需求和发展放在首位，为学生提供更加人性化和多元化的学习体验。在高职英语教学中，实践这一原则意味着教师在教学活动的设计和实施中，都要以学生的需求和兴趣为出发点。教师可以通过提供多样化的学习任务，来满足学生多样的学习需求和兴趣，这有助于激发学生的学习积极性，并培养学生的自主学习和探索能力。教师在教学设计中应充分考虑学生的实际需求和个性差异。例如，一门关于英语写作的课程可以设置不同类型的写作任务，满足不同学生的学习需求和兴趣，有的学生可能对商务英语写作感兴趣，而有的学生更倾向于学术英语写作，因此教师可以设计多样化的写作任务，允许学生根据自己的兴趣和目标进行选择，这将有助于提高学生的学习积极性和成就感。

学生中心原则还强调学生的主动参与和自主学习。教师需要扮演引导者和支持者的角色，鼓励学生参与课堂讨论，表达自己的观点和看法，同时要引导学生学会如何进行信息检索、问题分析和问题解决。学生则需要学会自主获取信息、分析问题并解决问题。通过参与实践性项目进行语言实践应用，学生不仅能更加深刻地理解英语知识，还能够在实践中不断提高自身的英语应用能力。这样的教学模式使学生能够在实践活动中更好地运用英语，为未来职业发展打下坚实的基础。

## 五、情景性原则

情景性原则强调在现实的语境中进行英语教学，使学生能够在更加真实、生动和具体的环境中学习英语。对于高职英语教学而言，情景性原则至关重要，它不仅能够帮助学生更加直观、深入地理解英语知识，还能够在真实的情境中锻炼和提高学生的语言运用能力。例如，在酒店管理相关的英语教学中，通过模拟实际的酒店工作场景，学生能够在实际操作中更好地掌握和运用英语，进一步提高自身的职业素养和职业技能。

情景性原则还促使教师进行更为实际、创新的教学设计。在设计教学活动时，教师需要考虑如何更好地模拟真实语境、如何帮助学生更好地融入情景以及如何通过情景教学更加有效地传达语言知识。这不仅要求教师具有丰富的专业知识和实际经验，还要求教师能够灵活运用各种教学方法和策略，创设丰富多样、接近真实的学习情境，以激发学生的学习兴趣和动机，培养学生的实践应用能力。这样的教学方式更加符合学生的实际需求，更能够提高他们的学习效率和质量，为他们未来的职业生涯奠定坚实基础。

## 六、自主学习原则

自主学习原则在高职英语教学中扮演着重要角色。这一原则强调学生在教师的引导和支持下，需要形成主动学习、自我探索的学习态度和习惯。这不仅能帮助学生在英语学习中建立更加明确、更加科学的学习目标和方法，还是培养学生未来自我发展、终身学习的必要途径。以商务英语会话为例，一个学生如果能够自主地制订学习计划、利用各类在线英语学习资源进行商务英语对话实践与模拟，那么他在未来的职业生涯中会更好地适应和应对各种商务工作场景和需求。

教师在践行自主学习原则时，除了需要在教学过程中激发学生的兴趣、提供学习资源与指导，还需要帮助学生建立正确的学习观念和策略。这需要教师具有一定的创新意识和实践能力，以更为灵活多样的教学策略和方法引导学生形成积极、主动的学习态度和习惯，为学生未来的发展和成功奠定坚实基础。在这个过程中，教师和学生需要相互配合、共同努力，实现高职英语教学的长足发展。

## 七、文化交融原则

文化交融原则强调在高职英语教学中，教师除了传授英语语言知识，还要引导学生深入了解、接受并尊重英语国家乃至世界各国的文化。这样的文化交融不仅可以提升学生的语言应用能力，还能够增强学生的跨文化交际能力，为他们未来在经济全球化背景下的职业生涯打下坚实基础。通过实例学习（如深入了解英国的餐饮文化、商业礼仪等），学生可以更为直观、全面地感知英语国家的文化精髓和价值观，为未来的国际交流和合作奠定基础。

践行文化交融原则，教师需要在教学设计和实施中注重文化元素的融入，利用丰富多样的教学材料和方式（如实际案例、视频材料等），引领学生走进其他国家的生活使学生能够更加真实、更加直观地接触和理解世界各国的文化。教师不仅需要具有深厚的文化底蕴和文化敏感性，还需要具备扎实的专业知识和跨文化交际能力，以确保文化信息的准确传递，激发学生的学习兴趣和好奇心，引领他们进行深入的文化探索和批判性思考，从而更全面、更深层次地理解和掌握英语。

## 八、评估与反馈原则

评估与反馈不仅是教学过程的一个环节，还是优化教学、提高教学质量的重要手段。评估与反馈原则主张在教学过程中教师应该及时、准确地给予学生反馈，对学生的学习进度和学习成果进行全面、客观、公正的评估。通过实施这一原则，学生可以更加清晰地认识到自己的学习优势和不足之处，从而能够及时地调整学习策略和方法，优化学习过程，以达到预定的学习目标。具体来说，教师可以通过多种评价方式（如格式化测试、口头表达和实际操作等），全方位地了解和评价学生的学习和应用能力。

建立有效的评估与反馈机制能够让教师更加深入地了解学生的学习

需求、动机和难点，从而使教学活动更加符合学生的实际需求，更具有针对性。及时和有针对性的反馈能够激发学生的学习兴趣，增强学生的自信，推动他们更加积极地参与到学习中来，最终实现高职英语教学的目标。

## 第三节　高职英语的教学特色

在中国高职教育的大背景下，英语教学紧扣时代脉搏，满足社会需求，展现出鲜明的特色，具体表现在职业导向性、灵活性和多样性、实用性以及高等性四个方面。职业导向性是教学的核心，确保学生学以致用，将英语知识和技能应用于未来的职业生涯中；灵活性和多样性反映了教学方式的创新，注重因材施教、兼容并蓄，不断调整教学策略以适应学生的多样化学习需求；实用性是教学的目标，强调英语的实际应用，尤其是在职场环境中的有效沟通；高等性是教学的衡量标准，反映的是对教育质量深度和广度的反思。这些特色共同塑造了中国高职英语教育的独特风貌，共同服务于培养适应未来社会发展需要的高素质英语人才的目标。

### 一、职业导向性

在高职院校英语教学中，职业导向性是其鲜明特色。职业内容与英语学习的融合不仅可以使学生更好地理解英语学习的重要性，还可以使学生对自己未来的职业发展有较为清楚的认识和规划。教学过程中，教师需要将职业发展目标和英语学习目标相结合，引导学生发掘和理解职业生涯中英语的应用价值。例如，教师可以组织一些与专业相关的英语主题报告和演讲，帮助学生提高英语交流能力并了解英语在专业领域的实际应用。通过实际的职业场景，学生能更直观地看到英语在职业中的运用，更能体会到英语学习对于职业发展的重要性。这种融合不仅能帮助学生建立职业意识，还能培养学生的职业素养，使他们更好地适应未来职业生涯的发展。职业导向性教学可以加强学生的实际应用能力，使他们能在未来职业生涯中更加自信地运用英语。

在与专业相关的英语教学中，教师需要设计一些与学生专业相关的教学内容，如专业词汇、行业背景知识和实际应用场景。这种方法有助于提高学生的学习兴趣和动机，因为他们可以清晰地看到学到的英语知识如何在未来的职业中发挥作用。例如，财务专业的学生可以学习与会计和财务相关的英语词汇和表达，如 Assets（资产）、Balance Sheet（资产负债表）、Income Statement（损益表）、Cash Flow Statement（现金流量表）等。

## 二、灵活性和多样性

高职英语教学的灵活性和多样性也是其核心特色之一，这一特色确保了教学活动能够更加贴近学生的需求和兴趣，为学生提供更广阔的学习空间。

灵活性是指教学方法、内容和策略能够根据学生的个性、兴趣和需求进行适当的调整。在高职英语教学中，教师需持续探索和尝试不同的教学方法和技巧，以适应学生多样化的学习需求。灵活性表现在教学策略的多元化上，如教师可以采用任务型教学、情景模拟、讨论与合作学习等，使学生在多种学习情境中进行英语学习，这有助于提高学生的学习积极性和英语实际应用能力。教学内容也需要灵活多变，以涵盖学生不同的兴趣点（如文化、科技、职业发展等），丰富的内容可以激发学生的学习兴趣，提高学生的学习动机。

多样性是指在教学中融入多样化的教学元素和活动，让学生在不同的学习环境中体验和学习英语。多样性体现在教学活动的丰富多彩，包括但不限于角色扮演、小组讨论、项目实施等，这些多样化的教学活动能够满足不同学生的学习风格和偏好，提升他们的学习体验。通过多样化的教学活动，学生能够从多个角度和层面深入理解和掌握英语知识和技能，形成更为全面和立体的英语认识。

在实际教学中，灵活性和多样性常常是相辅相成的。例如，为了适应学生的学习风格和需求，教师可能需要灵活调整教学方法和策略，引入多种教学活动和素材，同时通过实施多样化的教学活动，教师能更为灵活地组织和实施教学，以适应学生不断变化的学习需求，这在当前信息化教学环境中表现得尤为明显。利用网络资源和学习平台，教师能够更为便捷地实现教学的灵活性和多样性，为学生提供更为丰富和多元的学习体验。

### 三、实用性

实用性是高职英语教学的另一大特色。实用性意味着教学内容、方法和目标都应当以实际应用为出发点，确保学生能够在真实环境中运用所学知识和技能，特别是在职场和社会生活中。

实用性体现在教学内容的设定上。高职英语的教学内容应当紧密结合学生的专业背景和未来职业发展需求，集中于实际运用中所必需的语言知识和技能。例如，财务专业的学生可能需要重点学习与会计、审计、税务等相关的专业英语，医学专业的学生则需熟悉医疗和临床实践中常用的英语表达。通过有针对性的教学内容，学生可以更加明确地了解英语学习的目标和方向，更加积极、主动地投入学习。

实用性影响着教学方法的选择和设计。在高职英语教学中，教师应当重视任务型、情景模拟等实用性强的教学方法，鼓励学生在真实或仿真的语境中实践和应用英语。例如，教师可以设计一些模拟商务谈判、客户服务、产品介绍等职业场景的教学活动，让学生在实际操作中学习和运用英语，这种以实践为导向的教学方法可以帮助学生更好地理解和掌握英语知识，提高他们解决实际问题的能力。

实用性要求教学评价具有实用导向。评价方法应当以学生的实际英语运用能力为重点，而非仅仅关注理论知识的掌握程度。例如，口语表达、写作能力、听力理解等应当成为评价的重要内容。通过对实际英语应用能力进行考核，教师可以让学生更清晰地认识到自己的优势和不足，更有针对性地进行学习和提高。

实用性还强调英语学习的持续性和自主性。在高职英语教学中，教师应当培养学生的自主学习能力和学习兴趣，引导学生在日常生活和工作中不断实践和学习英语。例如，教师可以推荐一些实用性强的英语学习资源和平台，鼓励学生进行自主学习，以满足学生不断发展的英语学习需求。

### 四、高等性

在高职英语教育教学过程中，"高等性"不只是一个术语，还是对教育质量、深度和广度的深刻反思。它不仅反映在教学方法和课程内容上，还体现在对学生未来角色的期望和对社会需求的响应上。具体而言，高等性体现在以下几个方面。

第一，高职英语教育的高等性体现在它实现了实用性与理论性的平衡。高职英语教育不仅是理论知识传授的教育，它还注重实用英语技能的培养，如旅游英语对话、商务英语专业文档的编写与翻译等。学生不再只是学习语法和词汇，而是学会如何在不同情境下，有效地使用英语进行沟通和解决问题。这种教学方法具备跨学科知识，能够设计出既符合语言学习标准，又贴近实际生活和工作需求的课程。在强调实践性的同时，高职英语教育不忽视理论知识的深度挖掘，在课程知识结构中，教师还应教授英语语言知识背后的深层次内容（如多元文化、国际商务礼仪等），使学生在掌握实用技能的同时，能了解深层次的文化和语言内涵。

第二，高职英语课程的设计更加贴近市场和行业的需求。高职英语教育大多与企业和行业领域紧密合作，使教育者能够了解到最新的行业标准和需求，并将这些内容融入课程中。这种与行业的紧密联系确保了学生学到的技能和知识能够直接应用于未来的职场，增加了他们的就业竞争力。

第三，能够培养学生更广阔的国际视野。高职英语教育鼓励学生拓宽国际视野。课程中不仅包含英语国家的文化和社会情况，还会引入国际案例分析，讨论全球热点问题，甚至提供国际交流和实习的机会。这样的教学内容使学生在学习语言的同时，能增强全球意识和跨文化沟通能力。这有助于学生形成尊重、包容的多元文化价值观，更加适应未来信息化、经济全球化的工作环境。

第四，能够引导学生挖掘自身潜力，设计终身职业发展规划。高职英语教育强调终身学习和职业发展。教育者不仅要关注学生的当前学习，还要帮助学生了解职业路径、建立职业网络，并准备职场所需技能的内容，指导他们规划未来的职业道路，包括继续教育、职业资格认证、职业晋升等。这种长远的规划能够帮助学生意识到自身的潜力，鼓励他们不断追求个人和职业上的成长。

## 第四节　高职英语的课程设置

在教育的海洋中，课程设置就如同指南针，为教与学指明方向。课程设置包含了各个学科的科目、教学时数和开设顺序，这一切都是紧密围绕着教育目标而展开。特别是在高职教育中，课程设置更需综合考量市场需求和就业导向，形成以能力培养为核心的完整教学体系。透过课程的丰富与多样，学生得以掌握专业知识与技能，并在学习过程中不断完善个人的素质与能力。

### 一、什么是课程设置

课程设置是教育体系中至关重要的一环，它涵盖了学校开设的所有教学科目以及这些科目的教学时数、先后顺序等方面的具体计划和安排。课程设置反映了教育的目标和方向，是各类学校达到其培养目标的基础。

高职教育课程更具特色，它要综合考虑课堂教学、课外学习和学生的自学活动。这意味着，高职教育课程不仅要有系统性的教学计划，还要有灵活多样的学习方式，能够培养学生的自学能力和实际操作能力。在高职教育课程的设置中，主干课程是围绕着能力形成来设计的，相关知识的课程则作为辅助，为学生提供丰富而全面的知识背景。

课程设置要遵循教育的基本原则，要符合培养目标的要求，这是实现教学目标、提升教学质量的前提。每个课程都是培养目标在课程计划中的具体表现，各个课程之间应该相互衔接，有序展开，使学生能够逐步、系统地获得某一专业所需的知识和技能。

高职教育要注重市场需求和就业导向，这意味着课程设置要紧密结合企业、行业、职业和岗位的具体要求。这种以就业为导向的课程设置使学生能够在学习中获得实际的职业经验，更好地适应社会和职场的需求，最终达到其就业目的。

职业教育课程应以"职业群"对素质、知识、能力的共同需求为出发点。这就要求在教学中，教师应以职业素质和职业能力培养为主线，促进学生的就业能力、智力发展和人格完善。这三大功能是职业教育不可或缺的一部分，它们相辅相成，共同促使学生全面发展。

因此，课程设置是一个多维度、多层次的综合体，它需要教育者、学者、企业和学生共同参与和努力。在设计和实施课程设置时，教师要充分考虑教学目标、市场需求、学生需求和社会发展趋势等因素，努力实现教育的最大价值。

## 二、高职英语课程设置的理念与原则

高职课程设置的理念与原则是构建高质量教学体系的核心，它们像是指导灯塔，为课程的设计、实施与调整提供方向和依据。理念是课程设置的灵魂，原则则构成其骨架。有了明确的理念和坚实的原则，教师才能设计出既符合时代要求，又能满足学生需求、反映市场动向的高职课程。这一切，都为了更好地实现高职教育的终极目标——培养出具有专业知识、实际能力和创新思维的高素质人才。

## （一）高职英语课程设置的理念

### 1. 动态性

高职院校处于社会经济脉动的核心，受制于经济发展、产业模式和社会需求的多重变化，这使高职教育需要持续更新，其核心在于教学内容能否与时俱进，以灵活的姿态适应社会、经济和科技的快速演变。因此，高职英语课程设置的适应性变得尤为重要，它不应是刻板、固定、一成不变的，而应是活动、灵活的，是动态变化的。高职院校需要抓住市场发展的脉搏，准确预测未来就业市场对专业人才应具备的英语知识和技能水平的全方位需求，并据此做出调整和优化。

### 2. 综合性

高职课程设计必须明确其目标，即培养学生具备广泛的专业知识和技能，以适应市场经济环境下人才的多样化需求。这就要求高职英语课程设置需要拓宽高职专业范畴，扩充知识涵盖面，实现专业知识和英语语言知识的多元融合；要科学规划、合理布局诸如"基础英语""职场英语"和"行业英语"等各个层级和门类的高职英语课程，做到课程的整体性、综合性，但需要注意的是，在把控综合性、整体性的基础上要避免课程拖沓繁重、目标不明确，排列出简明扼要、结构合理的高职英语课程结构，释放更多的自主学习空间给学生。

### 3. 创新性

作为社会经济发展的服务者和引领者，高职教育要时刻保持创新精神，以满足不断变化的职业活动需求和学生的职业追求。在这个层面上，创新性的高职英语课程设置就显得至关重要。高职英语课程设置要走出一条职业导向、特色鲜明、创新明显的发展道路，深入研究社会经济、劳动力市场、职能岗位等多方面的英语使用需求，不断优化、升级当前的高职英语课程体系，创新高职英语教育理念与方法。

4.超前性

为了使高职教育更好地融入快速变化的时代环境和市场格局中，课程设置要坚持超前设计，开设具有前瞻性的高职英语课程和实训项目，包括理解并融合现代与传统知识，吸收最新的专业理论和发展动态，并将这些新的知识、技术、工艺和方法充分融入高职英语课程内容中；要努力打破过时知识的束缚，使高职英语的课程内容更加丰富、多样和前沿，更好地服务于学生和社会，这样学生才能够在毕业后"无时差"、不滞后地融入社会，迎接各种新旧职业的挑战。

### （二）高职英语课程设置的原则

在课程设置中，原则是一种根本性的指导思想，它确保了课程的开发和实施能够符合教育的总体目标和特定目标。

1.开放性原则

开放性原则主张课程设置需要有足够的灵活性和适应性，以确保教育内容能够快速反映社会、经济和科技的发展变化。这一原则强调课程体系需要具备即时反映与适应市场和社会需求变化的能力，使课程内容保持活力和时效性。开放性原则保证了高职英语课程设置能够实时更新，紧密跟随外部环境的变化，促使学生学到的知识、技能与时俱进，具有实际应用价值。

2.适用性原则

适用性原则着重于高职教育课程的职业导向性和应用性，要求课程内容与职业岗位和实际生产紧密相关。这一原则强调"按岗定课""岗课一致"的重要性，意在培养符合市场需求的技能型应用人才。适用性原则保证了高职英语课程设置的方向和内容能够满足社会和市场的实际需求，有助于学生更好地适应职业角色和职业环境，提升就业竞争力。

3. 个性化原则

高职院校学生的学习背景和学习需求多样化，个性化原则强调在课程设置中要充分考虑学生的学习差异和职业发展需求。该原则鼓励根据学生的学习水平、兴趣和职业方向，提供多样化、灵活性的课程选择，以促使每一位学生都能得到个性化的培养和发展。通过个性化原则，高职英语课程设置更能贴近学生的实际需求，有助于激发学生的学习兴趣和学习动机，提高教育效果。

4. 实践性原则

实践性原则强调高职教育应突出职业性技能的培养和实际应用。这一原则要求课程设置应重视实际操作和实习经验的积累，强调认知性实习、专业技能训练、毕业设计和顶岗实习等实践环节的重要性。实践性原则旨在全面提升学生的职业能力和岗位适应性，帮助学生将高职英语语言知识转化为实际的英语语言应用能力，更好地服务于社会经济发展。

概括地说，课程设置的原则是引导和确保高职课程设置更加科学、合理、具有前瞻性且符合学生需求的基础，为培养符合社会和市场需求的高素质应用型人才提供方向。

## 三、高职英语课程的内容架构

高职英语课程的内容架构通常由两个主要模块构成：基础模块和拓展模块，如图 3-4 所示。

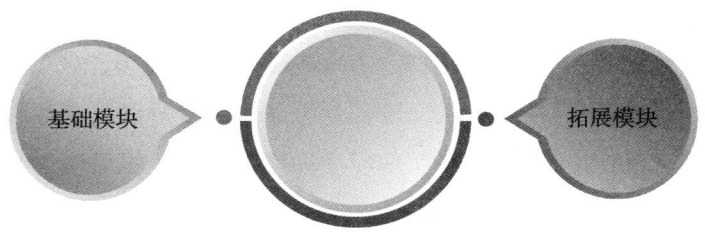

图 3-4 高职英语课程的内容架构

**（一）基础模块**

在高等职业教育的英语课程中，基础模块以职场通用英语为核心教学内容，对几乎所有专业的学生而言，它是一门必修的基础课程。为了确保学生能充分掌握所需的英语技能，各院校需保障足够的教学时间用于这一模块的开展。基础模块的设计目的是将英语学习与实际职场环境相结合，反映出各种职业的特点，以此来增强学生在实际应用中的英语能力。教学内容方面，基础模块包括六个主要部分：主题类别、语篇类型、语言知识、文化知识、职业英语技能和语言学习策略。这些组成部分旨在全面提升学生的英语水平，使他们能够在多元化的职业场景中有效地运用英语。

1. 主题类别

在高等职业教育的英语课程中，主题类别的设计涵盖了"职业与个人""职业与社会"以及"职业与环境"三个主要领域，这些领域进一步细分为多个专题，每个专题又囊括了一系列具体话题。这些主题和话题的设计旨在体现中外文化的精髓，促进学生的全面发展。课程中的专题包括但不限于人文底蕴、职业规划、职业精神、科学技术、文化交流、生态与环境意识以及职场环境等。涉及的具体话题涵盖历史与文化、社会动态、文学艺术、审美观念、职业类型及选择、创业创新、职业发展和理想、职业道德和规范以及职业安全等。与这些主题和专题相关的职场情境任务包括求职应聘、文件管理、活动策划与组织、客户关系管理、参观接待、拜访安排、反馈处理、市场调研、产品介绍、技术支持、产品推广、营销策划、危机公关、商务谈判、订单管理和交易后续处理等，这些任务设计用于帮助学生在实际职场环境中灵活运用英语。

2. 语篇类型

在高等职业教育的英语基础模块中，语篇类型的范围广泛，涵盖了口头、书面和新媒体等多种形式，可以为学习提供丰富的学习材料。这些语篇类型既包括传统的文字和图形，也包含现代的音频和视频内容。具体来说，基础模块中的语篇类型涉及各种实用文档，如书信、公告、通知、会议纪要、便签、广告、简历、宣传册、票据、工作计划和议事日程等；还包括如公司概况、操作指南、使用手册、成果和产品介绍、图表解释以及事理阐释等说明文；记叙文部分包含个人经历、职场人物介绍和短篇小说等内容；议论文涉及论述文章、时事评论、职场案例分析和书评等；新媒体材料则包括网络信息、电子邮件、短信、博客、科普网页以及音频和视频节目等。这些多样化的语篇类型不仅丰富了学习内容，还为学生提供了多方面的实践机会。

3. 语言知识

在高职英语课程中，语言知识扮演着构建有效职业外语沟通能力的关键角色，强调语言的实际应用。语言知识包括词汇、语法、语篇结构及语言运用等多方面的知识，这些内容的学习目的是加强学生的英语实际运用能力。

词汇作为英语学习的基石，对于提升学生在职场中的英语交流水平至关重要。掌握足够的词汇量对于提高英语应用水平尤为关键。基础模块旨在在中等职业教育和普通高中教育阶段所学词汇量的基础上，增加约 500 个新词汇和短语，使学生的总词汇量达到 2 300 ～ 2 600 个。而在拓展模块中，学生将进一步学习约 400 个新词汇和短语，从而使总词汇量达到 2 700 ~ 3 000 个。

语法是构成语言框架的规则体系。这部分知识将帮助学生理解和表达语言的形式、意义和使用规则，对于确保语言的准确性和适当性至关重要。高职教育阶段的语法教学将基于学生在前期教育中获得的知识，按照"实用为主、适用为准"原则进行教学，以补充和强化学生的语法基础。

语篇结构涉及语篇的表达、目的和构成，包括写作目的、体裁特征、标题特点、篇章结构、修辞方法、语篇的衔接和连贯、语言风格及其成分（句子、句群、段落）之间的逻辑联系。掌握这些知识有助于学生在口头和书面交流中根据需求选择合适的语篇类型，设计合理的结构，确保语篇的连贯性和有效性。

语言运用知识关注于学生在不同情境下恰当运用语言的能力。这部分内容包括理解情境如何影响语言的使用，如在不同的目的、场合、话题和交际对象下，选择正式或非正式、礼貌或直接的表达方式。掌握语言运用知识对于提升学生的语言运用意识和实现有效的沟通至关重要。

4. 文化知识

在高等职业教育的英语课程中，文化知识着重于介绍和分析全球多元文化以及中华文化，特别是在职场和企业环境中的文化现象。这些知识有助于学生建立跨文化交流能力和深化对本土文化的自信。这部分课程内容覆盖了哲学、经济学、科技、教育、历史、文学、艺术、社会风俗、地理等方面，也包括国内外的职场和企业文化。通过学习这些丰富的文化内容，学生能够更好地理解和比较不同文化间的异同，从而提炼文化的精髓。这不仅增强了学生的跨文化理解和表达能力，还拓展了他们的国际视野。这样的学习有助于学生更加深入地认识和欣赏中华优秀传统文化、革命文化及社会主义先进文化，从而树立正确的价值观，成为具有全球视野、文化素养和社会责任感的优秀技能型人才。

5. 职业英语技能

职业英语技能专注于提升学生在职场中使用英语的口头和书面沟通技能。这些技能分为理解、表达和互动三大类，涵盖了听、说、读、看、写作以及中英文初级翻译能力。这些技能的培养旨在加强学生在实际工作环境中的英语应用能力，增强他们的就业竞争力和自信。理解技能要求学生能够在职业场合中有效地使用英语进行信息理解，包括理解英语口头和书面材料（如工作流程说明、产品手册等）以及从不同角度理解文本的主题和内容，并能够分析和推测作者的意图和观点。表达技能着重于学生使用英语进行有效表达的能力，这不仅包括介绍个人的工作经验、企业业务和产品信息等，还包括在职场环境下进行基本的中英翻译以及使用图表、音频和视频等多种媒介来创造性地表达观点和信息。互动技能强调学生在职场环境中通过英语进行有效互动的能力，包括日常商务沟通、面对面的业务交流以及在跨文化交流中使用英语克服沟通障碍等。通过这些技能的培养，学生能更好地适应多样化的工作环境，提高其职业竞争力。

6. 语言学习策略

在高职英语教学中，语言学习策略的应用对于培养学生的独立学习和终身学习能力至关重要。这些策略包括但不限于元认知策略、认知策略、交际策略和情感策略，涵盖了学习过程中的多个方面。元认知策略涉及学生对自己的学习目标、计划和过程进行有效监控以及对学习成效进行评估和调整，这种策略使学生能够更好地理解自己的学习需求和进度，从而做出适当的调整以提高学习效果。认知策略指学生为达成特定的语言学习目标而采取的具体方法和措施，这些策略能够帮助学生更加有效地吸收和处理语言知识，从而提高学习效率。交际策略关注学生在实际交流过程中如何有效地维持沟通、解决交流障碍，并提升交流的效果，这类策略对于学生在实际应用语言时非常重要。情感策略涉及学生在学习过程中如何主动调整情绪、保持学习热情和积极态度，这种策略对于维持学生的学习动力和减轻学习压力非常有帮助。这些策略的综合运用不仅有助于提高学生的语言学习效率，还有利于他们形成自主学习的良好习惯，使他们能够享受学习过程，从而实现终身学习的目标。

### （二）拓展模块

高等职业教育英语课程的拓展模块旨在为英语水平较高且有额外学习能力的学生提供专业和兴趣深化课程。这一模块可细分为三类课程，分别是职业提升英语、学业提升英语和素养提升英语。

1. 职业提升英语

这一类课程专为准备进入不同职业领域的学生设计，包括一系列职业相关英语课程，如商务英语、医疗护理英语、旅游英语、汽车行业英语、文秘英语、电子商务英语、财务会计英语、跨境电商交际英语、幼儿教育英语、会展英语、经济贸易英语、物流英语、酒店业英语、市场营销英语、轨道交通英语以及其他各种特定职业领域的英语课程。这些课程旨在帮助学生掌握职场所需的特定英语技能，从而在各自领域中更加胜任。

2. 学业提升英语

这类课程是为具有升学或出国留学打算的学生而设置的课程。这些课程包括专升本英语、托福和雅思考试英语、学术交流英语等。这类课程的重点在于提高学生的学术英语水平，使他们能够应对更高层次的教育挑战，如本科学习或海外留学。

3. 素养提升英语

这类课程主要关注提高学生的个人综合素养和满足他们对英语学习的兴趣，包括英语国家的概况、英美文学选读、英语报刊阅读、跨文化交流、英语演讲、英语口译等。这些课程可以扩大学生的知识视野，提升他们的跨文化交流能力和个人的文化素养，同时丰富他们的个人兴趣。

为了适应不同院校和学生群体的特定需求，各院校应根据自身条件和学生的兴趣开设特色选修课程。教师在设计这些课程时，需要参考国家相关规定，结合学校的具体要求和学生的实际需求来制定课程内容。这种灵活的课程设置旨在为学生提供更加个性化和多样化的学习机会，帮助他们在专业领域内发展所需的技能，同时丰富他们的个人生活和职业规划。

### （三）基础模块和拓展模块的性质及比例

基础模块主要关注职场通用英语，旨在为学生奠定坚实的英语基础。这部分课程是几乎所有专业学生的必修或限选课，能够确保每个学生都能达到高等职业教育的英语学业质量标准，满足专科毕业要求。此模块通常在学生的第一学期和第二学期开设，总学时介于 128 和 144 小时之间，按 16 至 18 学时计 1 个学分，合计 8 学分。拓展模块则提供了更多个性化的学习选择，学生可以根据自己的兴趣和需求来选择不同的课程。拓展模块通常在第三至第五学期开设，学生可以选择修读至少 2 学分的课程。高职英语课程的结构设置如表 3-1 所示。

表3-1  高职英语课程的结构设置

| 内容架构 | 主题内容 | 性质 | 开设时间 | 学分 | 面向对象 |
|---|---|---|---|---|---|
| 基础模块 | 职场通用英语 | 必修或限选 | 第一、二学期 | 8 | 各专业 |
| 拓展模块 | 职业提升英语 | 选修 | 第三至五学期 | 2学分及以上 | 有需求的学生 |
| | 学业提升英语 | | | | |
| | 素养提升英语 | | | | |

高职院校和专业可以根据未来的需求和实际条件，有权自主决定拓展模块的开设及其内容。这种灵活性允许学校根据行业趋势和学生需求，调整和更新课程内容，从而更好地适应社会和职场的变化。通过这样的

课程设置，高职英语课程不仅提供了必要的语言技能，还促进了学生的个人和职业发展，帮助他们为未来的挑战做好准备。

## 四、高职英语课程资源的开发与利用

高职英语课程的资源开发与利用对于确保课程的有效实施至关重要。这些资源涵盖了文本资源、数字化资源、教学设备资源和特色资源四个主要领域。

### （一）文本资源

文本资源包括教材、参考书、练习册、教师用书、课外阅读材料、相关文献和职场相关语言材料等。选择文本资源时，教师需要考虑内容的政治正确性、实用性、职业相关性和时效性，以确保教学内容的及时更新和适应性。

### （二）数字化资源

数字化资源的开发和使用是推动教学现代化的关键。通过使用课程资源平台和英语学习应用程序，教师可以获取和利用各种数字化教学资源，如在线公开课、教学录像等。这些资源支持线上线下混合式教学，满足不同学生的个性化学习需求。高职院校应提供政策和财力支持，鼓励教师开发适应职业教育的在线精品课程和具有本地、区域或国际特色的教学资源。

### （三）教学设备资源

教学设备资源包括计算机、互联网连接、智慧教室和语言实验室等，是实施高职英语课程的基础设施，能够提供必要的软件和宽带服务，为教师提供丰富的教学方法、开发数字资源和开展教学活动创造条件。

（四）特色资源

特色资源主要包括行业资源、地方资源和与学生生活相关的资源。行业资源指与特定行业或专业相关的资源；地方资源指具有地方特色的资源；生活资源则涵盖家庭、学校和职业生活等方面。教师应根据教学内容的特点合理开发和利用这些资源，丰富学生的学习体验，并指导学生将这些资源与日常生活和学习紧密结合。

# 第四章　产出导向法视域下高职英语教学的驱动场景

## 第一节　驱动环节的研究现状

本书在第二章第三节已经论述了产出导向法的教学流程，包括驱动、促成和评价三个环节，并详细介绍了驱动环节的教学步骤、注意事项、质量评价指标，因而此处不再赘述。本节将集中介绍一下当前有关产出导向法驱动环节的研究现状。

产出导向法中的驱动环节与传统外语教学中的"热身"或"导入"活动不同。"热身"或"导入"活动作为课程的开端，其设计在于引导学生进入学习状态，同时激发其对即将展开的主题或课程内容的兴趣。在这一环节中，教师可能采用不同的策略和技巧（如提问、展示图片或视频、组织小组讨论等方法）来引起学生的好奇心和探究欲，进而顺畅地导入课文或新学知识点的学习。这些热身或导入活动通常围绕着某一个核心概念或主题展开，为的是激活学生的预备知识，确保他们在学习新材料时能够在已有的知识基础上进行扩展和建构。

在传统的导入环节中，学生通常处于被动接受的状态，这个阶段更像是为即将进行的知识输入打下基础。而在产出导向法教学过程中，学生处于一种积极探索和尝试的状态，他们在产出中遇到的难题和挑战自然而然地激起了学习新知识的需求和欲望，进而转化为更深入、更主动的学习过程。学生在这个过程中，不单单是在吸收和理解新信息，他们也在积极地、主动地与知识互动，试图通过解决实际问题来吸收和应用新知识。

从目前的研究现状来看，对产出导向法驱动环节研究感兴趣的学者越来越多，这些学者从相同或不同的视角出发对驱动环节在英语教学中的融合应用进行了探索。

杨莉芳从微课的构建视角出发阐述了驱动环节微课制作的优化流程。她设计的微课呈现了这样一个场景，即中国大学生与外国友人讨论中西方绘画差异。在此场景交流中，中国大学生因知识储备不够丰富，所以无法有效回应外国友人提出的问题。这个场景充满了现实感，使上课的学生能够深刻体会到自己的实际情况与场景中的中国大学生非常相似，即使用英语讨论《蒙娜丽莎》的神秘特质和中国山水画的独特风格时也可能力不从心。然而，杨莉芳的研究并未涉及单元产出活动（如比较中西方绘画的讨论）在何种场景中可能会出现。

学者蒋易沛从核心素养培养视角出发深入介绍了 POA 理论在基础教育环节的运用。蒋易沛以产出导向法中的"驱动"环节为起点，融合其核心概念（场景设计）创建了牛津译林版初中英语听说课与写作课的教学模式，探索出了运用产出导向法驱动环节的场景设计提升初中英语教学效率的方法。

广西科技大学的韦俊将产出导向法应用于独立院校中大二学生特殊用途英语课程的开展。韦俊根据课程内容设计了以食品为主题的驱动任务，帮助学生发现自己在产出过程中的问题，意识到自己的不足；同时得出了教师在开展教学活动过程中应尽量为学生提供脚手架辅助功能的观点，并提出了驱动环节的设置需要循序渐进的意见。

学者吴萍萍认为，作为产出导向法的起始环节，驱动环节在高中英语教学中的主要作用在于通过特定的场景展示，启动学生的探知意识，激发学生的学习兴趣。高中阶段，学生的抽象思维和形象思维关系是对立统一的，他们对事物的认知既是感性又是理性的。场景展示借助特定氛围给学生带来感性认知，促使他们进行理性思考。英语教师要抓住高中生的认知特点，充分发挥场景展示的作用，让学生在剧烈的情感交互中获得丰富的感知和深刻的体验，进而快速激活学生的学习热情。

　　学者赵聪提出，在当今移动互联网时代背景下，教育教学工作的开展被赋予了更多可能性，在产出导向法这一富有中国特色的英语学习方法的指导下，教师有更多的条件去设计和完成"驱动"环节，实现英语教学的个性化和智慧化。现代信息技术（如虚拟现实技术）将为学生创造更具响应性的学习氛围，进而激发学生的主体意识和学习热情，培养学生积极探索、团结协作获取英语知识和技能的能力。

　　学者周凯妍的研究表明，产出导向法的驱动环节中，以教师为主体的两个教学步骤（"呈现交际场景"和"明确学习目标"）能够有效地促进学生的学习动机。在以学生为主体的两个教学步骤中，"尝试产出交际任务"和"明确学习目标"都表现出认知挑战性和目标驱动性。虽然非英语专业高校学生学习英语的动机较低，学生的学习效果不佳，但是产出导向法的驱动环节能打破这样的传统教学安排，重构一个能够充分调动学生积极性的教学环节。

　　学者周韵、杨春霞探讨了在产出导向法理论指导下，如何对高职英语在线课教学流程进行重新规划，将原先设置于整个单元最后的语言产出任务改造设计成产出驱动环节的场景部分，希望以此让学生了解到语言产出的潜在交际价值，激发学习热情，提高学习效率。具体做法是对照产出驱动环节的场景四要素（话题、目的、身份和场合），找出目前任务中存在的缺陷并加以调整、完善和改进。

　　学者李帅认为，"产出导向法"中的驱动环节是教师所面临的最富挑战性和创造性的部分。在这个环节中，教师扮演了"设计者"和"推进者"的角色，不仅需要设计出符合实际的交际场景和合适的产出任务，还需要注意确保产出任务的难度适宜。这一点可以从话题选择和产出任务的表达形式两个方面入手。在选择话题时，教师应考虑话题的相关性、生活性以及难度层次。而在确定产出任务的表达形式时，教师应设计多元化的任务类型，以满足不同难度水平的学生需求，不同难度的产出任务能够提供更多选择给学生。另外，在发布驱动环节任务时，教师应根据具体的教学情况选择是采用传统课堂教学方式还是利用慕课、微课等在线教育方式来实施。这些要素对于激发学生的学习欲望以及顺利进行"促成"和"评价"过程都具有至关重要的作用。

已有研究对驱动环节的构建方式和驱动理论的应用场景、应用办法进行了探索，为产出导向法的驱动设计贡献了实践智慧。但目前仍有教师未能正确解读产出场景，设计的产出活动不符合产出导向法的教学要求。在这种情况下，教师有必要进一步厘清产出场景的概念，阐明内部要素，明确各要素的作用。

## 第二节　英语环境下的场景设计

交际真实性无疑在场景设计中占据了至关重要的地位。在实践产出导向法的初期阶段，一些教师可能对交际真实性的内涵并未拥有清晰的认识，也未能充分区分"场景"与"情景"的细微差别。真实性强的场景通常指那些能够贴近学生日常生活或将来可能会遇到的交际情境，如在商店购物、在机场办理登机手续、在餐厅点菜等；而那些离学生生活实际较远或与其未来交际需求关联不大的场景（如太空探险对话、古代宫廷互动等）可能缺乏足够的真实性。符合真实交际场景要求的产出活动往往需要学生在进行语言实践的同时，能够运用合适的语言功能和策略，如扮演角色在火车站购票的活动时，学生需要真实运用询问、应答、表达意愿等语言功能。反之，产出活动若过于侧重于语言形式的练习（如填空、改错等）而忽视了情境中的交际目的和策略，可能会不符合真实交际场景的要求。在这一节中，我们将深入探讨如何在场景设计中体现交际真实性，并对于如何区分和设计符合真实交际要求的场景和活动进行详细的阐述。

## 一、场景、情景的相关概念与内涵

### （一）场景（scenario）

"场景"一词用英文表达是"scenario"，它在不同的背景和语境下可能有着稍微不同的含义。在英语词典中，"scenario"一词的基本定义通常包括以下几个方面。

**1.一个可能的事件或情形的描述**

在多个领域（如商业、经济、社会科学、环境科学等）中，"scenario"通常被用来描述一种或多种可能的未来发展情形，这种使用方法为我们提供了一种通过模拟不同变量或决策来对未来产生影响的方式。例如，在商业领域中，团队可能会创建多个"scenario"来探讨各种经济条件（如通货膨胀率、利率、消费者信心等）变化时公司的表现如何。这些场景不仅仅是单一变量的改变，它们通常还涵盖了多种因素的复合变化，通过这种方式来模拟各种可能的未来情况。尤其在做决策时，场景分析能够帮助决策者预见不同选择背后可能隐藏的风险和机会，进而做出更为全面和合理的决定。

**2.剧本或情节**

在文艺创作的领域中，"scenario"常常指代故事情节的大纲或整个剧本。这里的"scenario"不仅包括基本的情节梗概，还涉及角色发展、情感走向、冲突和解决等多个方面。在电影和戏剧制作过程中，编写

"场景"通常是整个制作过程的起点和基石。"场景"是导演和演员理解故事、塑造人物的重要依据,并且在后期的剪辑、音效、视效等环节中也起着至关重要的作用。通常情况下,一个精细的场景会在概述故事情节的同时,留给创作者足够的空间去探索和实现他们的艺术创意。

3.模拟或实验的设计

在科学和工程领域中,"scenario"通常用于指代为研究目的创建的特定情境或环境,这种情境通常为研究者提供了一个控制变量、测试假设和观察结果的平台。例如,在气候变化研究中,科学家可能会利用"scenario"来模拟不同的环境变量(如二氧化碳浓度、温度等)并观察它们对气候系统的影响,这些场景通常基于实际观测数据并结合专业模型进行模拟,旨在在控制的环境中复制真实世界的多种可能性。在这些"scenario"中进行的实验和模拟可以帮助科学家理解复杂系统的运作机制,预测未来发展趋势,并为政策制定提供依据。

在实际应用中,该词的使用通常会依赖于特定行业或领域的语境。在教育领域中,"scenario"可能用于描述一个设定的情境或案例,学生需要在这个基础上进行讨论、分析或问题解决。

## (二)情景(situation)

"situation"这个词在英语中有着广泛的应用,它在词典中的基本定义通常包含以下几个方面。

1.当前的状态或条件

"situation"这一词语在描述某个特定时间点的事件、问题或者状态时经常被使用,它强调的是一种瞬时的状态或者环境的静态画面。例如,"这个城市因为持续上升的洪水而面临危险的局面"中,"局面"指的是一个具体的、当前正在发生的状态。"situation"这一词可以涉及社会的各个方面(如政治局势、经济形势、社会事件等),提供了对某一事件或状态的简短切入点或总结，并往往用于强调其紧迫性或突发性。这一用法广泛应用在新闻报道、评论分析及日常对话中，通过给出一个明确、直接的视角来聚焦某一特定瞬间的情况或问题。

2. 一个发生或存在的事务、事件或条件

在这个语境下，"situation"更多的是用来概述或叙述一系列的事务和事件的整体状态。例如，"他们讨论了某地的政治局势"中，"局势"往往需要读者或听众拥有一定的背景知识，以便全面理解所谈到的事件或条件。不同于第一点中的即时性和具体性，这里的"situation"往往包含了更为宽泛和综合的信息，可能涉及历史背景、社会环境、人物等多个方面。这一用法常见于学术讨论、专题研究或深度报道中，需要更为全面和深入的剖析和阐述。

3. 位置或地点

相对而言，使用"situation"来描述位置或地点在日常语言中并不十分常见，然而这样的用法却带有一种特殊的文艺色彩。例如，"那座房子坐落在俯瞰山谷的山坡上，拥有一个美丽的'局面'"中，"局面"往往被用来强调位置所带来的独特视角或者环境感受，它不单单指代地理位置，还蕴含了该位置所承载的情感、美学或者历史内涵。在旅游指南、文艺作品或房产广告中，这一用法可以富有诗意地描绘一个场所的独特魅力或价值，提供一种富有情感和个性的表达方式。

值得注意的是，在日常语言中，"situation"通常用于描述更为具体的和当前的事件或条件，而不是像"scenario"那样可能用于描述一系列假设的事件或一个情节的框架。这两个词在不同的语境和领域中可能有着稍微不同的侧重点和用法。

**（三）情景化活动和场景化活动**

情景化活动和场景化活动虽然在名称上只有细微的差别，但在教学或其他实践活动设计中，它们反映出的理念和应用是有显著区别的。

1.情景化活动

情景化活动主要强调的是实用交际价值，也就是说，这种类型的活动更加强调与现实生活中实际交际情境的贴合度。这类活动通常根据日常生活中的实际情景来设计，目的是让参与者能够在模拟的情景中学习并运用相关的语言或技能。例如，在语言学习中，教师可能会创设一个餐厅点餐的情景，让学生在这个情景中实际运用点餐的语言。这种情景化的活动有助于学生将学到的知识技能更好地应用到实际的生活交际中。

2.场景化活动

场景化活动强调的是潜在的交际价值，这意味着场景化活动通常更加关注对某一类型交际情境的整体或多元的模拟和体验。有时候这些场景可能并非直接取自现实生活，而是包含了一些假定的、未来的或理想化的元素，这样的设计可以帮助参与者通过较为宏观的场景体验，拓宽视野，激发创新思维，并在探索中发现和学习新的知识和技能。在一些创新实践、团队协作或领导力训练中，场景化活动通过提供一个相对开放的交际模拟环境来激发个体和团队的潜能。

## 二、构成场景的四大要素

场景由四个要素构成，即话题（产出的内容是什么）、目的（为什么产出）、身份（谁产出、为谁产出）和场合（在何处产出），这四个要素既有明显区别，又密切相关，如图4-1所示。如果场景要素不完整，其交际真实性就不能充分体现。

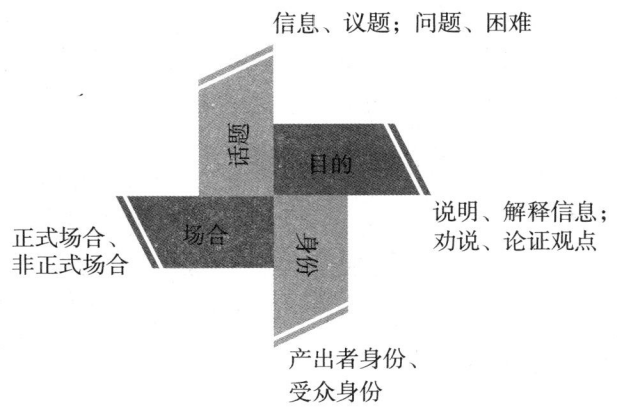

图 4-1 构成场景的四大要素

## （一）话题

### 1.话题选择的策略性

话题在交际过程中发挥着核心的作用，尤其在语言学习的环境中，一个合适的话题不仅能够激发学生的兴趣，还能有效推动交流的深入进行。在教学中，尤其是在外语教学中，话题选择的策略性表现在两个方面。

一方面，话题选择需要符合学生的兴趣和实际水平，只有这样，学生才能够在参与话题讨论的过程中，真正投入并通过实际的交流来提高自己的语言能力。例如，对于初学者而言，关于日常生活、学校生活和兴趣爱好的话题更能贴近学生的真实生活，更容易引发学生的参与和共鸣。

另一方面，话题选择还需要考虑文化背景和社会发展的影响。教师在选择话题时，不仅要关注话题在目标语言文化中的地位和影响，还需要留意该话题在学生自身文化和生活中的反映。例如，当讨论关于科技和社会的话题时，教师可以引入一些国际化的视角和内容（如全球热门的科技产品、社会热点问题等），旨在建立一个包含多元文化元素的交流环境，以帮助学生在了解自身文化的同时，能够拓宽国际视野。

2.话题的渐进式设计与实施

在话题的设定和实施方面，教师需要运用渐进式的策略来设计学习活动。这意味着，在初期阶段，教师应更多地聚焦于学生熟悉和容易表达的内容，随着学生语言能力的提高和兴趣的拓展，再逐渐引入更加复杂和深入的话题。例如，在学习初期，教师可以通过一些轻松的、与日常生活紧密相连的话题（如家庭、朋友、兴趣爱好等）来引发学生的交流兴趣；进阶后，教师可以根据学生的语言运用水平，逐步引导学生探讨包括文学、历史、哲学、社会科学在内的更多领域的话题。

这样的渐进式设计旨在逐步提升学生的语言输出水平和跨文化交际能力。这一过程不仅能够加深学生对目标语言和文化的理解，还能够借由多样化的话题探讨，激发学生的学习兴趣和好奇心，进而推动他们在语言学习的道路上不断前行。这也需要教师灵活运用各类话题并结合不同学习阶段的学生特点，进行有效的教学实践。

（二）目的

1.目的的多元展现和综合运用

目的作为构建场景的重要因素之一，其深层含义不只是单一的信息传递或观点阐述，还体现在多种交际目的的融合与综合运用中。每一种交际目的都与其背后的语用、修辞和策略紧密相关，这意味着在某一特定场景中，说话者或写作者在追求目的实现的过程中，需要根据交际对象、内容和环境等多重因素，灵活调整和选择适宜的表达方式和策略。在信息交流的过程中，说话者或写作者并不总是完全遵循单一的信息陈述或观点论证的模式，而是在不同的交际环境和场景下，展现出目的的多元特征。例如，在一次学术报告中，演讲者可能在阐述事实信息的基础上，巧妙地融入自己的观点和看法，通过逻辑论证和情感呼吁等方式，旨在在传递知识的同时，达到一定的说服和影响效果。

2. 目的在场景构建中的战略意图与执行

目的在不同场景中的呈现往往深受战略性的影响，也就是说，在特定的交际情景中，说话者或写作者会依据自身的目的，系统策划并执行一系列的语言行为，以促成信息的有效交流和观点的成功传达。战略性的运用体现在话语组织的逻辑性、论证的合理性以及语言表达的得体性等多个方面。为实现第一类目的（信息陈述），说话者通常注重事实的准确性和话语的明确性，追求在保证信息真实、可靠的基础上，使其易于理解和接受。而在追求第二类目的（观点论证）时，除了事实的支持，说话者还会借助多种论证技巧和修辞方法（如通过案例验证、数据支持、对比论证等方式）加强观点的说服力。

整体来看，场景中的目的要素并非孤立存在，其在实际的交际过程中，往往与其他要素相互影响、共同作用，共同构建具有一定交际效果的语言场景。而在这一过程中，目的的清晰定位和战略性运用，对促进交际的顺畅进行和达成交际目标具有至关重要的作用。

### （三）身份

1. 身份要素与语言选择

身份要素在言语交际中扮演着至关重要的角色，尤其是在多元文化和多语言环境下。各种交际情境中，身份的呈现和认知关系着交际者如何精准、恰当地选择和运用言语。言语并不只是信息的承载者，它同样包含了交际者的文化属性、社交习惯和情感倾向等诸多元素。因此，在交际的场景中，认识到身份与言语选择之间的微妙联系是极其关键的。例如，同是商务谈判的场合，当参与方拥有不同的文化和语言背景时，理解和尊重对方的身份要素（如职务、文化背景、语言习惯等）将有助于找到更加有效的交际策略和语言表达方式，避免可能的文化冲突和交际误解。

2. 身份认同与交际顺畅度

身份不仅仅是一种社会或文化的标签，它还是个体在交际过程中自我认知和定位的重要体现。身份认同在很大程度上影响着交际者如何解读和回应交际信息以及如何在交际场景中表达自我。在经济全球化的背景下，身份认同的复杂性不仅体现在传统的文化、职务、年龄等方面，还涉及更为多元和深层的诸如性别、信仰、价值观等层面。例如，面对全球性的学术交流平台，学者在交际中不仅要充分展现其学术身份的权威性，还需在跨文化交际的过程中展现出对多元身份认同的尊重和理解，以促进交际的平等和顺畅。

3. 身份互动与情境营造

在构建交际场景的过程中，身份要素不应只是被理解为一种静态的符号或标签，还应被视为一种动态的互动和对话。身份的表现和认知是一个双向的、互动的过程。交际双方如何理解、定位和表达身份，如何在情境中通过身份的互动来共同构建和发展交际场景，这些都是值得深入探讨的问题。例如，在线上的社交平台中，身份不仅体现在用户的基本信息和社交网络中，还体现在其互动行为和语言表达中，用户之间的身份互认和互动将在很大程度上塑造和发展交际的场景和情境，进而影响整个交际过程的质量和效果。

（四）场合

1. 场合的氛围与交际逻辑

场合在场景构建中是一个不可忽视的元素，它在很大程度上决定了交际的氛围和节奏。场合不仅是一个物理的空间或位置，还是一个社交的环境和背景，这一背景要素会主导在场的人们应当采取的言语和行为模式。场合分为正式场合和非正式场合两类。正式场合通常会依赖于确定的议程、结构化的沟通以及规范的交流方式，如在学术会议场合中，学术严肃、讲究数据和事实的逻辑支持会是主导人们交流的基调。非正式场合（如超市或操场）更加强调轻松和随意的交流，这里的语言更倾向于自由表达，与具体的任务和目的的紧密相关，如购物或运动交流的实用语言使用。

2.场合的多维度影响

场合本身并非单一维度的概念，它除了包含上述的正式与非正式的分类，还暗含着一系列更为微妙的社会文化因素。例如，不同文化背景下的"正式场合"可能拥有截然不同的言语交际规则和预期，同样的商务谈判，在东西方不同文化的场合中可能展现出不同的交际策略和谈判风格。理解这些差异能够帮助学生或交际者在不同场合中更加准确地把握交际的脉络，避免文化冲突或误解。

3.场合的适应性与交际策略

站在更为宏观的视角看待场合，我们需要理解它如何与交际策略相互影响。每一个场合都携带着一套"隐藏的规则"，即那些未必明文规定但普遍被认同和遵循的行为和言语模式。例如，商务场合中的专业和礼仪、聚会中的轻松和亲切，每一种场合的特定氛围都会引导交际者选择和调整他们的交际策略。因此，理解并适应不同场合的这些"规则"，是提升交际效果的关键。这要求我们在教学或交际实践中，不仅关注语言本身，还要关注如何通过理解和适应场合的特性来更有效地进行交际。

**（五）场景中要素的特点**

1.要素的相对性和动态性

在一个交流场景中，目的、话题、身份、场合这四个要素相互交织，共同塑造了交际的全貌。然而，它们中哪一个元素起到决定性作用，是极其相对且多变的。这种决定性的背后其实蕴藏着一种相互关联的动态性。以目的为例，在一个推销场景中，销售员的主要目的可能是说服客户购买产品，这里"说服"成为主导整个场景的核心，它会影响销售员选择何种话题、怎样构建与客户的身份关系以及在不同场合下采取怎样的沟通策略，这意味着，目的虽然在这一场景中显得尤为关键，但它也在与其他要素发生互动，塑造交际的全貌。

2. 要素的多重影响

我们在深入探讨话题作为场景的决定性要素时可以发现，话题的特定性可能塑造了整个交际的轮廓。例如，在一个政治辩论中，具体的政策问题很可能成为决定性的话题，它将指引辩论的方向和深度，并且在一定程度上引导辩论者如何界定自己的身份，如何在这一特定场合下定位自己的目的。此外，话题的敏感性、复杂性和争议性也会左右整个交际场景的氛围和节奏。

3. 要素的层次性和矛盾性

在分析场景的决定性要素时，我们需要认识到这些要素之间可能存在的层次性和矛盾性。以身份为例，在一个工作面试的场景中，应聘者和面试官的身份关系明显，但这种身份的呈现和理解在不同文化和组织中可能有极大差异。在一些文化中，面试官可能期待应聘者展现出较强的自我推销能力，而在其他文化中，谦逊和内敛可能被视为更有价值的品质。这里，身份的理解和展现不仅受到个体的期望和价值观的影响，还会受到文化、组织和场合等其他要素的共同作用。

## 三、语言学习环境下的场景设计

具有实用价值或潜在交际价值的活动都符合产出导向法倡导的交际真实性这一要求，但在不同语言学习环境中，交际真实性的体现并不相同，教师设计交际场景之前需要区分二语环境和外语环境。目前，很多外国留学生在中国学习汉语，同时数以亿计的中国学生在本国学习英语，看上去他们都在学习一种新语言，但其语言学习环境完全不相同，前者是二语学习环境，后者是外语学习环境。在这两种环境下，学生所遇到的交际场景有差异。接下来，笔者将分别讨论这两种不同环境下的交际场景设计。

## （一）二语学习环境下的场景设计

在二语学习的实践环境中，交际场景设计扮演着极其关键的角色，包括了针对实际应用和潜在可能性不同层面的产出活动设计。对于学习汉语的外国留学生来说，这两类产出活动不仅构筑了一套相辅相成的学习体系，还创造了一个丰富多彩的实践舞台。

### 1.情景化活动设计

情景化活动的设计侧重于实际、真实且立即可用的语言交际能力的培养。在这类活动中，学习者需要将学到的语言知识运用到具体、实际的生活场景中，如在超市购物、在餐馆点餐、在医院看病等。这些情境不仅具有高度的真实性和实用性，还与学习者的日常生活紧密相关，具有很强的即时应用价值。这种真实的语境实践不仅有助于巩固和运用课堂上学的知识，还能培养学习者的跨文化交际能力，使其能够更好地融入汉语环境中。在设计这类活动时，教育者需要充分挖掘和利用目标文化中丰富的生活资源，制订出符合学生实际生活和学习需求的任务和目标。

### 2.场景化活动设计

场景化活动设计更多地体现在一些将来可能会遇到的、具有一定挑战性和探索性的交际场景。这类活动虽然在直接的实用性上略显不足，却极大地拓宽了学习者的视野和思考的深度，丰富了其语言应用的层次和宽度。例如，场景化活动设计可让学习者与母语使用者探讨一些社会热点问题、文化差异或国际关系等，这不仅能让学习者运用和体验汉语在更加宽泛和复杂语境中的表达和理解，也有助于学习者在未来可能的多元交际情境中，能够更加自如和灵活地运用汉语进行高效交流。场景化活动的设计通常要求设计者具有较强的前瞻性和创新性以及对二语学习者的充分了解，以保证场景设计的合理性和可能性。

### （二）外语学习环境下的场景设计

在外语学习环境下进行场景设计在一定程度上能弥补真实语境的匮乏，在这样的语言学习环境中，所有的产出活动往往被纳入一个"可能发生"的场景化语境中。这主要得益于场景化活动能够提供一个相对真实的模拟环境，让学习者在没有真实语境的情况下，也能体验到某种程度的语言交际实践。

将整体外语学习过程投入一系列"可能的"场景中，是为了激发和保持学习者的学习兴趣和动力，尤其是在非语言环境国家。例如，在我国，学生虽然可能在日常生活中没有太多使用英语的机会和必要，但通过场景化的学习活动（如用英语写求职信、用英语讨论全球问题等），他们可以在安全的学习环境中尝试、犯错并从中学习，这样的学习往往更为高效且吸引人。

这样的学习策略也符合未来教育的趋势，它强调在教育过程中提前预设可能遇到的真实情境，以便更好地让学生迎接未来的挑战。学习一门外语不只是为了解决眼前的实际问题，更多的是为了在未来的某个时间点，学生跨足国际舞台时能够灵活运用所学的语言技能，有效地与来自不同文化背景的人沟通交流。

为未来不可预知的机遇做准备也是现代教育的一个重要方向。在这一过程中，教育者的角色也显得至关重要。教育者在设计场景化活动时，不仅要考虑语言技能的运用，还要充分考虑文化因素、思维方式的差异等多个方面，使学习者在学习语言的同时，能增进对目标文化的理解和认识。这也意味着，外语教育不仅是语言技能的教育，还是一种跨文化交际能力的培养。

因此，在非目标语环境下的场景设计不仅要注重语言技能的提升，还要关注跨文化交际能力的培养，确保学生在未来进入真实的外语交际场景时，能够展现出扎实的语言能力和良好的文化适应能力。而这一切都源于教育者精心设计的、丰富多样的"可能发生"的场景化产出活动，这样的活动可以使学习者在学习过程中，不断地提前体验和预演未来可能遇到的语言交际情境。

# 第三节 场景设计中的注意事项

在外语教学的场景设计中，有两个方面的问题是教育者特别需要注意的：一个是身份不当，二是身份不明。

## 一、身份不当

在外语教学的场景设计中，身份不当的问题是教育者需要考虑的一个关键因素。身份不当可以分为两种情况：一是对象不当，导致交际失去真实性；二是语体运用不当，导致语用失误。目前，第一种情况在外语教学中更为突出，英语教师可能会设计以下场景让学生展开论述：用英语写信感谢父母的养育之恩；用英语与社会各界人士讨论高考英语改革问题；用英语采访学生对学校食堂的意见；用英语写一封信抱怨某商家的服务态度；用英语写文章讨论目前高校对学生的评价制度。

第一项活动"用英语写信感谢父母的养育之恩"虽然看起来有教育意义，但它缺乏真实性和情感的表达。为什么一个中国学生要用英语给父母写感谢信呢？这个情境似乎是不自然的，因为在这种情况下，汉语是更贴近学生内心情感的表达方式。这种外语写作可能会限制学生表达情感的深度和真实性，因为他们会受到英语词汇和语法的限制。同时，父母的英语水平可能有限，这封信可能需要翻译给他们，导致失去了情感的真实传达。解决这个问题的方法是重新考虑产出活动的目的和真实性。教师应该设计更符合学生身份和情感表达的任务，鼓励他们用母语表达感情。例如，教师可以让学生用汉语写一封感谢信，然后进行讨论和分享，以提高他们的写作和口语能力。这样的任务更贴近学生的实际情境，让学生可以更好地表达情感。

第二项活动"用英语与社会各界人士讨论高考英语改革问题"在外语教学场景设计中也存在身份不当的问题。因为高考英语改革是一个重要的社会议题，教师要求学生用英语与社会各界人士讨论可能会超出学生的语言水平和社会地位。大多数中国学生的英语水平相对有限，可能不足以进行深入的英语辩论或讨论。此外，学生通常不具备与社会各界人士进行专业讨论的社会地位。为了解决这个问题，教师可以重新设计场景，使之更符合学生的实际情境和身份。例如，教师可以让学生设想学校聘请了一位外教，该外教对高考英语改革非常感兴趣，想听听学生们的看法，基于此，教师可以设计一个活动，要求学生用英语向外教解释他们对高考英语改革的看法，这个活动更加真实，因为它建立在学生和外教之间的互动基础上，而不是学生与虚构的社会人士之间的讨论。重新设计后的活动有以下优势。

## （一）促进语言运用

学生被置于一个实际的交流情境中时，他们的语言使用需求和动机会明显增强。与外教直接交流不仅要求学生回想课堂上所学的知识，还要求他们灵活运用这些知识。这种真实的交流环境能够激发学生的思维，促使他们更加自然、流畅地使用英语。此外，学生在遇到真实的沟通障碍时，他们可能会更有动力去寻找答案、学习新的词汇和表达方式。例如，学生在向外教描述高考英语改革的具体内容时，可能会遇到一些专业词汇的障碍，这时他们会更加注重查阅资料，寻求同学或教师的帮助。这种真实的需求可以促使学生主动学习，更加深入地掌握语言。

## （二）增强学习动机

传统的教学方式可能使学生觉得英语学习是一项枯燥、与现实生活脱节的任务。但当他们意识到自己的英语能力可以用于与来自其他国家的人交流时，尤其是在他们感兴趣的话题上，他们的学习动机会增强。真实的互动让学生明白，他们学习英语不只是为了考试，更是为了未来的生活、职业和跨文化交流。当学生感到他们的观点和想法被外教重视时，他们的自尊心和自信心也会得到提升。这种情境使学生更加珍视自己的学习经历，因为他们知道这些经历会直接影响他们与外部世界的联系。

## （三）提高跨文化体验

与外教交流不只是语言学习的一部分，更是一个宝贵的跨文化交流机会。在这个过程中，学生可以直接感受到其他文化的魅力、思维方式和生活习惯。这种直接的体验可以帮助学生更加深入地理解外部世界，减少文化误解，促进文化交融。例如，当学生向外教解释高考制度时，外教可能会从其文化背景和教育体验出发，提出不同的看法和问题，这会促使学生重新审视自己的文化和教育体系，进一步拓宽视野。这样的交流经验对于培养学生的全球意识、提高他们的国际交流能力以及为他们未来在国际化环境中工作或学习打下坚实的基础都是至关重要的。

## 二、身份不明

在外语教学的场景设计中，身份不明确的问题常常存在，这会对学生的学习动机和语言应用能力产生负面影响。为了解决这个问题，英语教师需要更清晰地定义学生的角色和目标读者，并将外语学习任务置于更具实际交际价值的情境中。

接下来以"英语写作教学"为例分析一个在外语教学场景设计中缺

乏身份信息的例子。在英语写作教学中，缺乏明确的身份信息和交际情境往往会导致学生对任务的理解和动机不足。请看以下示例。

Directions: For this part, you are allowed 30 minutes to write an essay commenting on the saying "Learning is a daily experience and a lifetime mission." You can cite examples to illustrate the importance of lifelong learning. You should write at least 120 words but no more than 180 words.

这个题目要求考生在 30 分钟内写一篇 120 ～ 180 词的文章，对"学习是日常活动，也是终身任务"这句话给予评论，并用例子说明终身学习的重要性。这个任务没有为学生明确定义他们的身份或目标读者。在这种情况下，学生可能会把写作视为一项纯粹的学术任务，缺乏实际交际的情境，降低了他们的学习动机。为了解决这个问题，教师可以为学生添加更多的身份信息，如告诉学生他们是一位职业生涯规划师，目标读者是一位职场新人，他们的任务是撰写一篇文章，阐述终身学习对职场成功的重要性，并提供职场新人如何积极采用终身学习的建议。通过这种方式，学生的角色和目标读者变得明确，他们能更好地理解写作任务的真实背景和目的。具体分析，添加身份信息和情境背景的好处如下。

## （一）培养综合能力

身份信息的添加使写作任务更具综合性。学生需要将学术知识与实际职场需求相结合，这培养了他们的跨学科思维和问题解决能力。他们不仅需要展示语言表达能力，还需要分析、推理和提供实际建议，这有助于综合发展他们的认知和思维能力。

## （二）提高语言流畅度

身份信息和情境背景的明确有助于学生更自信地表达自己的观点。他们能够更清晰地组织自己的思维，使用专业术语和相关表达，这提高了他们的语言流畅度和表达能力。

再举一个关于口语表达任务的例子。在布置口语表达任务的过程中，如果英语教师只给学生一个话题而不明确话题叙述者的身份和交际背景，那么学生可能会对自己的任务感到迷茫和缺乏动力。例如，教师将口语表达任务的话题设置为"讨论健康饮食对人们生活的重要性"，并提出以下要求：

　　Please discuss the importance of a healthy diet in people's lives. Ensure that your sentences are coherent, the logic is clear, and your speech lasts for at least two minutes.

　　上述要求看似简单明了，没有问题，但却不利于学生迅速厘清思路，进行回答。因为题目没有告诉学生以什么样的身份进行讨论以及讨论的目的是什么，这样就会导致学生不知道从哪方面出发讨论比较合适；如果题目将讨论者的身份限定为一家健康食品公司的销售代表，将论述的目的改为推销健康食物产品，那么通过提供这些身份信息，学生将更容易理解他们需要表达的内容以及如何以更有说服力的方式与目的语读者进行交流。

# 第四节　场景设计案例分析

## 一、旅游经验分享表达案例

　　下面所呈现的场景设计案例之一是辽宁师范大学李帅老师设计的有关引导学生分享旅游经验的驱动场景案例。在进行场景设计之前，李帅老师首先明确了此部分的整体教学目标，即产出任务：talk about your own travelling experience（谈论你自己的旅行经历）；understand the problem-solution pattern（理解问题解决的模式）；ask for and give directions（询问和提供方向）；make a plan for a dream journey（制订一个梦想之旅的计划）。

　　随后，根据产出导向法的驱动教学步骤，李帅老师进行了驱动环节的场景设计，包括引入话题、呈现交际场景、学生提出问题、教师进行总结等多个环节，其主要话术及分析如下所示。

## （一）引入话题

Good morning, everyone! Welcome to my class. Before today's class, I want to show you a few pictures. (Show students the pictures of some scenic spots)

[大家早上好！欢迎来到我的课堂。在今天的课程开始之前，我想向大家展示一些图片。（向学生展示一些风景名胜的照片）]

分析：展示风景名胜的图片可以引发学生的兴趣和好奇心，这些视觉材料能够激发学生的注意力，让他们感到课程内容更加生动有趣。

After seeing these places, what do you think? For young people, travelling is becoming a special and essential experience of their life. When they travel, they can escape from the boredom and life burden caused by the busy city life. They can post their pictures on their Moments of WeChat or other social platforms of the local food, amazing landscape and different culture-related activities to share their enjoyment and experience. How about you? Would you like to share something about your traveling?

（看完这些地方后，你们有什么想法呢？对于年轻人来说，旅行正在成为他们生活中特殊而重要的经历。当他们旅行时，他们可以逃离繁忙的城市生活带来的无聊和生活负担。他们可以在微信朋友圈或其他社交平台上发布他们旅行地的美食、壮丽的风景以及不同文化相关的活动的照片，与大家分享他们的愉悦和经历。那么，你们呢？你们想分享一些关于自己旅行的经历吗？）

分析：话术以一个开放性问题开头，即"看完这些地方后，你们有什么想法呢？"这种问题不仅引发学生的思考，还鼓励他们积极参与，分享他们的观点和看法。话术还强调了旅行对年轻人来说的特殊和重要性。这样做不仅使学生意识到旅行的价值，还将主题明确地置于教学的中心位置。最后的问题是一个邀请，鼓励学生分享他们自己的旅行经历。这样的邀请可以增加课堂互动和参与，使学生可以更自信地分享他们的故事。

### （二）呈现交际场景

Here are three scenarios you may come across in the future. Choose one of the following scenarios and imagine you are the student or person in the same or similar scenario. What will you say?

（以下是三种你可能在未来遇到的情景。选择以下一种情景，并想象你是学生或处于相同或类似情境的人。你会说些什么？）

Scenario 1: Your foreign friend is going to visit your home city during weekend. Sitting on the campus bench, you are giving him/her some traveling guidance and sharing your travel feelings. Your friend: I'm going to have a tour of your home city. Could you recommend some good places or local food for me? You: Yeah! Our city is worth visiting. There are so many local specialties, tourist attractions and cultural activities. I can share you with my favorite place and my own travel experience.

（场景 1：你的外国朋友即将在周末访问你的家乡。坐在校园的长凳上，你正在给他／她提供一些旅行指导并分享你的旅行感受。你的朋友：我打算游览你的家乡。你能给我推荐一些好地方或当地美食吗？你：当然！我们的城市值得一游。这里有很多当地特色美食、旅游景点和文化活动。我可以分享给你我最喜欢的地方和我的旅行经验。）

Scenario 2: After the summer holiday, you take your first English class of this semester. Your foreign language teacher shares his/her feelings when he/she wonders around the city where your school is located. Then your teacher asks all the students: "How did you feel when you took a tour of this city last time?" You put up your hand and share your journey experience...

（场景 2：暑假结束后，你参加了本学期的第一堂英语课。你们的外语老师分享了他／她在校园所在城市漫游时的感受。然后，你的老师问所有的学生："上次你们游览这个城市时，有什么感受？"你举手分享了你的旅行经历……）

Scenario 3: Your English teacher is holding a speech competition about the rewards and challenges of travelling in the English class. You are one of the competitors and now it is your turn to give your speech...

（场景 3：你的英语老师正在英语课上举办一场关于旅行的奖励和挑战的演讲比赛。你是其中一名参赛者，现在轮到你发表演讲……）

分析：场景 1 的设计具有多个明显的优势。第一，它具有真实性，因为它还原了日常生活中可能发生的情境，这种真实性有助于学生将所学语言和表达方式直接应用到实际的交际场景中，从而使他们更容易理解和掌握课程内容。第二，这个场景建立了情感联系，通过分享旅行感受，学生与话题建立了情感联系，这使学习更具吸引力和深度，情感联系可以激发学生的兴趣，使他们更积极地参与讨论并表达自己的观点。第三，这个场景具有实用性，因为学生在其中学到的语言和表达方式可以在实际的交际中派上用场，学生不仅仅是在课堂上学习理论知识，还能够将其应用到实际情境中，提高了教学的实用性和可持续性。第四，这个场景鼓励了互动和参与，学生被鼓励积极参与，与角色扮演互动，这有助于提高学习的互动性和参与度，学生不再是被动地接受信息，而是可以积极地与他人互动，分享自己的经历和观点，从而更好地理解和掌握课程内容。

场景 2 和场景 3 同样呈现了交际场景，其中场景 2 是在课堂上与老师和同学分享旅行感受，场景 3 是在演讲比赛中发表关于旅行的演讲。这些场景设计的目的是让学生在真实或模拟的情境中应用英语，提高他们的口语表达能力，加深对话题的理解并增加他们的自信心。

（三）学生提出问题

此部分李帅老师没有明确描述，本书根据现有资料推测设计了几个可能相关的问题。

1.How to accurately describe the local specialties, tourist attractions, and cultural activities of this city in English?

（如何用英文准确表达本城市的特色美食、旅游景点和文化活动？）

2.In cross-cultural communication, what kind of content and approach is more likely to be accepted by the interlocutors?

（在跨文化交流中，什么样的内容和方式是更容易被交际对方接受的？）

3.What are the thought processes and considerations for English speeches?

（英语演讲的思维逻辑和注意事项有哪些？）

分析：第一个问题引导学生思考如何有效地表达一个地方的特色和文化，它激发了学生对英语表达能力的需求，以便清晰、准确地传达有关美食、景点和文化活动的信息，这个问题强调了实际应用的重要性，鼓励学生考虑如何在真实的情境中使用英语来分享信息；第二个问题着重于跨文化交流的技巧和策略，它引导学生思考如何在与拥有不同文化背景的人交往时更好地理解和尊重对方以及如何选择内容和方式以促进有效的交流，这个问题有助于学生培养跨文化交际的敏感性和技能，提高他们的交际能力；最后一个关注英语演讲的要素和技巧，它要求学生思考演讲的结构、逻辑和语言运用以及在演讲过程中需要注意的事项，这个问题有助于学生了解如何准备和呈现一场有效的英语演讲，培养他们的口头表达能力。

### （四）教师进行总结

From our students performance, it is clear that if you want to describe your travel and express your travel feelings appropriately, basically you have to know the words or expressions related with travelling spot features and inner feelings, and then you have to systematically organize your ideas and words according to the type of your expression. For example, is it an informal dialogue with your friend or a formal presentation in a competition? This is a gradual learning process and today's learning will prepare you for the similar scenarios.

（从我们学生的表现来看，很明显，如果你想适当地描述你的旅行并表达你的旅行感受，基本上你必须了解与旅行地特点和内心感受相关的词汇或表达方式，然后你必须根据你的表达类型有条理地组织你的想法和词语。例如，这是与朋友进行非正式对话还是在比赛中进行正式演讲？这是一个渐进的学习过程，今天的学习将为你在类似情境中的表达做好准备。）

分析：在产出导向法驱动环节的场景设计中，教师总结环节的话术扮演着重要的角色。具体分析，教师总结了学生的表现，强调了学习的重点和目标，指出了适当地描述旅行和表达旅行感受所需的关键因素（包括词汇、表达方式以及根据表达类型组织想法的能力），这有助于学生了解在实际交流中需要考虑的各个方面。教师还指出了不同的表达类型（如非正式对话和正式演讲），需要不同的语言和组织方式，这一点强调了实际应用的复杂性，鼓励学生灵活运用所学知识。最后，教师明确表示学习是一个逐步积累和提高的过程，今天的学习将为将来在类似情境中的表达做好准备，这鼓励了学生的自主学习和实践，使他们明白语言能力的提高需要时间和不断的努力。

（五）教师说明教学目标

After learning this unit, you are able to : name some places of interest in China ; know the words and phrases related with travelling spots features ; know the words and phrases about how to express feelings ; express travel feelings and experiences ; organize your ideas about presenting a journey experience.

（学完本单元后，你将能够：能够说出中国的一些名胜古迹；了解与旅游景点特点相关的词汇和短语；了解表达感受的词汇和短语；表达旅行的感受和经历；组织你的想法，准备分享旅行经历。）

分析：以上几点十分具体的教学目标在产出导向法驱动环节中能帮助学生明确学习方向和期望结果，鼓励他们积极参与学习，强调实际应用的重要性，促使他们更好地掌握和运用所学知识和技能，有利于英语教师展开接下来的教学活动。

## 二、饮食文化对比讨论案例

参照以上案例，本书设计了一个有关引导学生对比讨论中西方饮食文化的驱动场景案例。此案例的整体教学目标，即产出任务如下。

1.discuss and compare Eastern and Western food cultures（对比讨论中西方饮食文化）：学生能够讲述自己对中西方饮食文化的理解，并进行比较。

2.identify cultural differences and similarities（识别文化差异与相似之处）：理解中西方饮食文化的差异与共性。

3.Express Personal Preferences and Opinions（表达个人偏好与观点）：学生能够表达自己对于中西方饮食的偏好和看法。

4.Plan a Fusion Menu（规划融合式菜单）：制订包含中西方元素的融合式饮食计划。

该案例的驱动场景设计如下。

## （一）引入话题

Good morning, everyone! Welcome to my class. Before we dive into today's topic, let's start with something exciting. I have some pictures to show you. (Teacher displays images of various foods from different cultures, including both Eastern and Western cuisines.)

[大家早上好！欢迎来到我的课堂。在我们深入今天的主题之前，让我们从一些令人兴奋的内容开始。我有一些图片想展示给大家。（老师展示不同文化的各种食物的图片，包括东方和西方的烹饪风格。）]

分析：通过展示各种食物的图片，教师可以立即吸引学生的注意力并激发他们的好奇心。这些视觉元素有助于激发学生对中西方饮食文化的兴趣，为课程内容增添生动性和趣味性。

Look at these dishes. What are your thoughts when you see them? Making delicious food is not just about sustenance; it's a reflection of culture, tradition, and identity. In different parts of the world, people eat differently. This reflects their cultural practices, lifestyle, and even beliefs. Have you noticed any differences or similarities between these Eastern and Western dishes? What are your personal experiences with these cuisines?

（看看这些菜肴。当你看到它们时，你有什么想法？制作美食不仅仅是为了维持生命，还是文化、传统和身份的反映。在世界的不同地方，人们的饮食习惯各不相同。这反映了他们的文化实践、生活方式乃至信仰。你有没有注意到这些东方和西方菜肴之间的差异或相似之处？你对这些菜肴有什么个人经验吗？）

分析：这段话术以观察性问题"当你看到它们时，你有什么想法？"开始，这样的问题鼓励学生思考并将他们自己的经历与所展示的内容联系起来。通过强调食物作为文化和身份的反映，这一引入方式将学生的注意力集中在课程的核心主题上，即中西方饮食文化的比较。最后提出的问题是一种邀请，鼓励学生分享他们自己与这些菜肴的亲身经历和感受，从而促进课堂互动和参与，帮助学生更自信地分享他们的故事。

### （二）呈现交际场景

1. 场景一

Now, let's watch a short video. In this video, we'll see a unique restaurant that blends Eastern and Western cuisines. Pay attention to the environment of the restaurant, the dishes being served, and especially the conversations between the customers discussing their eating habits and experiences with these diverse foods.

（现在，让我们来看一个短视频。在这个视频中，我们将看到一个融合了东西方菜肴的独特餐厅。请注意餐厅的环境、所提供的菜肴，特别是顾客们讨论他们的饮食习惯和对这些多样化食物的体验的对话。）

分析：通过一个中西方文化融合餐厅的视频，学生可以直观地看到中西方饮食文化的结合。视频中的环境和对话可以激发学生对饮食文化差异的兴趣和思考，为课堂讨论提供直接的视觉和听觉材料。

After the video, the teacher asks: "Did you notice the differences in dining culture mentioned in the video? What are the notable differences or similarities in their eating habits compared to what you are familiar with?"

（视频结束后，教师提问："你们注意到视频中提到的饮食文化差异了吗？与你熟悉的饮食习惯相比，他们的饮食习惯有什么显著的差异或相似之处？"）

分析：这个问题可以引导学生思考并将视频内容与自己的经验联系起来。它鼓励学生分析和讨论中西方饮食文化中的差异和相似之处，促进学生之间的交流和讨论，增强他们对文化差异的理解和尊重。这样的互动也有助于提升学生的语言表达能力和批判性思维。

2. 场景二

Imagine you are attending a dinner party where both Eastern and Western foods are being served. The setting is a blend of two cultures, with guests from various backgrounds. As the evening progresses, you observe and participate in different dining customs and conversations about food.

（假设你正在参加一个晚宴，宴会上既有东方食物也有西方食物。整个环境是两种文化的混合，来宾来自不同的背景。随着晚会的进行，你观察并参与了不同的餐饮习惯和关于食物的对话。）

分析：这个场景设计使学生能够在一个假设的多文化环境中思考和讨论。通过设想自己在一个东西方文化混合的餐宴中，学生可以更好地理解和比较不同餐饮文化的礼仪。

Discussion Questions:

（1）What are the noticeable differences in dining etiquette between Eastern and Western cultures that you observed at the dinner party?

（2）How did the guests from different backgrounds interact with the diverse food options?

（3）Share an experience where you were surprised or intrigued by a particular dining custom.

（4）If you were to host a similar dinner party, how would you incorporate elements from both Eastern and Western dining traditions?

［讨论问题：

（1）在晚宴上，你观察到东西方文化在餐桌礼仪上有哪些显著的差异？

（2）来自不同背景的宾客如何与多样的食物选项互动？

（3）分享一个你对某个特定餐饮习惯感到惊讶或有趣的经历。

（4）如果你要举办类似的晚宴，你会如何融合东西方餐饮传统的元素？］

分析：这些讨论问题旨在促进学生之间的思考和交流，帮助他们深入了解和比较中西方餐饮文化。通过分享个人经验，学生不仅能够增进对不同文化的理解，还能提高自己的语言表达和文化交际能力。这种活动也鼓励学生在尊重和欣赏文化多样性的同时，发展创造性思维和社交技能。

### （三）学生提出问题

看完视频或者设计完晚宴活动并进行简短讨论后，学生将分组深入探讨东西方饮食文化的话题。教师应鼓励每个小组就视频内容或晚宴内容提出问题，探索这两种烹饪世界的细微差别和复杂性。

分析：这一环节的设计鼓励学生主动思考并积极参与，通过提出问题来探索中西方饮食文化的深层次差异和联系。这种方法不仅增强了学生的批判性思维能力，还促进了他们对跨文化交流深入的理解。

Possible Questions（可能的问题）：

1. How do Eastern and Western food cultures reflect the values and lifestyles of their respective societies?

（东西方饮食文化如何反映各自社会的价值观和生活方式？）

2. What are the major differences in the ingredients and cooking techniques between Eastern and Western cuisines?

（东西方烹饪的主要食材和烹饪技巧有哪些不同？）

3. How do dining etiquettes in Eastern and Western cultures influence the dining experience?

（东西方的餐桌礼仪如何影响用餐体验？）

4. In what ways can understanding of food culture enhance cross-cultural communication?

（了解饮食文化如何能增强跨文化交流？）

小组讨论与比较（Group Discussion and Comparison）：每个小组将

讨论并回答这些问题，同时可以提出他们自己的问题；在小组讨论之后，每个小组将选择一名代表向全班分享他们的问题和讨论结果，这将促进全班范围内的进一步讨论和比较，提供更多的视角和见解。

分析：通过小组讨论，学生将有机会深入探讨问题，开展合作学习，并在班级中分享他们的发现。这个过程不仅增强了学生对主题的理解，还培养了他们的团队协作和公共演讲技能。通过比较和分享不同小组的观点，学生可以获得更广泛的视野，并在饮食文化这一共同的主题下建立更深层次的跨文化联系。

**（四）教师进行总结**

Reflecting on our discussions today, it's evident that understanding and appreciating the unique aspects of Eastern and Western food cultures requires not just knowledge of different cuisines but also an awareness of the cultural contexts in which these cuisines have developed. Everyone has expressed their profound understanding of the unique flavors, ingredients, cooking methods, and dining etiquettes in different cultures.

（反思我们今天的讨论，显而易见，要理解和欣赏东西方饮食文化的独特性，不仅需要了解不同的菜肴，还需要意识到这些菜肴发展所在的文化背景。大家都提出了自己关于不同文化中独特的风味、食材、烹饪方法和餐桌礼仪的深刻理解。）

分析：教师总结的关键在于强调理解和尊重文化差异的重要性。通过概述学生讨论的主要点，教师可以帮助学生将具体的饮食文化联系到更广泛的文化背景中。这种总结不仅肯定了学生的讨论、巩固了学生的学习，还促进了他们对文化多样性的欣赏。

Finally, remember that appreciating and respecting different cultures, especially through food, is an ongoing learning journey. The discussions and ideas shared today are just the beginning. Keep exploring and learning about the multicultural world. Your openness and curiosity will not only enrich your cultural understanding but also enhance your communication skills in this increasingly interconnected world.

（最后，请记住，通过食物欣赏和尊重不同文化是一个持续的学习过程。今天分享的讨论和想法只是一个开始，请继续探索并了解多样的多元文化世界。你们的开放性和好奇心不仅会丰富你们对文化的理解，还会在这个日益紧密相连的世界中增强你们的沟通技巧。）

分析：教师在总结的最后部分强调了文化学习和交流的持续性，鼓励学生保持对不同文化的好奇心和开放态度。这种鼓励不仅促进了学生对文化多样性的深入理解，还有助于他们在经济全球化背景下培养更强的沟通能力。

## （五）教师说明教学目标

After engaging in our discussions and activities on the comparison of Eastern and Western food cultures, you will be able to:

（学完我们关于东西方饮食文化比较的讨论和活动后，你将能够：）

1. Identify key characteristics of Eastern and Western cuisines, including typical dishes and ingredients；

（识别东西方菜肴的关键特征，包括典型的菜肴和食材；）

2.Understand and describe the cultural significance and historical background of various foods；

（理解并描述各种食物的文化意义和历史背景；）

3. Articulate the differences and similarities in dining etiquettes and culinary practices between Eastern and Western cultures；

（阐述东西方文化中餐桌礼仪和烹饪实践的差异与相似之处；）

4. Develop skills in expressing personal opinions and experiences related to food and dining；

（发展表达与食物和用餐相关的个人观点和经历的技能；）

5. Engage in thoughtful cross-cultural discussions and reflections about food culture.

（参与关于饮食文化的深思熟虑的跨文化讨论和反思。）

分析：这些具体的教学目标在饮食文化对比讨论案例中对学生的学习非常关键。它们不仅指导了学生了解东西方饮食文化的具体内容，还强调了理解文化背景的重要性，培养了学生深入思考和表达观点的能力。这些目标鼓励学生积极参与学习，促使他们更好地掌握和运用所学知识和技能，同时为教师接下来的教学活动提供了清晰的方向。通过这样的学习，学生可以在实际的交流中更加自如地表达自己的观点，增强他们的跨文化交际能力。

# 第五章 产出导向法视域下高职英语教学的促成活动

## 第一节 促成环节概述

### 一、促成环节的主要任务

在教育的旅程中，促成环节如同一位引路人，为学生指明方向，帮助他们跨越学习的障碍，成功达到知识的彼岸。这一环节所扮演的角色，不只是为学生提供信息和知识，更重要的是，它还为学生提供了一个框架，帮助他们理解、加工和应用这些知识。

促成环节的核心理念是"逢山开路，遇水搭桥"，这意味着无论学生在学习过程中遇到什么困难和挑战，这一环节都会为他们提供必要的支持和帮助，确保他们能够成功地完成学习任务。而为了实现这一目标，教师扮演的角色是至关重要的，他们不仅要为学生提供相关的输入材料，还要设计一系列的活动，帮助学生将这些输入材料中的知识转化为实际的输出。

在这一过程中，最为关键的是"学用一体"的理念，这意味着学习不仅仅是为了获得知识，还要让学生知道如何将这些知识应用到实际的情境中。因此，促成环节并不是简单地区分输入和输出，而是将这两者紧密地结合在一起，确保学生在获取知识的同时，能够有效地应用这些知识。

为了实现这一目标，教师需要确保学生在完成产出活动时具备三个关键的条件：内容、语言和话语结构。这三个条件构成了产出活动的基础，确保学生的输出既有深度又有广度。内容是产出活动的核心，它为学生提供了学习的方向和目标，确保他们知道自己正在学习什么、为什么要学以及如何学，在这一阶段，教师需要为学生提供相关的输入材料，确保学生能够获取足够的信息和知识。语言是产出活动的工具，没有合适的语言，学生就无法有效地表达自己的思想和观点，因此教师需要确保学生不仅掌握了相关的词汇和语法，还能够有效地使用这些语言工具进行准确、流畅的表达。话语结构是产出活动的框架，它为学生提供了一个组织和结构化他们的思想和观点的方式，确保他们的输出既有条理又连贯，为了帮助学生掌握这一技能，教师可以设计一系列的活动，帮助学生理解和应用不同的话语结构。

## 二、促成环节的三个指标

在教学环节的评估中，促成环节被赋予了特定的价值和重要性。文秋芳提出了对该环节进行评估的三个核心指标：精准性、渐进性和多样性，如图 5-1 所示。这三个指标不仅反映了教学活动的设计和执行质量，还为教师提供了明确的方向，帮助他们更好地满足学生的学习需求①。

---

① 　文秋芳. 专栏引言："产出导向法"教学流程再解读 [J]. 外语教育研究前沿，2020，3（2）：3.

精准性　　　　渐进性　　　　多样性

图 5-1　促成环节的三个指标

精准性涉及促成活动与预定产出目标的契合度以及其对学生产出中困难的针对性解决。这意味着教师在设计和实施促成活动时，不仅要确保活动能够帮助学生达到预定的学习目标，还要确保这些活动能够有效地解决学生在学习过程中遇到的实际困难。

渐进性体现在促成活动的设计和实施中，它要求教师根据学生的实际水平，逐步引导他们从简单到复杂，从基础到高阶。在语言维度上，这可能意味着学生需要从基本的词汇开始，逐渐掌握复杂的句型和段落结构。在语言技能维度上，这意味着学生需要从基本的听和读技能开始，逐步发展到复杂的说、写和译技能，最终实现在真实交际情境中有效地使用目标语言。这种渐进性的设计和实施确保了学生在整个学习过程中都能获得稳定的进步和发展。

多样性则关注教学活动的多元化设计，它要求教师在设计和实施教学活动时，需要考虑不同的信息传递渠道、交际类型和活动组织形式。信息传递渠道可以包括听、读和视的输入活动以及说、写和译的输出活动。交际类型可以根据听的活动分为演讲、故事、新闻等，根据说的活动分为个人独白、角色扮演等。活动组织形式可以包括个人活动、对子活动、小组活动等。这种多样性的设计不仅可以使课堂教学变得丰富多彩，还可以帮助学生更好地适应不同的学习和交际情境，从而提高他们的学习效率[①]。

---

① 周韵．"产出导向法"促成环节设计：以高职英语在线课《职场交互英语》为例 [J]．校园英语，2022(35)：142-144．

### 三、促成环节的三个子任务

在现代的教学方法和策略中，促成活动逐渐受到教育者和研究者的重视。这种方法强调的是教学过程中输入与输出之间的相互作用，而不是两者之间的严格区分。这种方法的核心思想是，学习不只是接受信息，更重要的是如何处理、应用和输出这些信息。

促成活动中输入与输出界限的模糊性反映了学习的动态性和互动性。在这种环境下，学生不再是被动地接收知识，他们还参与到知识的加工和应用中。这种加工不仅仅是对输入的重塑，还包括了对知识的深化、延伸和创新。

促成活动强调了"输入促成"假设、"选择学习"假设和"学用一体"的理念。这三大理念都强调了学习的主动性、选择性和应用性。学生可以选择最适合自己的学习方式，将学到的知识和技能与实际生活和工作结合起来。

衡量促成活动质量的指标（如精准性、渐进性和多样性）也为教育者提供了明确的方向。精准性意味着教学活动必须与学生的实际需求和能力相匹配；渐进性强调知识和技能的逐步构建，确保学生能够在一个健康的学习曲线上逐渐提高；多样性则意味着教学方法和策略的多元化，确保满足不同学生的学习需求。

促成环节在教学过程中起到了至关重要的作用，它是建立在对学生学习需求的细致分析基础上，旨在确保学生能够成功地完成产出任务。这个环节主要包括三个子任务，如图5-2所示，每个子任务都有其独特的目标和功能。

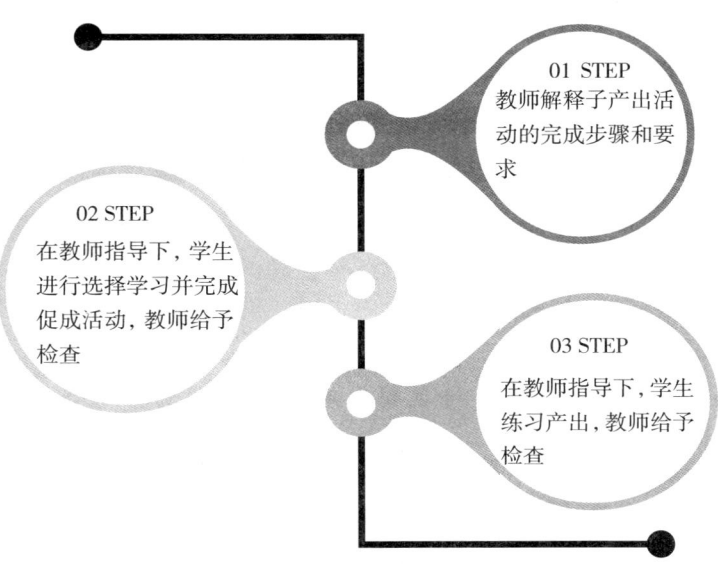

**01 STEP**
教师解释子产出活动的完成步骤和要求

**02 STEP**
在教师指导下，学生进行选择学习并完成促成活动，教师给予检查

**03 STEP**
在教师指导下，学生练习产出，教师给予检查

图 5-2　促成环节的三个子任务

### （一）教师解释子产出活动的完成步骤和要求

该子任务是促成环节的第一步，也是最为基础的一步。在这个阶段，教师需要清晰、详细地解释给学生子产出活动的每个步骤，确保学生对接下来的任务有充分的理解。教师不仅要告诉学生"做什么"，还要解释"为什么这样做"。这样，学生不仅能够知道任务的具体内容，还能够理解背后的原因，从而更有动力去完成它。除此之外，教师还要明确任务的要求，包括任务的时间限制、完成标准、评价标准等。这样可以确保学生在完成任务时有明确的方向和目标，避免走入歧途。

### （二）在教师指导下，学生进行选择学习并完成促成活动，教师给予检查

选择学习是现代教育理念中的一个重要概念，它强调学生应该根据自己的兴趣和需求选择学习内容和方式。在这个子任务中，学生在教师

的指导下进行选择学习，教师则需要确保学生的选择是有益的、有目的的。

完成促成活动是这一子任务的核心。学生需要根据前一步教师给出的指导，完成各种练习和任务。这些活动旨在帮助学生巩固和深化学到的知识，提高其应用能力。教师在这个过程中起到的是一个指导和检查的角色，他们需要确保学生的学习是在正确的轨道上，及时纠正学生的错误，给予学生必要的反馈。

### （三）在教师指导下，学生练习产出，教师给予检查

该子任务是促成环节的最后一步，也是最为关键的一步。在这个阶段，学生需要将学到的知识和技能转化为实际的产出，如作文、报告、演讲等。这是检验学生学习效果的最直接方式。

教师在这个过程中同样起到了关键的作用，他们需要指导学生如何有效地进行产出，确保学生的产出达到了预期的标准；还要对学生的产出进行检查，给予学生具体、有建设性的反馈，帮助学生不断提高。

表5-1列出了每项子任务的教学要求。

表5-1　"促成"的教学步骤和要求

| 教学步骤 | 教学内容 | 教学要求 |
|---|---|---|
| 1 | 教师解释子产出活动的完成步骤和要求 | 使学生清楚地了解完成子产出活动的具体过程和每一步的具体要求 |
| 2 | 在教师指导下，学生进行选择学习并完成促成活动，教师给予检查 | 使学生能够从输入中选择产出活动所需的内容、语言形式和话语结构，并积极参与促成活动 |
| 3 | 在教师指导下，学生练习产出，教师给予检查 | 使学生能够将选择学习结果立即运用到子产出活动中去 |

## 四、促成环节的具体实施

在教学的复杂过程中，每一个环节都扮演着至关重要的角色。特别是当一个环节与下一个环节有紧密的联系时，教师的指导和介入就显得尤为关键。驱动环节和促成环节就是这样两个紧密相连的教学环节。驱动环节的核心是激发学生的学习兴趣和动力，为学生提供学习的方向和目标。在驱动环节的最后，教师需要向学生明确介绍产出活动的类型和内容。这一步骤不仅确保了学生对即将到来的学习任务有一个初步的认知和预期，还为下一个环节——促成环节打下了坚实的基础。当进入促成环节时，教师的角色和任务发生了微妙的变化。虽然驱动环节已经向学生介绍了产出活动的大体内容，但在促成环节，更多的细节和具体操作需要向学生进行说明。这时，教师不仅要告诉学生产出活动可以分解为哪些子活动，还要让学生深入每一个子活动中，为学生详细解释如何完成这些子活动以及完成这些活动需要注意的要求和步骤。这种细致入微的指导对于学生来说是非常有益的：第一，它为学生提供了一个清晰的学习路线图，帮助他们明确自己的学习目标和方向；第二，通过对子产出活动的步骤和要求的明确说明，学生可以更有针对性地进行学习和练习，避免走弯路，提高学习效率；第三，这种指导方式也有助于增强学生的学习自信，因为他们知道在学习的每一步都有教师的指导和支持。这种教学方法也对教师提出了更高的要求，教师不仅要对产出活动有深入的理解，还要善于将复杂的任务分解为简单的子任务，为学生提供明确、实用的指导；教师还需要具备良好的沟通和组织能力，确保每一个学生都能够明确自己的学习任务，有效地进行学习。

在教学过程中，促成环节作为一个关键的过渡和加深部分，起到了桥梁的作用，它不仅确保了学生对知识的深度理解，还为他们提供了实际应用知识的机会。当涉及子活动的选择性学习时，教师的角色变得尤为关键，教师不仅要根据产出活动的具体要求为学生提供指导，还需要持续关注学生的进展，确保学生能够在规定的时间内完成活动，并确保质量达标。这样的任务往往要求教师拥有丰富的经验、敏锐的观察力和高度的责任心。成功的产出活动往往需要学生掌握三个关键要素：内容、语言形式和表达连贯的话语结构。内容是产出活动的基石，它为学生提供了讨论或写作的核心思想；语言形式和话语结构则是确保内容能够清晰、准确、有条理地传达出来的关键。根据选择性学习的原则，POA 通常建议学生从了解内容开始，这是因为，只有对内容有了深入的理解，学生才能够进行有效的语言表达。但这并不意味着所有的学生都能够轻松地掌握内容。有时，即使是用他们的母语，学生也可能难以清晰地描述某些复杂的概念或情境。这时，教师就需要帮助学生梳理和整合知识，确保学生能够对内容有一个完整、系统的理解。当学生对内容有了较为清晰的认识后，教师可以将教学重点转向语言表达形式，包括各种可以为产出活动服务的短语、句型和表达方式。这一阶段的学习往往需要学生进行大量的练习和模仿，确保他们能够熟练、自如地使用这些语言工具。但是，仅仅掌握内容和语言形式是不够的，为了确保表达既有条理又连贯，学生还需要学习如何组织和结构化他们的话语。POA 提倡使用学生的优秀作品或教师模仿学生的作品作为学习材料，因为这些材料往往更贴近学生的实际水平，更有助于他们的模仿和学习。教师还需要注意，这些模仿的结构只是为了帮助学生起步，真正的目标是鼓励学生发展出自己独特的表达风格和结构。

在教育的海洋中，每一步指导、每一次练习和每一次反馈都如同航行中的灯塔，引导学生走向成功的彼岸。促成环节在这一航程中无疑是至关重要的一部分，它确保了学生不再是被动地接受知识，而是在指导下能够主动、有效地应用知识。教师在引导学生处理输入材料时，可以监测学生的思维过程，跟踪学生如何筛选内容、采纳特定的语言形式和构建话语结构。这个过程不仅仅是对学生的检查，还是一个与学生的互动和沟通的机会，让教师了解学生对知识的理解和应用情况，从而为下一步的教学提供指导。而在促成环节的产出练习与检查中，学生有机会展现他们如何将这些输入转化为实际的输出。然而，这个过程并不是简单地让学生自由发挥。POA 的教学要求明确指出，产出练习应该在教师的指导下，循序渐进地进行。这意味着每一步的练习和产出都应该建立在前一步的基础上，确保学生的学习是连续和有条理的。这也解释了为什么每次微活动结束后都需要进行即时的评估。这样的评估不仅是对学生的一个评价，还是一个反馈机制，让学生知道自己在哪里做得好、哪里还需要改进，从而更有针对性地进行下一步的学习。在整个促成环节中，教师的脚手架作用被放大，教师如同建筑工地上的支架，为学生提供了稳定的学习环境，确保学生可以在安全、有效的环境中进行学习。但这并不意味着教师始终都要处于主导地位。事实上，随着学生的进步和发展，教师的脚手架作用应该逐渐减少，让学生学会自主学习，培养学生的学习责任感。社会文化理论为我们提供了关于脚手架的深入理解，它告诉我们，脚手架不仅来自教师，同伴、环境甚至自己都可以成为学习中的脚手架。因此，在实施 POA 时，随着学生对教学理念和方法的熟悉，他们自己也可以成为彼此的脚手架，互相帮助、互相学习。这也意味着，在学习的早期阶段，教师需要更多地介入，提供更多的指导和支持，但随着学生的成长，学生不仅可以开始自主选择学习材料，还可以自己决定学习的路径和方法。这种由教师主导到学生主导的转变，正是POA 教学法所追求的最终目标，它确保了学生不再是知识的接受者，而是知识的创造者和应用者。

# 第二节　促成协同性的基本知识

## 一、协同性的概念和特点

### （一）协同性的概念

在现代的组织和工作环境中，团队协作已经被广泛认为是实现高效、创新和持续性的关键因素。当人们聚集在一起，共同努力实现同一个目标或任务时，他们之间的互动和协作为整个团队创造了更大的价值。这种团队中的协作关系形成了一种被称为"协同性"的现象。协同性不只是简单的合作，而是需要通过集体智慧和努力实现远超个体能力的成果。

然而，协同性的概念不仅限于工作团队或企业环境。近年来，随着教育领域对于学习方式和方法的不断探索，教学协同逐渐成为教育研究和实践的焦点。教学协同是一个涉及教师、学生、家长和社区的多方参与的教学过程，旨在通过共同的努力和交流，实现更加深入和持久的学习成果。

教学协同的核心理念是将学习者从被动的信息接收者转变为主动的知识创造者。这种转变要求学习者不仅需要消化和理解知识，还需要在实际的学习活动中与他人合作，共同解决问题、完成任务。而教师的角色也从传统的"知识传授者"转变为"学习的引导者"和"合作的协调者"。

可以说，从团队协作到教学协同，协同性的概念已经深入每一个组织和社会的角落。在教育领域，协同性不仅为教师和学生提供了一个更加开放、互动和参与的学习环境，还为他们带来了更多的机会和挑战，共同推动教育的创新和发展。

### （二）协同性的关键特点

协同性作为一个跨学科的概念，在不同的领域和背景下都有所体现。

协同性在不同情境中的具体形式和细节可能有所不同，但其核心的特点是相似的，并为多方共同努力实现目标提供了坚实的基础。在其核心，协同性代表了一种集体力量，它超越了单一实体的界限和能力，创造出远大于各部分之和的效果。这种集体的力量源于各参与者之间的互相信任、开放沟通和共同的目标追求。当团队或群体中的每个成员都能够为共同的使命和愿景做出贡献的，协同效应就会显现出来。

协同性强调了多样性和互补性，在一个协同的团队或社区中，每个成员都有其独特的知识、技能和经验，这些都是团队成功的关键资源，这种多样性不是障碍，而是资产，因为它为团队带来了丰富的观点和方法，帮助团队面对复杂的挑战和问题。协同性还促进了深入的学习和知识创新，在教育环境中，协同学习鼓励学生深入探讨、质疑和反思，而不仅仅是表面的知识吸收，这种深入的学习经常产生知识的再创造和新的认识，从而推动学术和实践的进步。

但协同性并不是自然而然就会发生的，它需要明确的目标、开放的沟通、相互的尊重和信任以及持续的努力和承诺。为了确保协同的成功，我们需要建立一种文化，鼓励各方积极参与、共同决策和持续的自我反思。

## 二、协同教学的意义

### （一）对学生的影响

协同教学为学生带来的影响是深远的，这种教学方法在高职英语教学中已经得到了广泛的应用和认可。通过协同教学，学生不仅在知识和技能上得到提高，还在心智、情感和社交方面都有所发展。

在知识层面，协同教学鼓励学生从多个角度和维度去探索、讨论和理解知识。与传统的教学方法相比，这种方法更能激发学生的好奇心和探索欲，帮助他们建立更加全面、深入的知识体系。学生在这种环境中不再是被动的信息接收者，而是积极的知识建构者。

在技能方面，协同教学训练学生的批判性思维、沟通能力和团队合作技能，这些技能在 21 世纪的工作和生活中都是至关重要的。通过小组讨论、项目合作和角色扮演等活动，学生可以在真实的情境中锻炼和提高这些技能。

在心智和情感层面，协同教学可以帮助学生建立对自己和他人的尊重、理解和信任。在协同的学习过程中，学生会经常遇到不同的观点和看法，这要求他们学会倾听、反思和调整自己的立场。这个过程不仅有助于培养学生的同理心和情感智慧，还有助于他们成为更加成熟、理性和公正的人。

在社交方面，协同教学为学生提供了与同学、教师和外部专家进行深入交流的机会。这种交流可以帮助学生建立宝贵的人脉关系，为他们的未来学习和职业发展打下坚实的基础。

### （二）对教师的影响

协同教学方法对教师的影响同样是深远的，该方法不仅改变了教师的教学方式，还重新定义了他们在教育过程中的角色和地位。在协同教学的环境中，教师不再是知识的唯一传递者，而是成为学习者的伙伴、指导者和协助者。其中，最明显的变化是教师与学生之间关系的转变。传统的教学方法中，教师通常处于支配地位，而学生是被动的听众。但在协同教学中，教师和学生之间建立了更加平等和亲近的关系，这种关系鼓励教师更加关注学生的需求、感受和反馈，从而更好地为学生提供支持和指导。

协同教学促使教师进行持续的自我发展和学习。为了更好地与学生合作和互动，教师需要不断地更新自己的知识、技能和教学方法。这种持续的学习和成长不仅提高了教师的教育水平，还增强了他们的职业满足感和自信心。

协同教学为教师提供了与同行和专家进行交流和合作的机会。通过这种交流，教师可以了解到最新的教育理念、研究成果和实践方法，从而不断地丰富和完善自己的教学内容和方式。与同行和专家的合作也帮助教师建立起更广泛的社交网络，为他们的职业发展提供了更多的机会和资源。

协同教学强调了教师的创新精神和实践能力。在这种教学环境中，教师需要不断地尝试新的教学方法、工具和策略，以满足学生不断变化的需求。这种不断的尝试和创新不仅提高了教学的效果，还为教师带来了更多的职业成就感和满足感。

## 三、促成协同的特色和应用场景

### （一）促成协同的特色

促成与协同在教学实践中的结合带来了一种全新的、富有活力的教学模式，这种模式不仅重视学生的主体性和教师的指导性，还强调了两者之间的合作与互动。

在促成协同中，学习不再是单向的或孤立的过程。学生与教师以及学生与学生之间形成了一个互动的、有机的学习社群，这种社群中的每个成员都是知识的构建者、分享者和使用者，他们共同探索、讨论和解决问题，通过合作和交流达到更高的学习目标。

促成协同强调了实际情境和任务的重要性。教学活动不再只是为了传授知识，而是为了解决实际的问题和挑战。学生在这种环境中不仅能够获得知识，还能够锻炼自己的批判性思维、解决问题的能力和团队合作精神。

促成协同注重学习过程的个性化和多样化。每个学生都有独特的学习风格、兴趣和需求，在促成协同的环境中，教师需要根据学生的实际情况，提供不同的学习资源、方法和策略。这种个性化的教学不仅能够满足学生的学习需求，还能够激发他们的学习兴趣和积极性。

促成协同重视教育的价值观和伦理观。在这种教学模式中，教育不仅仅是为了获得知识和技能，还是为了培养学生的品德、责任感和公民意识。教师和学生在合作和互动中，不仅要遵循学术的规范和标准，还要关心他人、尊重差异并为社会的进步和发展做出贡献。

### （二）促成协同的应用场景

在高职英语教学中，促成与协同的结合为实践提供了丰富的应用场景。这些场景都强调了学生的主动参与、合作学习和实际应用。以下是一些促成协同在高职英语教学中的典型应用场景。

1. 项目式学习

学生被组织成小组，每个小组负责一个实际的、与课程内容相关的项目。例如，一个项目可能是设计一个英文广告或者为一个虚拟的外国客户制作一个商业提案。在这个过程中，学生需要共同研究、讨论和完成项目，同时要与教师和外部专家进行沟通和交流。

2. 模拟商务谈判

学生扮演不同的商务角色（如买家、卖家或中介）进行模拟的商务谈判。这种活动不仅能让学生实践英语口语和听力技能，还能培养他们的团队合作、问题解决和批判性思维能力。

3. 跨文化交流

学生与来自不同文化背景的外国学生进行在线或面对面的交流。通过这种交流，学生可以了解到不同文化的观念、价值观和行为习惯，同时能够提高自己的跨文化沟通能力。

4. 社区服务学习

学生参与到真实的社区服务项目中，如为当地的外国人参加社区活动提供英语志愿服务。这种活动不仅能够提高学生的英语技能，还能培养他们的社会责任感和团队合作精神。

5.翻译与口译实践

学生参与到真实的翻译或口译项目中，如为学校的外国访客提供口译服务或为企业的英文资料提供翻译。这种活动旨在提高学生的英语水平，同时培养他们的专业技能和实践经验。

在这些应用场景中，教师的角色已经从传统的"教"转变为"导"，他们不再是知识的唯一来源，而是学生学习的伙伴、指导者和协助者。教师需要为学生提供必要的资源、工具和支持，同时要鼓励学生主动探索、合作和创新。

# 第三节　围绕产出任务设计促成活动

## 一、产出任务在高职英语教学中的起源、演变及组成

### （一）产出任务在高职英语教学中的起源和演变

产出任务在高职英语教学中的起源和演变与近年来外语教学领域对教学方法和策略的不断探索和更新紧密相连。在传统的英语教学模式中，教师主导、学生被动地接受知识的模式长时间占据主导地位，这种模式下，学生往往成为知识的被动接受者，而非主动的参与者和创造者。然而，随着教育理念的转变和社会对于实际语言应用能力的日益增长的需求，教育工作者和研究者开始反思传统的教学模式。高职教育作为职业教育的一部分，应更加注重学生的实际应用能力和职业素养的培养。因此，纯粹的知识传授在高职英语教学中显得有些不足。在这样的背景下，产出任务应运而生。它的核心理念是通过设计具有实际意义和目的的任务，促使学生在完成任务的过程中主动地使用和运用语言，从而达到学习的目的。这种方法不仅鼓励学生主动参与，还为他们提供了真实的语境，帮助他们更好地理解和应用知识。产出任务的引入，标志着高职英

语教学由教师中心转向学生中心，由知识传授转向能力培养。这一转变也得到了大量实证研究的支持。研究表明，学生在真实的语境中使用语言完成具有实际意义的任务时，他们的学习效果和动机都会得到显著提高。

随着时间的推移，产出任务在高职英语教学中的应用也逐渐深化和完善。教师不再仅仅是知识的传授者，而是成为学生学习的指导者和支持者。教师的主要任务是设计和组织任务，为学生提供必要的资源和支持，帮助学生成功完成任务。随着技术的发展，尤其是信息技术和网络技术的普及，产出任务的形式和内容也变得更加丰富和多样，线上任务、团队合作、跨文化交流等新形式的产出任务纷纷涌现，为高职英语教学带来了前所未有的机会和挑战。

### （二）高职英语教学中产出任务的关键组成

高职英语教学中产出任务的关键组成构筑了任务本身的骨架，涉及其内在的逻辑、结构和目标，进而确保学生在完成任务时能够有效地实现学习目的。为确保任务的有效性和适应性，产出任务的组成部分需深入挖掘，体现其在高职英语教学中的特色和要求。

产出任务的核心在于其真实性和实用性。与传统的教学方法相比，产出任务更加注重模拟真实的交际情境，使学生在完成任务的过程中能够体验到真实的语言使用场景。这种真实性不仅能够增强学生的学习动机，还能帮助他们更好地理解和掌握语言知识，并将其运用到实际的交际中。

产出任务还需具备明确的目标性。任务的目标应当清晰、具体，与高职英语教学的整体目标相一致。这样，教师能够明确任务的预期效果，从而为学生提供明确的学习方向和目标。

任务的结构也是产出任务的关键组成部分。合理的任务结构能够确保学生在完成任务的过程中能够系统地掌握和运用知识，避免碎片化和表面化的学习。因此，任务需根据学生的实际水平和需求进行有机的组织和安排，确保其难度和复杂性与学生的能力相匹配。

互动性和合作性也是产出任务的重要组成部分。现代的教学理念强调学生的主体性和互动性，因此产出任务也应当鼓励学生之间的互动和合作，使他们能够在交流和合作中共同完成任务，实现知识的共建和共享。

在高职英语教学中，产出任务还应当注重跨学科和跨文化的融合。高职教育注重学生的职业素养和实际应用能力的培养，因此产出任务需结合其他学科的知识和技能，帮助学生建立跨学科的知识体系，增强学生的综合素质。鉴于经济全球化的背景，跨文化交流的能力也日益受到重视，因此产出任务还需注重培养学生的跨文化交流能力，帮助他们更好地适应多元文化的交际环境。

## 二、产出任务与促成活动的融合

### （一）明确教学目标与产出任务标准

围绕产出任务设计促成活动时，教师首先需要明确教学目标与产出任务标准。在这个过程中，教学目标的设定不仅是对学生语言技能的提升，还广泛地涉及文化理解和沟通能力的培养以及与职业技能相结合的实践能力的发展。产出导向法强调通过具体的语言使用任务来促进学习，这种方法使学习活动更接近真实世界的语言应用情境。因此，在设定教学目标时，教师需要综合考虑学生的职业需求和实际语言使用场景。例如，教学目标可以包括提高学生在特定职业领域（如商务、技术或旅游）中的交流能力以及提升他们对相关文化背景的理解和适应能力。在设计产出任务时，教师需确保这些任务既切实可行且具有挑战性，以激发学生的学习兴趣和动力。产出任务应当明确、具体，并与学生的实际英语水平和职业需求相匹配。例如，教师可以设计一系列与商务交流相关的任务（如编写商务报告、进行模拟客户会谈或创建针对特定市场的营销计划），这样的任务不仅能够促进学生英语技能的提升，还有助于培养他们的职业技能和跨文化交际能力。

在整个教学过程中，教师应不断提供阶段性的指导和支持，以确保学生能够有效地完成这些任务。教师可以在学生任务执行过程中给予及时的反馈，并根据学生的进步和反馈调整教学策略。教师还应鼓励学生进行自我反思，帮助他们理解自己的学习过程，认识到自己的进步和需要改进的地方。为了加强学生的互动与合作能力，教师可以设计小组作业或讨论，这样的活动不仅增强了学生之间的交流，还提升了他们的团队协作能力。在这种互动和合作的过程中，学生可以共享资源，交换意见，从而达到更高效的学习效果。

在评估学生的学习成果时，形成性评估方法是非常重要的。这种评估方式关注学生学习过程中的各个方面，不仅包括最终的成果，还包括学生在学习过程中的参与度、合作能力、问题解决能力等。这样的评估不仅有助于教师更全面地了解学生的学习情况，还有助于学生进行自我评价和改进。

利用技术工具（如在线教学平台和学习管理系统）可以大大增强教学的灵活性和互动性。这些工具不仅为学生提供了丰富多样的学习资源，还为教师提供了更有效的教学和评估手段。通过这些技术工具，教师可以使教学活动更加多元化，更能满足不同学生的学习需求。

## （二）设计符合实际水平的任务

在产出导向法视域下的高职英语教学中，任务的设计是一个核心环节，它要求教学任务不仅符合学生的实际英语水平，还要满足他们的实际需求，确保任务具有适当的挑战性，既不过于简单也不过分复杂。这一过程涉及对学生能力的精准评估、任务难度的合理设定以及教学活动的有效组织。

教学任务的设计应基于对学生实际英语水平的深入了解。在高职英语教学中，学生的语言水平普遍存在较大差异，这要求教师在设计任务时，必须考虑到这些差异，确保任务对所有学生而言都是可达成的。为此，教师可以通过诊断性评估来了解学生的语言水平，包括学生的听、说、读、写能力以及与特定职业相关的专业英语技能。这种评估可以通过口语测试、写作作业或针对性的语言技能测试来进行。

　　在明确了学生的语言水平后，教师需要设计出既有挑战性又符合学生实际水平的任务。任务的设计应当遵循由简到难的原则，以避免学生在面对过于复杂的任务时感到沮丧。例如，对于初级水平的学生，教师可以设计一些基础的交际任务，如日常对话练习、简单的书面报告等；对于更高水平的学生，教师则可以设计一些较为复杂的任务，如模拟商务谈判、撰写商业报告等。这种渐进式的任务设计有助于学生在完成每一个阶段的任务后获得成就感，同时逐步提升他们的英语能力。

　　教学任务还应考虑学生的实际需求。在高职英语教学中，学生往往更关注英语学习如何与他们的职业生涯相结合。因此，教师设计的任务应当与学生未来可能从事的职业紧密相关，以提高学习的实用性和相关性。例如，如果学生主要学习的是旅游管理专业，那么教师可以设计一些与旅游行业相关的任务（如为外国游客制订旅游计划、处理客户咨询等），这种与专业紧密结合的任务设计不仅能提高学生的职业英语水平，还能增强他们对所学专业知识的理解和应用。

　　任务的设计还需要融合多种学习资源。在现代教育环境下，教师可以利用丰富的教学资源来增强任务的现实性和吸引力。这些资源包括视听材料、实际案例、在线平台等。通过这些多元化的资源，学生可以在完成任务的过程中接触到更广泛的语言材料和文化背景，这有助于他们在语言学习中获得更全面的体验。

　　教师应鼓励学生在完成任务的过程中进行合作和互动。合作学习不仅能提高学生的交际技能，还能促进他们之间的相互学习和支持。在设计任务时，教师可以考虑将学生分成小组，让他们在完成任务的过程中相互讨论、分享观点。这种互动和合作的过程不仅有助于提高学生的英语水平，还能增强他们的团队协作能力和问题解决能力。

教师还需要在任务执行过程中提供持续的指导和支持，包括对学生完成任务的过程进行监督和反馈以及根据学生的进展和反馈调整教学策略。教师可以通过定期检查学生的工作进度，提供针对性的指导和建议，帮助他们克服学习中的困难。教师还应鼓励学生进行自我反思，帮助学生理解自己的学习过程，认识到自己的进步和需要改进的地方。

### （三）集成多元学习资源

在产出导向法视域下的高职英语教学中，集成多元学习资源成为提高教学效果的关键策略。这一策略的核心在于综合利用各种教学资源，以丰富学习内容、提升学习效率并激发学生的学习兴趣。在当前的教育背景下，这种多元化的资源整合尤为重要，因为它不仅能够满足不同学习风格的学生的需求，还能够帮助学生更好地适应快速变化的职业环境。

多元学习资源的集成首先需要教师对现有教育资源进行全面的了解和评估。现有教育资源包括传统的教学材料（如教科书、工作表等）以及更为现代化的资源（如数字媒体、在线课程、互动软件等）。通过对这些资源的综合利用，教师能够为学生提供更加丰富和多样化的学习体验。例如，传统的教科书提供了系统的语言知识和结构化的学习路径，数字媒体和在线课程则能够提供更多实时的、互动的学习体验。

在集成多元学习资源的过程中，教师需要考虑资源的相关性和适宜性。相关性是指选择的学习资源应与教学目标和学生的学习需求紧密相连。例如，如果教学目标是提高学生的商务英语沟通能力，那么教师可以选择一些商务相关的视频材料、案例研究和模拟演练作为教学资源。适宜性则涉及资源是否适合学生的学习水平和背景，教师应选择那些既不过于简单也不过于复杂，能够激发学生兴趣且易于理解的资源。

教师在整合多元学习资源时，应充分考虑学生的参与和互动。这意味着资源的选择和使用不仅是为了传递知识，还要促进学生的主动学习和参与。例如，教师可以利用在线讨论平台或社交媒体来促进学生之间的交流和合作，也可以使用互动软件和游戏来增加学习的趣味性。通过这种方式，学生不仅能够从不同的资源中获得知识，还能够通过交流和合作来深化理解和应用所学知识。

　　在集成多元学习资源的同时，教师需要关注学生的自主学习能力的培养，包括教导学生如何有效地利用这些资源进行自我学习以及如何通过这些资源进行批判性思维和创新思维的训练。例如，教师可以指导学生如何从不同的在线资源中筛选信息、如何评估信息的可靠性以及如何将从不同资源中获得的知识综合起来解决实际问题。

　　集成多元学习资源的过程也是一个持续的评估和调整过程。教师需要定期评估所使用的资源对学生学习效果的影响，并根据评估结果进行相应的调整，可能包括替换不再有效的资源、引入新的资源或者调整资源的使用方式。通过这种持续的评估和调整，教师可以确保学习资源始终能够满足学生的学习需求和教学目标的变化。

### （四）促进互动与合作学习

　　促进互动与合作学习的过程中，教师需要设计和组织一系列促进学生之间交流和合作的活动。这些活动可以是小组讨论、团队项目、角色扮演等，它们的共同特点在于要求学生在完成任务的过程中相互合作、共享信息、解决问题。通过这种方式，学生不仅能够在实际使用语言的过程中提高自己的语言技能，还能在与他人的互动中学习如何协调意见、解决冲突、提升团队合作能力。在这个过程中，教师的角色是至关重要的。教师不仅是知识的传授者，还是学习活动的引导者和协调者。这意味着教师需要根据学生的实际水平和需求来设计合适的互动与合作学习活动，并在活动进行中提供必要的支持和引导。例如，教师可以通过提问、引发讨论或者提供反馈来激励学生思考，鼓励学生表达自己的观点，促进学生之间的互动。

为了有效地促进互动与合作学习，教师需要注意活动的设计要具有足够的灵活性和开放性。这意味着活动不应该是严格固定的，而应该允许一定程度的学生自主性，使学生能够根据自己的兴趣和需求来探索和学习。教师需要确保活动的设计能够满足不同水平学生的需求，确保所有学生都能够参与其中，并从中受益。

教师还应利用现代技术手段来促进互动与合作学习。随着网络技术的发展，线上平台和工具为教师提供了新的方式来组织和促进学生之间的交流与合作。例如，教师可以利用在线论坛、博客或社交媒体来促进学生之间的讨论，也可以使用网络协作工具（如谷歌文档等）来促进学生的团队合作。通过这些技术手段，学生可以在更广阔的环境中进行交流和合作，从而拓宽他们的视野，提高他们的跨文化沟通能力。

## （五）实施阶段性指导与支持

产出导向法强调学生在学习过程中的主动参与和产出，教师的角色转变为引导者和协助者，而非单一的信息传递者。在实施阶段，教师应致力于提供连续且具有针对性的指导和反馈。这种指导不仅包括对学生语言产出的直接纠正和建议，还涵盖了对学习策略的引导，能够帮助学生发现并利用各种资源来提高自身的语言能力。例如，在学生进行口语练习时，教师可以提供即时的发音纠正，同时指导学生如何通过模仿英语母语者的录音来改善发音。

教学策略和支持水平的调整基于学生学习进度和需要的动态过程，这要求教师不仅要关注学生的语言产出，还要了解他们的学习动机、情感状态和认知水平。例如，对于初学者，教学重点可能放在词汇和基本语法结构的建立上；而对于更高级的学生，教学重点可能更多地关注语言的流利度和复杂性。在这个过程中，教师应不断调整教学内容和方法，以适应学生的变化。

　　教师还应鼓励学生进行合作学习和互助，以增强学生的交际能力和团队合作精神。在产出导向法下，小组讨论、角色扮演等活动能够提供学生表达自己观点的机会，同时能让学生学习如何在英语环境中与他人有效沟通。通过这种互动，学生不仅能够提高自己的语言技能，还能培养跨文化交际的能力。

　　在这一教学模式下，评估也是一个重要环节。与传统的考试和测试不同，产出导向法下的评估更多地关注学生的实际语言运用能力。这种评估方式旨在提供更全面的学生语言能力展示，同时能为教师提供反馈，帮助教师了解教学策略的有效性和需要改进的地方。

### （六）进行形成性评估

　　形成性评估是一种灵活多样的评估方式，它通过对学生的学习过程进行持续观察、讨论和作业评估，以获取学生学习状态的即时信息。这种评估方式不同于传统的总结性评估（如期末考试），它更注重在学习过程中及时识别学生的需求和挑战，从而提供必要的支持和指导。教师可以通过观察学生在课堂讨论中的表现，了解学生对特定话题的理解程度和语言运用能力。除了观察，作业也是形成性评估的一个重要组成部分。通过分析学生的作业，教师可以了解学生对课程内容的掌握情况以及他们在应用所学知识方面的能力。作业的类型可以多样化（包括传统的书面作业、项目作业或者口头报告等），这样不仅能够评估学生的书面和口头表达能力，还能够鼓励他们以创造性的方式使用英语。

　　在进行形成性评估时，提供及时反馈是至关重要的。这种反馈应该更多地集中在引导学生识别和改进他们的不足之处。有效的反馈应该是具体的、具有针对性的，并且鼓励学生进行自我反思。例如，如果学生在书面作业中有语法错误，教师的反馈应详细指出错误所在，并提供正确的表达方式，同时可以鼓励学生思考为什么会犯这样的错误，从而促进学生的自我学习能力。

形成性评估还应包括学生自评和同伴评价。通过自我评估，学生可以更好地了解自己的学习进展，识别自己的强项和弱项，并设置学习目标。同伴评价则可以提供不同的视角，帮助学生在互相学习和支持的环境中成长。这种评估方式鼓励学生在一个合作和相互尊重的环境中进行学习，有利于建立积极的学习社群。

在整个形成性评估过程中，将评估与教学目标和学习活动紧密结合是很重要的。评估应该是教学的一部分，而不是一个独立的、孤立的环节。这意味着教师需要在设计课程和学习活动时，就考虑如何有效地整合评估，确保评估活动与学习目标相一致，并且能够促进学生的学习。

## 第四节　促成设计案例分析

### 一、实例分析：写作任务在高职英语教学中的促成设计

作为对高职生英语应用能力培养的一个重要方面，写作教学一直以来就是高职英语教学的一大重点和难点，学生写作水平的高低能够直接反映高职英语教学的质量水平。面对这一挑战，本书决定深入探索如何将学生的写作能力从基础的句子结构提升至描述复杂对象，如要求学生完成描述自己家乡的语言产出任务。为此，本书精心设计了一套写作课程，目标是使学生能够运用所学的写作知识完整、流畅地描述自己的家乡。

当课程开始时，笔者首先选择了两篇充满细节和情感的城市描述文章，分别出自《纽约时报》的"An Ode to New York"和《伦敦日报》的"London: The Heart of England"。这两篇文章不仅展现了每个城市的特色、历史、文化和旅游景点，还融入了作者的个人情感和经验，使描述更加生动且具有感染力。

在学生开始选择性学习之前，笔者制定了一套具体的学习策略并将其提供给学生使用。笔者鼓励学生在阅读材料时注意文章的结构、转折、高潮等关键部分，并尝试找出文章中使用的描述技巧和语言特点。为了进一步加深学生的理解，笔者还提供了一段有关这两座城市的短片，让学生从中获取更多的信息和灵感。

在课前学生对输入材料有了充分的理解后，笔者在课上带领学生分析了两篇文章的结构和使用的词汇，着重讨论了如何运用这些技巧于他们自己的文章中。笔者还指出了文章与中国文化的相似之处和差异，以帮助学生更好地理解和运用这些技巧。

随后，学生进入了产出练习阶段。笔者为学生提供了一系列写作框架和句型（如"我的家乡——淮安，坐落于……被誉为……"），并鼓励学生在描述中融入个人的情感和经验，使文章更加真实和生动。

为了确保每位学生都能成功完成任务，笔者还设计了一套个性化的指导策略。笔者会根据每位学生的写作水平和进度，提供不同的建议和帮助，确保每位学生都能在这次写作任务中取得进步。

最终，学生纷纷提交了他们的作品，其中《我的家乡——淮安》成为本次课程的代表作，它展现了学生在写作技巧和文化融合上的巨大进步。这不仅证明了笔者的教学策略的有效性，还为其他教师提供了一个宝贵的参考。

## 二、实例分析：口语交流任务在高职英语教学中的促成设计

高职英语教学中的口语交流任务对于学生来说无疑是一项巨大的挑战，尤其是在真实的交际场景中。例如，针对"扮演不同国家的嘉宾在国际文化节中介绍自己国家的民族节日"这一口语产出任务，笔者根据"国际文化节"这一主题，设计了一系列的促成活动，以帮助学生更好地完成口语产出任务。

为了让学生更好地理解国际文化，作者首先为学生提供了一系列来自不同国家的短视频。这些视频展示了各国的传统节日、风俗习惯和日常生活。通过观看视频，学生不仅能够了解各国的文化特色，还能够听到各种不同的英语口音和表达方式。笔者要求学生在课前选择性学习上述视频并进一步自主查询、搜索、了解更多关于各个国家民族节日的信息内容。同时，笔者要求学生各自选择一个自己感兴趣的国家并尝试用口语介绍这个国家的民族节日。

　　随后，在课堂教学阶段，笔者组织学生进行了模拟的"国际文化节"角色扮演活动。在这次活动中，每位学生都需要扮演一个国家的代表，并与其他国家的代表进行交流。为了确保活动的成功进行，笔者为学生提供了一系列的句型和词汇，帮助他们更好地进行口语交流。

　　在角色扮演活动中，学生需要用英语介绍自己代表的国家，描述该国的风俗习惯、节日和特色食物。例如，代表中国的学生可以说："我来自中国，中国有着悠久的历史和丰富的文化。春节是我们最重要的节日，我们会以放鞭炮、舞狮和吃饺子的形式来庆祝。"学生还需要与其他国家的代表进行对话，询问对方国家的文化特色和日常生活，这不仅锻炼了学生的听力和口语能力，还增强了他们的跨文化交际能力。

　　在活动结束后，笔者对学生的口语产出成果进行了总结和点评。笔者归纳总结了学生在口语介绍中存在的突出问题，梳理了与各国节日、风俗习惯以及特色食物相关的词汇和表达方式，并给出了具体的改进意见。

　　这样一个"国际文化节"角色扮演活动不仅让学生体验到了真实的交际场景，还锻炼了他们的口语交流能力和跨文化交际能力。这为学生未来的学习和工作提供了坚实的基础。

## 三、实例分析：文化交流任务在高职英语教学中的促成设计

　　在经济全球化的时代背景下，文化交流在高职英语教学中的重要性

日益凸显。但面对不同的文化背景和表达习惯，学生在文化交流中经常会感到迷茫和困惑。为了提高学生的文化交流能力，笔者设计了"用口语介绍本国文化中外国人需要特别注意的事项"的口语产出任务，并通过开展如下的一系列促成活动，帮助学生更好地完成文化交流任务。

课前，笔者首先为学生提供了一系列关于各国文化差异的文章和短片，如英国的下午茶文化、日本的礼仪、美国的独立日庆祝方式等。这些材料为学生展现了各国文化的多样性，同时突出了文化差异背后的深层含义和原因。笔者要求学生对上述内容进行选择性学习，并开展自主探索，进一步查询并了解各个国家文化中外国人需要特别注意的事项，并尝试进行口语介绍。

课上，为了让学生更深入地理解和体验文化差异，笔者设计了一个"文化速配"活动。在这个活动中，每位学生都会扮演一个特定国家的代表，并与其他国家的代表进行短暂的对话。这样，学生不仅能够亲身体验到与不同文化背景的人交流的感觉，还能够在实践中锻炼自己的文化交流能力。例如，代表法国的学生可能会说："在法国，你在进入别人的家时，通常会带一瓶酒或一束花作为礼物。"代表印度的学生则可能会回应："在印度，我们通常会在进入他人家中前脱鞋，以表示尊重。"

为了确保学生能够准确地表达和理解文化信息，笔者还为学生提供了一系列的文化交流句型和词汇，如"在我们的文化中……""这与……有很大的不同"等。

在活动的最后阶段，作者邀请了几位来自不同文化背景的外教参与讨论。外教分享了他们在中国的生活体验以及他们在与中国文化交流中遇到的挑战和趣事。这为学生提供了一个与真实外国人交流的宝贵机会，也能够帮助学生更好地理解和应对文化差异。

## 四、实例分析：阅读理解任务在高职英语教学中的促成设计

在高职英语教学中，阅读理解不仅是提升学生语言水平的基础，还是培养其批判性思维和跨文化理解能力的重要环节。为此，笔者精心设计了一系列挑战性的阅读理解任务促成活动，旨在增强学生的深入理解和分析能力。

笔者精选了多篇具有不同文化背景的英文文章，包括新闻报道、短篇小说和学术论文，这些材料覆盖了多种主题和风格，如关于非洲部落文化的纪实报道、描绘东南亚风情的旅游文章以及讨论欧洲经济发展的学术论文。这样的材料不仅能让学生接触到不同类型的英语表达，还拓展了他们的国际视野。

在教学过程中，笔者设计了基于阅读理解的语言产出任务，即写一段话简要概括文章主旨并列出文章中的关键信息和论据。针对这一语言产出任务，笔者采用了多种策略来促成学生的阅读技能。首先，笔者通过引导学生识别关键信息、概括文章主旨和分析论据，帮助他们提高阅读理解能力。例如，在分析一篇关于气候变化的文章时，笔者指导学生识别文章的主要论点、支持论据和结论，从而让学生深入理解文章的结构和内容。

为了进一步加深学生对阅读材料的理解，笔者组织了小组讨论活动。在讨论中，学生被鼓励分享他们对文章的理解和见解，通过交流和讨论促进对材料的深入理解。例如，在讨论一篇关于经济全球化影响的文章时，学生被分为赞成和反对两组，就文章提出的观点进行辩论，从而深化对经济全球化多维度影响的理解。

笔者还设计了一系列基于文章内容的练习题和作业，旨在强化学生的阅读技能，同时提高他们的批判性思维能力。例如，对于一篇讨论文化差异的文章，学生被要求撰写一篇反思报告，探讨文化差异如何影响

国际交流，并提出自己的见解和建议。

为了更具体地展示这一促成设计的实施效果，以下是一则实例分析。

语言产出任务：根据一篇描述南亚文化特色的文章，简要分析并口头归纳与南亚国家人民沟通交流时的注意事项。

学生被分配阅读一篇描述南亚文化特色的文章，文章中详细介绍了南亚地区的宗教信仰、节日庆典和日常生活方式。在课堂上，笔者首先引导学生识别文章的主要观点和细节信息，然后通过小组讨论，让学生分享他们对中国与南亚国家文化差异的理解和感受。随后，学生被要求根据阅读内容简要分析并练习口头归纳与南亚国家人民沟通交流时的注意事项。

这一系列的活动不仅提高了学生对英文材料的理解能力，还增强了他们的跨文化交际技能和全球视野。这种促成设计不仅提升了学生的语言技能，还培养了他们的国际化素养，为他们未来的学术和职业发展打下了坚实的基础。

## 五、实例分析：听力理解任务在高职英语教学中的促成设计

在高职英语教学中，听力理解是一个至关重要的环节，直接影响学生的英语综合运用能力。为此，笔者设计了一系列创新性促成活动，以增强学生的英语听力理解能力，并通过融合具体实例分析的方式，使教学更加生动和实用。

笔者首先设计了一个听力理解相关的语言产出任务，即根据听到的有关环境保护的演讲内容，口头归纳当前世界各国在环境保护方面面临的问题、挑战以及中国在环境保护方面取得的成就。

随后，笔者精心挑选了各种涉及环境保护的英语演讲听力材料，如英语新闻采访、电影片段、TED 演讲等。这些材料不但内容丰富，而且语速、口音各异，可以帮助学生适应不同的听力环境。笔者将这些材料

发布给学生并要求学生课前自主选择精听或泛听，并尝试根据这些演讲的内容口头归纳当前世界各国在环境保护方面面临的问题、挑战以及中国在环境保护方面取得的成就。

之后，在课堂教学阶段，者在课堂上播放了一段关于环境保护的演讲，其中包含了一些专业术语和具体的数据以及演讲者独特的语速和口音。在播放听力材料后，笔者设计了一系列针对性的问题，旨在训练学生的听力捕捉和理解能力。例如，在听完演讲后，学生被要求回答有关演讲主题、关键数据和演讲重点等方面的问题，这不仅提高了学生的注意力和理解力，还锻炼了他们的信息筛选和整合能力。

接着，笔者提供了听力材料文本给学生阅读并组织课堂讨论，让学生分享他们对听力材料的理解和感受。例如，关于环境保护面临的问题与挑战，学生分享了自己的看法以及如何通过听力材料了解到的信息来支持他们的观点。这种讨论不仅促进了学生对听力内容的深入理解，还激发了他们对实际问题的兴趣和思考。

最后，笔者要求学生当堂开展口语产出练习，学生根据课前和课中的听力训练内容，口头归纳当前世界各国在环境保护方面面临的问题、挑战以及中国在环境保护方面取得的成就。

为了进一步丰富和扩充学生的听力背景知识，笔者还鼓励学生在课外时间积极查询并了解更多关于环境保护尤其是中国环境保护的文本信息资料，然后将其分享在课程教学平台中供大家学习。这种方法不仅能够提高学生的自主学习能力，还能够有效地扩充学生的听力背景知识，完善学生的总体知识结构。

这种促成活动不仅提高了学生理解复杂英语听力材料的能力，还通过分析和讨论，提升了他们的批判性思维和国际视野。学生能够更加深入地理解听力材料内容及其背景知识，并能够将听力内容与实际的口语产出任务联系起来，从而增强了他们对英语听力学习的兴趣和动力。

## 六、实例分析：翻译任务在高职英语教学中的促成设计

在探讨高职英语教学中翻译任务的促成设计时，我们可以通过一个具体的实例来展示教学设计的有效性。在这个案例中，笔者针对高职学生的特点，设计了翻译促成教学方案，包括多样化的教学材料和针对性的翻译实践活动。

首先，笔者在课前向学生发布了一个英译汉的翻译产出任务，即翻译一封外国客户撰写的建立业务关系的商务电子邮件，该邮件的附件中包含了公司及产品的介绍、产品的技术资料和报盘信息等。

之后，笔者选取了多种类型的中英文商务应用文本作为教学材料，如企业简介、产品介绍、产品技术手册、报盘资料、建立业务关系的商务信函范文等。课前，笔者将这些与本次翻译任务相关的教学资料发布给学生，要求学生对其进行选择性学习，自主掌握完成翻译任务所必须用到的重要词汇、短语和句型等。然后，学生自行尝试翻译上述商务电子邮件并将翻译成果提交给在线学习平台供教师批阅和同学阅览。

在课堂教学阶段，笔者首先进行了词汇、短语和句型的翻译测验以考查学生课前的自主学习情况。之后，笔者将学生课前提交的具有代表性的翻译成果文本向班级同学进行了展示，点评了其中的典型翻译错误，讲解了正确和恰当的翻译处理手法。接下来，笔者给出了更多类似的例句和语段并组织学生进一步按照正确的翻译手法进行翻译练习以打磨学生的翻译技巧。最后，笔者组织学生再次对上述的翻译产出任务进行课堂现场翻译训练并及时给予指导，以此来有效促成学生的翻译能力的提升。

# 第六章　产出导向法视域下高职英语教学模式的构建

## 第一节　产出导向法视域下混合式教学模式的构建

### 一、基于产出导向法的混合式教学模式的内涵

教学模式是教学理论在实践中的具体实现方式，其为理念与实际行为之间搭建了桥梁。一个优秀的教学模式不仅应体现其可操作性、可复制性和科学性，而且应具有明确的层次结构。在制定教学模式时，教育者需要确保所选模式与教学目标和现有条件相一致，并融入相应的教育理念。基于产出导向法的混合式教学模式，便是在这样的背景下应运而生。它汲取产出导向法的核心思想、教育理论和教学步骤，与教师的实际教学环境和目标相结合，以实现最佳的教学成果。在这种模式中，教师需要根据教学目标选择合适的教学策略、方法和评估工具并通过驱动、促成和评价的有序教学过程提高学生的实用技能和应用知识。此外，该模式与我国高等职业教育的人才培养理念高度吻合，旨在培育学生的实际应用能力。它也与我国在线教育的趋势相契合，旨在满足高职学生的

多元化、个性化学习需求。

## 二、基于产出导向法的高职英语混合式教学模式实践路径

混合式教学模式结合了传统的面对面课堂教学和当下流行的线上教学、线上学习的优势，而产出导向法强调对学生语言产出能力的培养，倡导利用各种可能的教学媒介、工具和手段最大限度帮助学生实现知识的内化和产出能力的促成。在高职英语教学中，如何将这两者有效结合，从而实现教学的最大效益，是当前教育者面临的关键问题。

### （一）设定清晰的产出总目标

基于产出导向法，首先需要明确教学目标。这一目标不仅仅是简单地传授语言知识，而是在真实的语境中使用这些知识。根据教育部印发的《高等职业教育专科英语课程标准（2021年版）》，目标是培养学生在日常生活和职场中用英语进行有效沟通的能力，而不仅仅是认识几个英语单词。这意味着学生不仅要学会如何说英语，还要学会如何在真实情境中使用英语。《高职实用英语综合教程》的教学目标是学习商务接待的语言知识和技能，并在真实或模拟的场景中应用这些知识和技能。

为了实现上述的教学目标，可以将总的产出任务细化为多个子任务。每个子任务都是为了达到教学目标的一部分，而这些子任务共同构成了达到总目标的路径。以《高职实用英语综合教程》中的"Business Reception"为例，首先，子任务可以包括接待前期的准备工作，如接待流程的确定、接待日程表的制定和接待人员的安排等。其次，子任务可能包括具体的接待工作，如到机场接客户、安排住宿和观光游玩等。最后，子任务可能是写欢迎晚宴的欢迎辞。这样，通过多个子任务，学生不仅能够学习和掌握商务接待的语言知识和技能，还可以在真实或模拟的场景中应用这些知识和技能。

子任务的实施需要整合驱动、促成和评价三个关键的教学环节。驱

动环节旨在激发学生的学习兴趣；促成环节是教学的主体部分；评价环节则是对学生学习成果的检验。为了实现教学目标，教师需要根据产出导向法的理念设计各个教学环节，并确保这些环节服务于总产出任务。例如，驱动环节可以包括对商务接待的背景知识的介绍，促成环节可以是学生在小组讨论或角色扮演中完成子任务，评价环节则可以是教师、学生自评或互评。

**（二）线上线下混合式驱动教学**

驱动环节作为高职英语教学的起点，注重真实交际场景的模拟与再现。教师结合现实生活中的场景，如商务接待，为学生布置各种产出任务。在尝试完成这些任务的过程中，学生不仅能够切身体会到英语交际的实用性，也能够意识到自己的不足和挑战，从而激发他们的学习兴趣和求知欲。

例如，在《高职实用英语综合教程》的第七单元"Business Reception"中，商务接待在职场中被选为交流背景。为了让这一场景更加生动，教师运用了现代信息技术手段，如选择了与商务接待相关的电影片段、录制了相关知识的微型课程，并利用音频和视频材料重构了商务接待的实际情境。接下来，教师将这些教学资源上传到线上教学平台或班级群，供学生在课前进行选择性学习。面对这些资源，学生被鼓励进行语言产出实践，如组织小组讨论公司接待的前期策划，并最终形成PPT提交到线上平台。在这一产出过程中，学生有机会发现并弥补自己的不足，从而增强他们的学习动机。这也帮助他们明确了学习目标和任务要求，为教师接下来的教学活动做好了准备。

学生的内在学习动机是实现有效学习的关键。在高职教育中，结合产出导向的策略，混合式教学模式的应用，主要着重于驱动环节，以此激发学生的学习兴趣并促进他们的知识探求。在实施混合式教学时，教师通过线上与线下的结合，多角度、多形式地将知识展现给学生。课程启动前，教师利用在线教育工具发布学习任务和相应的教学材料，如视频、音频或文档等。学生可以在这些平台上获取资料，并按照教师的指引完成相应的任务。特别是那些需要研究和团队合作的任务，学生需要提前做好充分的准备，再在课堂上进行展示和分享。在整个混合式学习过程中，教师不仅提供知识和资源，更重要的是引导、监督和评价学生的学习进程。学生在这个过程中可能会发现自己在某些方面的不足，这反而会激发他们更强烈的学习欲望。在教师的持续引导下，他们能在学习的后期不断优化自己的学习策略，更好地掌握所需的知识和技能。

### （三）线上线下混合式促成教学

混合式教学作为 21 世纪教育模式的代表，其具有的线上与线下相结合的优势，为学生提供了一个多维度、个性化的学习环境。在这样的背景下，促成教学环节的任务是构建一个桥梁，帮助学生连接自己的知识与新的学习目标。促成环节可以为学生提供必要的知识与策略，帮助其顺利完成产出任务。在此基础上，信息技术的引入为促成环节注入了新的活力，使之更为高效、灵活。在混合式教学模式下，课前的自主学习阶段尤为重要。教师应充分利用网络平台，提前发布与产出任务相关的学习资料，如词汇、句型、音视频等，为学生的自主学习提供指导。例如，在《高职实用英语综合教程》的第七单元中，教师可以上传商务接待相关的学习材料，辅助学生完成其产出任务。为加强学生的关键知识储备，教师还可设计在线词汇句型测试，检验学生的预习效果。

在课堂教学阶段，教师的角色转变为引导者和辅导者。首先，应对学生课前的自主学习成果进行检验和反馈，如通过小测试评估学生对相关词汇和句型的掌握程度。其次，教师可采用启发式提问的方法，针对产出任务中的核心内容，如商务接待的流程、注意事项等，引导学生进行深入的探讨。最后，根据产出任务的需求，教师应指导学生选择和使用恰当的输入材料，如学习欢迎词的范例，从而更好地完成产出任务。

### （四）线上线下混合式评价

评价不仅仅是对学生学习效果的反馈，更是促进学生深度学习的重要手段。通过混合式教学评价，学生可以在教师的指导下，不断地调整自己的学习策略，深化学习内容的理解，从而达到更高的学习目标。在高职英语教学的背景下，随着教育技术的不断进步，混合式教学评价与产出导向方法获得了前所未有的关注。这种评价模式不仅增强了学生的学习体验，还对教学过程和结果产生了积极的影响。

在混合式教学评价中，单一的评价方法已经不能满足教学的需求。因此，教师需要根据教学内容和学生的特点，采用多种评价方法，如教师点评、系统评价、自评和互评等，确保评价的公正性和准确性。混合式评价在高职英语教学中，特别在驱动与促成两个教学环节中占据关键地位。这种评价方式可以对学生的学习成果进行全面、持续的监测和反馈。结合产出导向法，评价过程更加精确，能够迅速地发现并解决教学中的问题。混合式评价结合线上与线下两种模式，确保了评价的全面性。在线上模式中，教师可以实时监测学生的学习进度和参与度，同时利用多种评价工具，如自评、互评和教师评价，让学生从多角度了解自己的学习效果。线下评价则更加偏重实际操作和团队协作，教师可以根据学生在实际场景中的表现进行评价，从而更加深入地了解学生的学习情况。

在混合式教学评价中，评价不再是教学的尾声，而是与教学过程紧密相连。课堂上，教师可以根据评价结果调整教学策略，以确保学生能够达到预期的学习目标。同时，通过不同的评价方式，如即时评价和延时评价，教师可以更加全面地了解学生的学习情况，从而提供更具针对性的教学指导。

## 第二节 产出导向法视域下多模态教学模式的构建

### 一、"产出导向法"视域下高职英语多模态教学的可行性

2019 年 2 月，国务院印发的《国家职业教育改革实施方案》中明确提出，国家将发展以职业需求为导向、以实践能力培养为重点、以产学研用结合为途径的应用技术型高等教育体系。在这种产学合作的大背景下，校企协同教学模式逐渐成为应用技术高校的主要方向。单一的英语教学模式无法满足当今职业场景中的交流需求。为了真正增强学生的英语应用能力，教育应强调产出任务的重要性，整合各种教学方法，激发学生的积极性，让他们更具目的性地进行英语学习，实现知识和技能的融合与转化。因此，将产出导向法融入高职英语的多模态教学中是时代的必然选择。

多模态教学法注重利用多种感觉进行教学，融合不同的教育技巧。在教师的指导和学生的主动参与下，通过多感官的学习和实践，达到知识的深化和巩固。该方法利用视、听、触、嗅和味等感官，帮助学生更深入地理解和记住所学内容。虽然多模态与多媒体相似，但其根基是 20 世纪 90 年代的多模态话语分析理论，该理论已广泛应用于多个学科领域，特别是在外语教学中。考虑到当前的英语教材可能不完全适应多模态教学，需要对教学策略和工具进行创新。根据教育和外语核心期刊的研究，多模态教学在我国的研究可以分为三个主要阶段：1994—2000 年、2001—2010 年和 2011 年至今。经过初期的实验和探索，我国教育者在各种期刊上发表了大量关于多模态教学的研究，主要关注其在外语教学中的应用和效果。这些研究证实了多模态理论在我国外语教学中的实用性。从 2011 年开始，多模态教学研究呈现出爆炸性增长，并更为深入。特别是从 2018 年起，研究焦点逐渐集中在整合多模态的教学策略，并对其在具体课程中的应用进行了深入探讨。

以上内容表明，在语言教学中使用多模态教学法是行之有效的。特别是考虑到语言学习过程中"输入"和"输出"的核心角色，与五种模态（视、听、触、嗅、味）紧密相连。尽管传统语言教学中多模态已被视为关键的教学辅助工具，但在真实的教学场景中，如何选择并应用模态受到多种因素的限制。实际操作中，多模态教学法可能遇到以下挑战。首先，使用多模态的目的可能不够明确，导致教学过程中过度依赖多媒体资源。其次，多模态的应用缺乏统一和连贯，不能真正为实现教学目标提供支持。最后，尽管多模态教学可以有效地吸引学生的注意力，但它所依赖的感官刺激效果可能是短暂的，一旦减弱，教学的连续性和效果可能会受到影响。

## 二、产出导向法在高职英语多模态教学中的应用

### （一）确立以应用能力培养为目标的多模态教学内容

根据各专业学生对于职业英语需求的不同，应根据"产出"导向确立教学内容，重点放在对实际应用能力的培养上，并将英语技能培养与英语语言知识结合。为此，教师应对教材内容进行优化调整，通过微课、MOOC、SPOC 等途径整合与学生相关的学习资料，激发学生学习的兴趣和热情。学生也应在学习过程中展现主动性，为达到预设的学习目标，主动探索与课程相关的资源，并积极参与教师设置的多种实践活动，如日常英语交流、跨文化沟通、英语特长展示、职业英语应用、英语学术技巧和其他课外活动。这种教学策略将语言能力与学生的未来职业需求结合，既加强了实践性训练，又加深了他们对专业知识的掌握。

### （二）设计以产出任务为导向的多模态教学环节

依据文秋芳教授所阐述的产出导向法的三重要环节：驱动、促成和评价，可以构建多模态英语教学的三大步骤，即课前驱动、课中促成和

课后评价。首先，在课前阶段，教师布置与产出任务相关的主题，鼓励学生以小组形式参与，进行分工与合作，完成课前的预习准备。这确保了学生对于即将学习的内容有初始的了解，为之后的课堂产出创造了基础。其次，在课堂阶段，教师为学生构建实际应用语言的场景，引入要学习的语言知识内容，并利用现代技术手段进行演示。课程中，通过小组互动、模拟对话、小剧场、课堂演讲等形式，鼓励学生综合运用英语知识，实现真正的语言输出。再次，定期进行小组任务展示，帮助学生将语言知识与专业知识相结合，提高他们的英语应用能力。最后，采用自评、互评和教师评估方法对学生的成果进行评价，鼓励学生根据反馈进行反思并改进。除正式课堂以外，也应鼓励学生积极参与基于多模态的数字化英语学习环境，如电子图书馆、在线课程、社交媒体平台等，探索与其专业相关的英语资料。同时，激励学生参与各种外语活动和比赛，如英语角、电影配音、演讲比赛等，并采用奖励机制进行鼓励。这样，学生可以将所学内容与实际输出任务结合，形成个性化的学习策略，进而提高自主学习和团队合作能力。

### （三）布置以产出成果为导向的多模态教学作业

当谈到面向产出的高职英语多模态教学作业时，指的是结合各种形式和多媒体工具来设计作业。利用如"云班课"、超星学习通、Unipus、iTEST、iWrite 等现代技术平台，可以创设更丰富的学习体验。以 Unipus 为例，它提供了多种作业输出格式的功能，包括单人或小组任务，视频演讲、短剧、PPT 展示、书面报告、项目设计和能力评估等。这些平台不仅可以即时追踪学生的作业进度和提交时间，还可以为学生提供实时反馈。教师可以利用这些数据，引导学生运用他们学到的知识来总结、概述、分析、评估并反思自己的工作。为了确保教学目标的达成，教师应该始终关注学生的学习进度，及时回答学生在讨论区的疑问，并提供专门的辅导。

### （四）构建基于产出过程的多模态教学评价体系

多模态评价体系指的是结合多种评估方法，根据既定的教学目标，对教学活动和其效果进行全面评价。这不仅涉及对学生学习过程的形成性评价，也涵盖了对学生学习成果的终结性评价。形成性评价考虑了学生在整个学习过程中的表现，从他们在课堂上的互动、任务参与度到课后作业都有所包括。通过整合线上和线下、课程内与课程外的信息，教师可以综合评估学生的学习情况。而终结性评价，则更聚焦于学生的学习成果，它不是传统的书面考试，而是包含了各种考核方式，如书面考试成绩、SPOC 成绩、实际展示成果等。构建这样的评价体系要求教师不仅要考虑多种评价工具和媒介，还要考虑多样化的评价方法。教师可以根据学生在学习过程中的需求和问题，提供定制化的指导和辅助。更进一步地，鼓励学生之间、学生与教师之间的互相评价，使所有参与者都能以合作者的身份参与到这个评价过程中，不仅可以实现个人和小组的学习任务，还可以推动整个班级的进步，为英语多模态教学带来积极的推动力。

## 第三节 产出导向法视域下翻转课堂教学模式的构建

### 一、"产出导向法"应用于高职英语翻转课堂教学的可行性

翻转课堂，通过颠覆传统的教学模式，强调学生的主动性和自主性。这种模式利用互联网为平台，推动学生在课前独立完成学习任务，而课堂时间主要用于深入讨论和解决实际问题。但如今的翻转课堂实践往往存在两种极端偏向：一种是忽视实际操作，仅重视理论的灌输；另一种则是过度依赖学生的自主探索，忽视了教师的指导作用。这使得真正的

翻转课堂理念难以实现，既不能达到预期的教学效果，也不能满足学生的实际需求。

与此同时，"产出导向法"作为一种先进的外语教学方法，强调学生的实际输出，目标是使学生能够有效地运用所学知识。这种方法有三个核心特点。首先，它的主要目标是已经接受过正规外语教育并具备一定语言基础的学生，这与高职英语教学的对象相吻合。其次，产出导向法旨在提高教学效率，使外语教学更好地服务于学生的职业发展，这与高等教育的终极目标相契合。最后，它强调实际的语言输出能力，认为这是真正的语言学习成果，而这与翻转课堂的目标也高度一致。

考虑到翻转课堂和产出导向法在理念和目标上的高度契合，融合两者似乎是一种值得探索的新教学模式。在这种融合模式中，课前，学生可以按照产出导向法的要求，完成与实际输出相关的任务，如写作、口语表达等。而在课堂上，教师则结合学生的实际输出，进行深入的指导和讨论，帮助学生解决在实际操作中遇到的问题。这种模式不仅能够充分调动学生的主动性，还能确保教学内容与实际应用紧密结合，从而实现真正的"翻转"。此外，产出导向法与翻转课堂的结合也具有一定的创新性。传统的翻转课堂强调"输入驱动"，即学生在课前主动获取知识，而在课堂上进行深入的讨论和应用。而产出导向法则是"输出驱动"，即学生在学习过程中，不断地进行实际操作和输出。两者结合，可以形成一种"输入—输出"双向驱动的教学模式，使学生在学习过程中既能获取新知识，又能不断巩固和应用所学，从而实现更为全面和深入的学习目标。

## 二、"产出导向法"在高职英语翻转课堂教学中的应用原则

### （一）重视产出活动前和产出活动后的输入阶段

在"产出导向法"框架内，学生在开始产出活动前的输入阶段与完成产出活动后的输入阶段均被认为是至关重要的。据文秋芳教授的研究表明，当教师能够在学生的互动交流基础上提供合适的输入材料时，此类材料便能有效地充当"专家引领"的角色，助力扩充学生的知识和语言体系，从而提高其语言产出水平[①]。这并不是说为了增加学生的语言收获，教师应过多地输入复杂或高深的材料[②]。

相反，成功的输入策略需要教师细心挑选材料，并经过梳理和简化，使其变得简明、清晰，并具有参考价值。基于这样的输入，学生的初次产出将是基于有意义的自主学习，并能准确地体现他们在学习过程中的问题和挑战。

完成产出后的输入阶段则更多地侧重于教师针对学生产出中所表现出的问题或不足进行深入的讲解与指导。

### （二）找寻合适的学习方法

虽然选择适宜的学习方法并非翻转课堂教学的核心目标，但这一元素仍在教学过程中占有不可忽视的地位。由于真正的产出能力的形成往往需要一段较长的时间，仅仅依靠课堂的实践训练很难实现全面的培育。然而，引导学生采用科学且合适的学习策略，不仅能够培育他们的自主

---

① 文秋芳．"产出导向法"教学材料使用与评价理论框架 [J].中国外语教育，2017，10（2）：17–23.

② 窦晶．"产出导向法"在大学英语翻转课堂教学中的应用 [J].广东水利电力职业技术学院学报，2022，20(4)：77–80.

学习习惯，更能够将课堂内的产出成果延续至课堂之外。"产出导向法"中的选择性学习理念为高职学生提供了明确的指导方针。

### （三）保证评价的有效性

为确保评估的准确性与可靠性，教师在整个过程中起到关键的中介与指导作用。这包括课前对学生提交的代表性产出成果进行深入的专业评估，课堂内部的精细化评价设计，以及对课后学生自我评估和相互评价的有效监督与整合，这些环节都是为了确保评估真实、客观和有意义。

### （四）保证课程的可持续性建设

为了成功实施翻转课堂，充足和贴近实际的教学实例是必要的。当前，很多实践教学实例大多取自国外资源，而针对高职教育的本土化实例仍然相对缺乏。在这种背景下，鼓励学生系统地收集和整理出色的示范性产出，不仅能为课程提供丰富的资源，还能确保课程建设沿着持续、创新的轨迹发展。过去学生的杰出成果为后续学生提供了宝贵的参照，同级学生间的作品也为他人提供了互相学习和借鉴的机会。确保课程的持续性完善，能够为学生产出的比较和提升提供坚实的基础。

## 三、基于翻转课堂的高职英语产出导向法教学模式建构

针对高职院校学生的特点，作者依据产出导向法理论和翻转课堂教学模式，借助信息化时代线上线下混合式教学优势，创新设计了适用于高职院校英语教学的新模式。基于产出导向法的高职英语翻转课堂教学模式如图6–1所示。

图 6-1　基于产出导向法的高职英语翻转课堂教学模式①

本教学模式依据产出导向法理论将具体的教学活动分成驱动、促成和评价三个环节，分别对应翻转课堂的课前、课中、课后三个阶段，其

---

① 李首权 . 高职英语产出导向法教学模式创新和实证研究 [J]. 新疆职业教育研究，2020（4）：29-34.

中的课前和课后阶段运用信息化教学平台开展线上教学。课前线上教学阶段是语言和交际知识的传递和初步内化阶段，通过课前线上的初级产出任务训练，学生的知识得到了初步的内化，语言产出能力也得到了初步的锻炼；在课堂教学阶段，通过精讲精练、互动答疑，学生课前自学的知识得到深度内化，同时通过高级产出任务的训练，学生的语言产出能力也得到进一步的强化；在课后的线上教学阶段，通过完成相关的复习性或迁移性产出任务，学生所学的知识得到进一步巩固，其语言产出能力最终得以形成。

文秋芳提出的产出导向法理论主要针对的是中高水平的外语学习者，通常是本科甚至本科以上的学生群体，对于他们而言，驱动、促成和评价三个环节的教学流程在教学中单向开展一次就可以达成教学目标。但是，由于高职学生语言基本功相对较差，其自主学习能力和学习意识也较薄弱，产出导向法经典教学流程的单次实施并不足以达到理想的效果。因此，本教学模式针对高职学生的特点，在三大环节的实施上进行了优化，首先在课前线上教学阶段针对初级产出任务开展一次完整的产出导向法教学实施，完成这一阶段任务后在线下课中和课后线上教学阶段针对高级产出任务再次实施第二轮产出导向法教学，通过线上线下相结合的两轮产出导向法教学来夯实高职学生的英语语言基础，强化语言产出能力。

## 四、基于产出导向法的高职英语翻转课堂教学流程设计

下面，笔者将以高职英语教材《知行英语综合教程2》第三单元"Time Management"为例，依据上文所构建的教学模式对如何设计基于产出导向法的高职英语翻转课堂教学流程进行介绍。

### （一）课前线上初级驱动

根据产出导向法的驱动环节设计，课前，教师录制微课并上传至

产出导向法视域下的高职英语教学研究

超星学习通平台，向学生介绍单元教学主题、教学目标，同时呈现交际场景，布置若干较为简单容易的初级产出任务和难度更大也更复杂的高级产出任务，通过平台将其发布给学生，要求学生首先完成初级产出任务。之所以要将产出任务分为初级和高级两类，原因在于高职学生存在厌学畏学现象，设计一些易于完成的初级产出任务可以让学生不断获得成就感，激发他们的学习兴趣和热情，而高级产出任务的设置则可以实现学生产出能力由低到高的逐步提升，最大限度激发他们的潜能。

本单元的教学主题为"Time Management"，教学目标为掌握克服拖延症的方法，了解如何提高时间管理效率，能够口头处理时间管理方面的问题。呈现的交际场景是学生校园生活中较为熟悉的情境，用来吸引学生的关注，激发学生的产出欲望。第一，明天就要提交一个小组角色扮演的口语视频作业，但是小组中还有一名同学还没有把台词背熟，导致视频无法如期拍摄，可能无法按时提交作业，你必须与该同学沟通，同时向教师说明情况。第二，班级中某同学总是上课迟到，且从不事先向班主任或任课教师请假，你作为他的班主任要找他谈话并给他提出一些改进建议。第三，作为班长，你收到了辅导员发来的微信，微信中辅导员给你布置了下周必须完成的若干项班级工作，你需要召集各位班干部向他们通报工作内容并分配任务，同时你觉得有一项任务难度较大难以完成，你不得不给辅导员打电话解释原因。

基于上述单元教学主题和目标，教师设计两个易于完成的初级产出任务：一是就情景一进行两段双人对话；二是就情景二进行一段双人对话。教师还就情景三设计了一个较为复杂、难度较大的高级产出任务，一是制作一个 PPT 向班委成员通报工作任务和具体工作内容；二是制定一份书面工作任务时间计划安排表；三是开展一个多人对话，落实每项工作的具体责任人并与其沟通开展工作的具体方法、存在的问题和应对措施；四是开展一个双人对话，电话告知辅导员无法完成的工作并解释原因；五是撰写一份书面工作总结，阐述工作中存在的不足并给出改进建议。

为便于学生进行初级和高级产出训练，教师在课前初级驱动阶段还要提前将初级和高级产出任务相关的所有课件、视频、文本资料、听力材料等语言输入材料上传至线上平台。学生通过线上平台熟悉了单元教学主题、教学目标、交际场景以及初级和高级产出任务之后，对输入材料自主进行选择性学习，自行组成线下学习小组进行小组化合作学习，分组完成各项初级产出任务并以拍摄对话视频的形式将产出成果提交线上教学平台供教师评阅评价。

### （二）课前线上初级促成

教师在线上教学平台查收并观看每组学生提交的对话视频以检查其初级产出任务完成情况，教师以微课或录播课的形式对学生们口语对话中存在的典型错误进行总结归纳，对重难知识点进行讲解，并给出具体的初级产出任务指导意见。同学们则在线上教学平台自行观看教师发布的授课视频，针对性地学习相关重难点知识及错误解析，检查并更正自己提交的口语视频中存在的错误和问题，进一步完善个人口语对话练习，录制口语对话视频并提交线上平台供教师评阅。

### （三）课前线上初级评价

学生将完善后的对话视频再次提交线上平台之后，教师需再次对学生上传的对话视频进行评价，并将其纳入课程最后的形成性评价之中。之后，教师应将完成质量较好的学生视频作品在平台上分享给大家，教师还应亲自录制口语对话示范视频以供学生自主学习和借鉴。学生们则通过线上平台自主学习和借鉴优质的学生作品以及教师提供的口语对话范例。在初级产出任务最终完成之后，教师要在平台上发布本单元的高级产出任务，以进一步强化锻炼和提升学生的深层次、高水平的语言产出能力。学生在接受了高级产出任务之后，继续对输入材料进行选择性学习，并尝试在线下完成高级产出任务。

### （四）课中线下深度促成

经过课前完整一轮的产出导向法线上教学之后，学生经历了初级产出任务的两轮产出训练及教师的两轮产出指导，学生原本几乎为零的知识储备获得了补充，有限的产出能力得到了初步锻炼，而继续迎接挑战，尝试进行高级语言产出的欲望和深入学习的热情也被进一步点燃，这就为课堂教学阶段的语言产出能力强化训练做好了准备。

在线下课堂教学阶段，教师首先向学生提问：一是大学生如何才能克服拖延症困扰。二是在学习和生活中提高时间管理效率的途径有哪些。三是当别人请求你帮忙而你实在抽不出空来的时候你该如何婉拒对方。通过以上三个问题的问题，教师能够检查学生对单元教学主题背景知识和交际知识的掌握情况。随后，教师在班级中开展词汇小测验，检查同学们对时间管理相关英语词汇短语的掌握情况。教师精选并当堂讲解和高级产出任务密切相关的输入性学习材料，如文本阅读材料、视听材料、应用文写作材料等。在此过程中，教师通过提问和答疑的方式与学生展开积极互动，促进学生知识的深度内化。当上述输入性学习过程完成之后，教师要求同学们在规定时间内分组练习完成各项高级产出任务，同时密切关注各组产出任务完成进度，积极给予学生指导并及时答疑解惑。任务时间截止后，教师安排各组同学轮流进行成果展示，其他组同学则进行小组互评，互相借鉴对方可取之处，最后教师对各组产出成果进行最终评价。

### （五）课后线上深度评价

课堂教学结束之后，教师录制高级产出任务示范视频和音频，并将其中文本任务的标准答案和范例上传至线上平台供学生学习参考。课后，教师布置复习性产出任务强化学生的产出能力，教师可以要求学生进一步完善各组的高级产出任务成果，并将最终成果提交平台供教师评阅、打分，将最终评价结果纳入形成性考核中。此外，教师还可以视学生高级产出任务完成情况给那些完成情况比较好的小组布置迁移性产出任务，如要求学生根据情境，在完成高级产出任务之后给辅导员发送电子邮件书面汇报工作完成情况；要求学生根据近期班级真实工作任务安排制定书面英文工作计划，制作 PPT 进行工作任务口头通报；要求学生拍摄多人对话视频模拟班级工作会议，布置落实各项工作安排等。

## 五、基于产出导向法的高职英语翻转课堂教学模式的有效实践措施

### （一）科学进行驱动和输出设计

在"产出导向法"下的高职英语翻转课堂模式中，确保教学活动与学生的认知、行为和学习轨迹紧密相连是至关重要的。为实现这一目标，教师需深入了解学生的思维动态、学习状态，并对初始输入驱动任务进行多维度的反思与修正，以确保其难度与学生的能力相匹配[①]。

在当代数字化教学背景下，利用互联网和大数据技术为教学提供支持变得尤为重要。教师可以整合与教学主题相关的多种格式的资源，如图片、音频和视频等，进一步通过特定软件制作为 10 ~ 15 分钟的翻转课堂教学视频。这些视频需严格遵循学生的英语学习认知逻辑，确保其语言清晰、简洁，并能在较短的时间内完成英语知识的传达和引导。针对课程中的重点或难点，视频时长可以适当缩短到 3 ~ 6 分钟，确保内容的精练性，同时引导学生进行分层次、螺旋式的学习。

随着基础知识的成功输入，教师还应对课堂内的合作学习与师生互

---

① 窦晶．"产出导向法"在大学英语翻转课堂教学中的应用 [J].广东水利电力职业技术学院学报，2022（4）：77-80.

动进行详细规划。这包括根据学生的参与度和课堂进度调整讨论时间、优化教学策略，以及考虑学生的个体差异，对输出任务进行层次化处理。教师可以采用更具吸引力和创意的呈现方式，以激发学生的学习兴趣和参与度。此外，教师也可制定一些具有一定挑战性的任务，引导学生不断突破自己，实现认知和技能上的增长。在完成高难度任务时，任务的细化显得尤为关键，将其转化为简化任务，以便学生在合作、实践和教师指导下顺利完成。教师可以利用翻转课堂教学视频导单的形式，确保学生在进行高效的英语知识输入的同时，能够有效解决学习中的问题①。

### （二）创新产出任务与教学方法

在高职英语翻转课堂教学的持续演进中，学习过程大致可分为信息的传递与学生的知识内化两大阶段。在前者，教师主导并引领学生寻找各种路径和手段探索英语的词汇、语法及句型结构，借助翻转课堂和目标导向的任务实践，确保学生深入吸纳相关知识。后者则聚焦于引导学生在特定的情境中进行实质性的交流，将累积的英语知识融会贯通，成为真正的实践能力和文化素养。相比于传统教育模式下那种教师为中心的教学策略，翻转课堂为高职英语教学注入了新的活力，推动其进行结构性的革新。在这样的教学模式下，教师基于既定的教学目标预先收集并整理翻转课堂材料，这使得学生能够在课前进行独立、深度的探索，达成自我发现与自我修正。进入课堂之后，教师将拥有更丰富的机会与学生展开深入互动，针对学生的知识结构和应用能力进行细致指导，确保学生能够有效地转化和应用所学知识。

在高校教学环境中，教师需要充分考虑学生的具体学习需求和背景。在制作翻转课堂教学视频时，教师应根据学生的学习情况为其设计合适的英语自主预习任务，并利用这些视频为学生提供明确的学习指导，确

---

① 陈倩云 . 基于产出导向法的综合英语翻转课堂探究：劳动保障研究会议论文集 [C] 成都：四川劳动保障杂志出版有限公司，2022：156.

保他们能够有效地筛选和选择适当的学习资源和方法。鉴于高职生的形象性思维较为活跃，相比复杂的教材，他们更倾向于直观、生动和有趣的视频内容。因此，在"产出导向法"的框架下，教师需要持续地对现有教材进行审查和创新，目的是完善学生的英语知识结构，明确教学中的关键和难点，并结合学生的兴趣进行内容整合。这意味着教师不仅要合理选择输入和输出材料，还要考虑引入特定的内容，如跨文化比较，以满足不同层次学生的需求。利用现代技术，教师可以轻松访问和整合海量的英语教学资源。例如，他们可以探索各大高等教育机构的英语教学资源库，提取与教学主题相关并能凸显产出导向特征的资料。考虑到跨文化的重要性，教师还可以介绍中西方之间在历史、文化、语言和习俗上的差异，并引入相应的跨文化教学资源，将其转化为符合产出导向法的教学材料。教师还需要为产出任务提供清晰的描述，并使用多元化的教学材料引导学生进行深入的分析，确保学生对每个学习阶段的目标都有深入的了解。随着课程的进行，对学生的学习动态保持实时的关注也是必要的，以便根据学生的实际反馈进行适时的调整和指导，帮助他们克服交流和学习上的障碍[①]。

　　在开展英语翻转课堂教学之前，教师应引导学生识别自身在学习和预习中遭遇的具体挑战，并鼓励他们与同伴进行深入的交流和讨论，从同学的经验和策略中寻找解决办法。教师可以综合收集学生提出的问题，根据其认知水平和接受程度，为学生提供针对性的分析和指导，进一步减轻学生在英语学习路径中的困扰。基于翻转课堂的教学模式，教师应为学生设计具体的英语教学情境，确保其对教学主题和核心内容有深刻的理解。考虑到当前的社会热点话题或相关案例，可以将学生的专业背景、未来职业规划以及创新创业等元素纳入课堂内容中，或采用情景模拟和再现手段，增强话题与课堂内容的紧密联系。为增强文化意

---

① 刘梅芳，吴晓华，叶静.基于产出导向法的大学英语翻转课堂模式建构[J].英语教师，2021（15）：20-22.

识，教师可在情境中引入西方文化与中国的卓越传统，鼓励学生进行分组对比和综合分析。借助翻转课堂教学视频，学生可以更加明确地掌握知识的难点和重点。教师可以进一步拓展课堂互动，如加入对话、集体讨论、合作学习等环节，或引入英语知识竞赛、主题讲座、话剧表演、角色扮演和写作实践等多元化的学习活动。将这些环节与翻转课堂教学相结合，不仅能增强学生的参与度，还能促使学生在完成产出任务的过程中积极投入和实践。这种综合学习方法旨在加强学生的英语学习自主性和课堂活跃度的同时，确保翻转课堂教学的价值和产出任务的时效性得到提高。

### （三）加强产出教学评价总结力度

在高职英语课堂教学结束后，教师需要深入地分析学生的课堂表现。除了进行知识的回顾和总结，评估学生在课堂上的主动学习程度也是至关重要的。结合翻转课堂教学的实际效果，教师应对学生的表现进行公正、全面和客观的评价，从中洞察学生的学习优点和挑战，为进一步的课程设计和教学方法提供指导。此外，评价不仅限于学生的知识掌握程度，还应涵盖他们在翻转课堂中的参与度、合作能力及创新思维。为确保评价的全面性和公正性，教师可以鼓励学生进行自我评估及团队间的互评，这种多方位的评价方法能进一步提高评估结果的真实性和客观性。教师还可以利用数字技术进行线上评估。每个教学单元结束后，教师可以向学生提供在线评价问卷，通过学生的自主反馈及系统的数据分析，为教学过程提供更精确的指导。这种评估方式不仅可以提供即时反馈，更能为教师提供一个全面的教学评价体系，从而持续完善课程设计和教学策略。

# 第四节　产出导向法视域下智慧课堂教学模式的构建

## 一、智慧课堂教学模式

智慧课堂教学模式是一种把信息技术和课堂教育有机结合在一起的教学模式，包括网络教学、多媒体教学等，它旨在从教学内容准备到教学辅助评估，从现场互动到网络虚拟课堂，实现全方位、多样化、多媒体、互动性的教学活动，满足教学过程中的多元化需求，为学生和老师提供个性化、多样化的教学环境和教学方式。

智慧课堂教学模式的特点有以下六点。①前置信息技术化。将科学信息技术的各元素融入教学前的课程设计、教材制作及多媒体素材建设等环节，在教学准备中实现标准化、系统化、自动化。②教学过程信息技术化。实现教学过程活动中的信息互动、虚拟实践和游戏化教学，以及学习、行动、互动和共同建构知识。③后置信息技术化。赋能教学评价，提供便捷的课堂评估功能，辅助管理员进行结果评估，畅通学习行为数据。④交互信息综合分析。利用大量的课堂数据进行实时交互分析，构建精准的教学指导机制，实现课堂教学内容的机器智能化建构。⑤可视化平台建设。提供课堂可视化的授课的分析可视化平台，系统总结、归纳用户反馈信息，并进行实时反馈，把学生成长过程信息以可视化表现形式展示给老师和家长。⑥智能大环境支撑。实现学生创新思维、认识论习得、情感发展和人格塑造等素质教育的全方位保障，让学生在智慧的环境中学会思考，激发学习兴趣。

智慧课堂教学模式能够全面满足学生、老师及学校管理需求，不但将虚拟化、网络化和数字化深度融入课堂教学中，更能够让学生体验到生动有趣的学习流程，掌握更多的信息和资源，构建多元交互、即时反馈、全方位辅助的智慧课堂环境，活跃课堂气氛，为学生和老师提供新的教学环境和教学方式。

## 二、基于产出导向法的高职英语智慧课堂教学思路

在智慧型课堂中，产出导向法强调学生的口语与写作能力为主要的学习目标，并利用先进的智慧教学平台进行线上线下的教学设计与实践。正如文秋芳教授所提到的，鉴于移动技术在当前的广泛应用，课堂上，教师主要集中于检查学生对相关视频、教学目的和所布置的任务的掌握情况，从而为更深入的教学活动腾出空间①。

在本书中，笔者尝试将产出导向法与高职英语的智慧教学融为一体。在课前阶段，教师可以通过学习通这一教学平台为学生设置具体的学习场景和任务，激励学生初步进行任务尝试。在课堂上，教师再结合智慧教学工具展示学生的初次成果，并进行点评②。同时，通过互动式的教学方法，教师可以进一步为学生解析与任务相关的语法和语言结构，引导学生进行二次尝试，从而更有效地提高他们的口语与写作技能。这种教学方法鼓励学生在课堂中有目的地寻找信息，进行深入思考和主动交流，使他们能够更好地融入课堂，增强学习成果的体验感。基于产出导向的高职英语智慧课堂教学思路如图6-2所示。

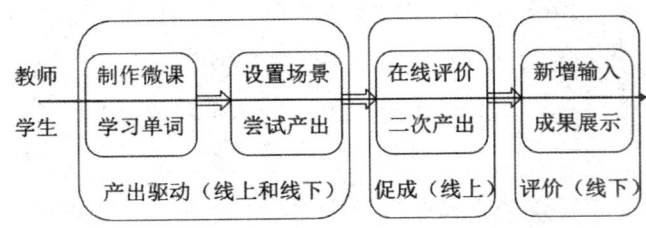

图6-2 基于产出导向法的高职英语智慧课堂教学思路

## 三、基于产出导向法的高职英语智慧课堂教学设计

产出导向法的教学流程包括驱动、促成和评价这三个阶段，其

---

① 文秋芳."产出导向法"与对外汉语教学 [J].世界汉语教学，2018（3）：387-400.
② 凡婧.基于产出导向法的大学英语智慧课堂教学模式探究 [J].吉林农业科技学院学报，2021（4）：121-124.

中，教师扮演着桥梁的角色。作者采用了以产出导向法为核心理念编撰的《新一代大学英语综合教程 2 》进行教学设计，主题选自第六单元"Kindness and Indifference"，提供的教学材料主要包括："The Bystander and Effect"的课文、相关视频、微课和语言产出任务说明。基于此，笔者制定了一个为期两周的教学方案，每周有两个教学时段。

## （一）初步产出阶段

产出导向法的关键在于设计富有认知挑战性并带有交际价值的任务，从而激发学生的学习渴望和兴趣。课前学习主要分为两大部分：首先，学生预习微课 1 中关于某社会事件的报道以及自行制作的场景视频，并学习微课 2 中的核心词汇和短语；其次，完成课前任务，包括解答旁观者现象的问题、填写实际选择的调查问卷以及进行词汇训练。通过观看微课并参与相关任务，学生能够更深入地理解该社会事件及旁观者效应，并进行初步的语言输出[①]。某学习 APP 为学生提供了一个方便的平台，使他们能够主动参与学习活动、分享观点并得到教师的即时评价。通过预习微课和完成相关词汇练习，学生可以为课堂教学打下坚实的基础。教师为学生提供的交际场景设计是产出导向法在高职英语教学中的创新之处。在开始学习本单元之前，教师明确介绍了学生在未来可能会遇到的实际交际场景和话题，以及他们需要达到的学习目标。这种方式既检查了学生的预习效果，也鼓励他们将所学知识应用于实际的语言产出中，从而实现知识和技能的内化。

## （二）促成阶段

在这一阶段，教师对学生初步产出的内容进行评价和指导，优化教学设计，从而引导学生进行进一步的产出。通过学生的课前完成任务可

---

① 袁慧，李瑾瑜.POA 理论指导下"课程思政"融入大学英语智慧课堂写作教学的探索与实践研究 [J].湖北开放职业学院学报，2023（18）：185-187.

以发现，有些学生对于旁观者效应的认识相对浅层，尚未深入理解其背后的心理机制。因此，考虑到学生的英语水平，笔者对教材进行了调整，增添了关于 Kitty Genovese 案例的详细信息和报道。同时，将原教材的任务难度进行适当降低，细化了产出任务，如深入探索旁观者效应的原因，以及如何运用旁观者效应来应对现实中的问题，如是否帮助跌倒的老人或处理"三个和尚无水喝"的场景等。学生以小组形式合作，不同水平的学生可以按照自己的能力进行分工，从而有针对性地选择合适的学习内容，这样做既激发了学生的学习兴趣，也使他们能够更加主动地参与学习。这样的教学不仅加深了学生对文章的理解，还帮助他们形成正确的价值观，实现了教学的育人目标。

### （三）产出阶段

在本阶段教学中，学生需进行课后的翻译产出任务。他们从翻译简单的短语和句子开始，逐渐转到词语和句子的转换，最后不依赖中文原文，仅对课文内容进行简要描述，确保学生对课文内容有充分的理解。在课堂讨论时，教师鼓励学生利用某学习 APP 将其小组的主要观点展示给同班同学，创建真实的交流环境。同时，教师录制学生的讨论片段并展示，提供即时反馈。课后，学生整合课堂上的输出和反馈，完成写作产出任务。此外，教师还提供了拓展的视频和资料，帮助学生连接先前的知识，同时鼓励他们进一步探索相关的心理学内容。完成上述工作后，教师需要对学生在课堂及课后的任务进行评价。在整个输出过程中，学生融合了对课文的解读、个人见解和情感反应，并且有的学生还增添了一些相关的责任分散实验和实际案例，展现了他们的主动学习能力。

### （四）评价

依据文秋芳的产出导向法原理，对语言产出的评价可以分为即时评价和延时评价两大类[①]。笔者提出的智慧课堂教学评价方式融合了教师评价和学生小组之间的即时评价与延时评价。即时评价是指在线上和线下的教学过程中对学生的产出活动进行实时反馈；而延时评价是在学生线下完成口语和写作活动后，再进行评价。由于学生对"旁观者效应"的主题较为熟悉，他们能够清晰地阐述自己的观点。从学生提交的写作成果来看，大多数学生能够流畅地运用所学的英语知识，有效地利用"旁观者效应"理念来解析实际问题。

---

① 文秋芳."产出导向法"的中国特色[J].现代外语，2017（3）：348~358.

# 第七章　产出导向法视域下高职英语教学的评价机制

## 第一节　师生合作评价概述

### 一、师生合作评价概念解析

#### （一）评价

1.评价的定义

在教育教学领域，评价是一个至关重要的概念，它帮助教育工作者和学生理解学习的进展，为教学过程提供反馈，促进更有效的学习和教学。具体分析，评价是师生根据学生的学习成果和表现，系统性地收集、分析和评估学生的学业信息的过程。这个过程不仅涉及教育者（教师）的角色，还包括学生自身，他们共同合作以理解学习进展和成就水平。评价不仅是一种信息收集活动，它还具有调整和推动教育过程的功能，目的是促进学生的学习。

2. 评价的特征

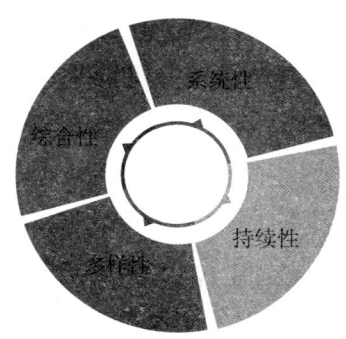

图 7-1　评价的特征

（1）系统性。评价是一个系统性的过程，它涉及多个环节和步骤，旨在全面了解学生的学业表现。首先，教育者需要明确评价的目标和标准，这有助于确定何时进行评价以及如何进行评价。其次，评价工具和方法需要仔细选择，以确保涵盖各个方面的学习成果。在评价过程中，数据和信息需要有条不紊地收集、记录和分析，以便得出准确的结论。最后，评价结果需要根据学习目标进行解释和应用，以指导教学和学习的下一步。

（2）持续性。评价是一个持续性的活动，不仅在学期或学年的特定时点进行。持续性评价意味着教育者和学生需要定期监测学习进展，以确保学生在整个学习过程中都得到支持和指导。这可以通过定期的测验、作业、项目、课堂参与等方式实现。持续性评价有助于及时识别学生的需求和挑战，并采取适当的行动来促进学习。

（3）多样性。评价方法应该多样化，以适应不同类型的学习成果和学生的多样化需求。多样性评价包括形式评价（如考试和作业）和非形式评价（如项目、演示和讨论）。这种多样性有助于捕捉到不同领域和能力的学生的表现，并促进其综合性学习。教育者应该灵活地选择适合特定教学目标的评价方法。

（4）综合性。评价应该综合考虑，不仅要考虑学术知识，还要考虑学生的技能、创造性思维、社交能力等多个方面。这意味着评价应该关注学生的整体发展，而不仅仅是课程内容的掌握。综合性评价有助于更全面地了解学生的能力和潜力，促进终身学习和全面发展。

### （二）师生合作评价

#### 1.师生合作评价定义与内涵

师生合作评价是指在教育教学领域中，对教师和学生共同合作进行学习成果的表现进行的评价，并将评价结果作为进一步学习契机的一种教学实践方式。这种评价方法具有以下四个方面的特征。

（1）师生合作评价强调了教师和学生之间的协作。在这个过程中，教师不仅是评价的实施者，还是学生学习过程的引导者和合作者。教师的角色是指导学生选择评价焦点、理解评价标准和提供反馈，从而帮助学生更好地理解自己的学习成果和困难。

（2）师生合作评价是一个互动的过程，不仅包括教师和学生之间的互动，还包括学生之间的互动。学生在教师的引导下共同参与评价活动，进行自评、互评和机器评价。这种互动促进了学生之间的合作和学习经验的分享，有助于培养学生的批判性思维和自我监控能力。

（3）师生合作评价强调评价的多元性和综合性。它融合了不同来源的评价信息，包括教师评价、学生自评、同伴互评和机器评价。这种多元性有助于获得更全面的评价结果，涵盖了不同方面的学习成果和能力，从而更好地指导学生的学习方向。

（4）师生合作评价是一个动态的过程，不仅是为了了解学生的学习情况，还为了推动学生进一步学习。评价结果不仅用于反馈，还用于制订进一步的教学计划和指导学生的学习。教师的引导和监督起到关键作用，确保评价不仅是一个结束点，还是一个新的学习起点。

2.师生合作评价属性

师生合作评价具有一系列明显的属性，这些属性有助于理解这一评价方式的本质和特点。

（1）从评价环境来看，师生合作评价属于课堂评价。它在课堂上进行，涉及教师和学生之间的合作评价以及学生之间的互相评价。这种评价方式强调了课堂内外的互动和协作，为学习提供了一个有益的评价环境。

（2）从评价功能来看，师生合作评价属于形成性评价。它的主要目的是提供实时反馈，帮助学生识别他们的学习差距，并及时采取措施来提高他们的学习水平。教师在评价过程中提供指导和建议，使学生能够不断改进他们的学术成果。

（3）从评价时机来看，师生合作评价属于延时评价。它不是在课堂中即时进行的，而是发生在教学单元之间或之后。在评价之前，教师需要事先审阅学生的学习成果，从而在课堂上进行集体评价。这种延时评价有助于更深入地理解学生的表现，并为有针对性的教学干预提供机会。

（4）师生合作评价所评价的内容主要是口头或书面的产出成果，通常基于真实任务的表现。这使评价更具实际意义，因为它反映了学生在实际任务中的能力和表现。

（5）师生合作评价涉及多个评价主体，包括教师、学生、同伴和自动评分系统。这不是简单的叠加型评价，而是一种融合型评价。学生首先在教师的引导下参与评价，再进行自评和互评。这种综合性评价有助于提高评价的全面性和多元性，使评价更加真实有效。

## 二、师生合作评价相关概念辨析

### （一）课堂反馈

师生合作评价是课堂评价。课堂反馈是指教师、同伴或学生本人向学生提供有关他们的学业表现、行为或认知的信息，以促进学习的进展和改进。反馈包括指导和建议，旨在帮助学生改进他们的学业表现。它强调了个体学生的学习进展和个性化的指导，有助于学生更好地理解他们的学习状态和提高学习效果。课堂评价是一种更广泛的概念，它包括了对学生在课堂中所表现出的一切的系统性和有目的的评估。既包括课堂反馈，也包括更正式的考试、测验、作业评估等。课堂评价的目的是了解学生已经掌握和尚未掌握的知识和技能，从而更好地指导教学和学习过程。

课堂反馈和课堂评价是密切相关但又不同的概念，它们在课堂教学中发挥着不同的作用。课堂反馈是课堂评价的一个重要组成部分，通过提供及时的信息，帮助学生改进他们的学业表现。可以说，课堂评价包括了课堂反馈，但不能局限于课堂反馈。课堂评价还可以包括其他形式的评估，如考试、测验、作业评估等，这些形式的评估通常更正式，并且更具综合性。

### （二）师生会谈式反馈

师生会谈式反馈是一种在写作教学中广受欢迎的反馈形式，它强调了教师与学生之间的面对面讨论，可以帮助学生改进他们的写作技能和解决写作中的问题。一方面，师生会谈式反馈涉及教师与学生之间的直接对话。在这种反馈形式中，教师与学生进行一对一或一对多（小组）的面对面讨论，讨论学生的写作作品。这种直接的交流有助于建立师生之间的沟通和理解，使反馈更加具体和个性化。另一方面，师生会谈式反馈注重满足学生的个体需求。在这种反馈形式中，学生通常可以提出问题，寻求教师的解释和建议。教师可以根据学生的提问来澄清意义，解释含糊之处，并提供具体的指导。这种个性化的反馈有助于学生更好地理解他们的写作中存在的问题，并提供有针对性的帮助。

师生合作评价与师生会谈式反馈虽然都是由教师和学生共同参与，但二者有着明显的不同。

1. 实施时机和目的不同

师生合作评价通常发生在学生提交作文初稿之后，教师引领学生一起发现样本中的典型问题并共同解决后由学生自行修改。其主要目的是通过合作评价解决写作中的问题，教师在此过程中发挥引导和监督作用。而师生会谈式反馈一般发生在学生根据教师书面反馈修改后，目的是帮助学生澄清疑虑，提供建议，弥补写作中的不足，更侧重于个体学生的需求。

2. 面向的群体不同

师生会谈式反馈通常是针对个别学生或小组的，反馈内容具有个性化特点，教师与学生之间的对话主要集中在个体学生的问题上。而师生合作评价是面向全班学生的，评价内容是关于写作中的典型问题，教师引领全班学生一起进行反馈与评价。

3. 评价内容的系统性不同

师生会谈式反馈一般是由学生发起的，针对某一具体问题进行讨论，不一定具有系统性，可以根据学生的提问和需求来调整。而师生合作评价是由教师发起的，旨在就写作中的典型问题进行系统的反馈与评价，教师会提前选择评价焦点和典型样本，引导学生共同分析和解决这些问题。

（三）多元反馈

1. 多元反馈定义与内涵

多元反馈是一种反馈方式，旨在为学生提供来自多种渠道的信息，以帮助他们改进和提高他们的学业表现。这种反馈不仅包括教师的反馈，还包括同伴和自动评分系统的反馈以及学生自己的自评。多元反馈通常应用于过程性写作中，其核心思想是通过多方反馈的综合，促进学生的写作能力和学习。

多元反馈的核心目的是帮助学生改进他们的学业表现。教师的反馈通常用于指导学生在写作中的内容、结构和语言方面的改进。同伴的评价可以提供不同的观点和建议，有助于学生从不同角度审视自己的作品。自动评分系统可以提供即时的反馈，帮助学生识别拼写和语法错误等方面的问题。学生自评则鼓励他们对自己的工作进行反思，从而更好地了解自己的强项和需改进之处。

多元反馈可以采用不同的叠加方式。最常见的是"简单叠加"和"复杂叠加"两种方式。在"简单叠加"中，不同类型的反馈针对不同的稿件，如学生先接受自动评价系统的反馈，再进行同伴互评，最后由教师提供反馈。而在"复杂叠加"中，不同类型的反馈针对同一份稿件，如教师和同伴同时对学生的作品提供反馈，互不干扰，再由教师提供第二轮反馈。

2.师生合作评价与多元反馈的差异

师生合作评价与多元反馈在教育领域中具有明显的差异，这些差异体现在实施顺序、合作方式和评价内容的聚焦性上。

（1）师生合作评价与多元反馈在评价实施顺序上存在差异。在多元反馈中，教师的评价通常在其他反馈形式之后，如学生首先接受自动评价系统的反馈，再进行同伴互评，最后由教师提供反馈。师生合作评价则要求教师评价在先，起到示范和引导的作用，学生在教师的指导下进行自评和互评。这种不同的实施顺序影响了评价过程中各个主体的角色和互动方式。

（2）师生合作评价与多元反馈在评价主体之间的合作方式上存在差异。在多元反馈中，教师、同伴和自动评价系统之间的合作是独立完成的，彼此之间不干扰。而师生合作评价中的合作是教师主导的，教师在课堂上与学生共同完成评价，通过示范和引导来帮助学生理解评价标准和方法。这种合作方式强调了教师的引导作用，有助于学生更好地理解评价过程和标准。

（3）师生合作评价与多元反馈在评价内容的聚焦性上存在差异。多元反馈通常要求反馈者从不同层次全面地评阅文章，或按照多个评判标准提供反馈，聚焦性不强。师生合作评价的特点之一是聚焦性强，教师和学生共同选择评价焦点，针对特定的评价标准或问题进行有针对性的评价。这有助于学生更集中地改进他们的学业表现，更有效地应对特定的问题。

# 第二节　师生合作评价的理论依据

## 一、师生合作评价的理论支撑

师生合作评价是教师主导下的师生共建和学生共建活动。这与社会文化理论中的中介、最近发展区和支架等分支理论一脉相承。在社会文化理论框架下，评价不是孤立事件，而是社会文化活动，外语学习者在评价中的表现是合作共建。本节主要介绍社会文化理论，并分析采用社会文化理论为理论框架的依据。

### （一）社会文化理论概述

1.社会文化理论定义

社会文化理论是一门关于人类高级思维和心理功能发展的理论，它是基于维果茨基及其同事的研究而发展起来的。经过近一个世纪的演进，社会文化理论已经成为学界广泛接受的主流学习理论。该理论着重研究人类认知和心理发展，特别强调了社会文化因素在塑造个体认知功能发展中的核心作用，主张人的心理机能根本上是受到中介调节的过程影响的。

2.社会文化理论的核心概念

中介、调节、内化、最近发展区和科学概念是社会文化理论的核心概念。

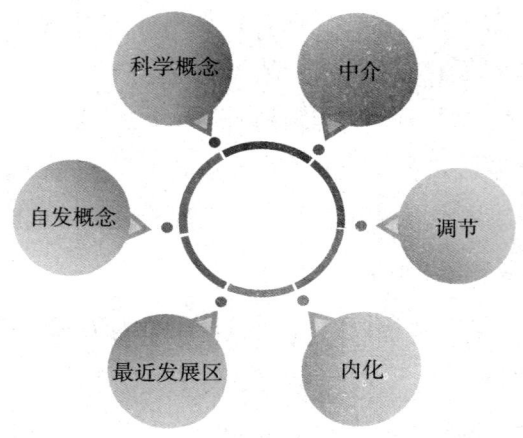

图 7-2 社会文化理论的核心概念

（1）中介。中介是社会文化理论的关键概念之一，它指的是外部因素或社会文化工具，它们在个体与外部世界之间起到连接和促进认知发展的作用。这些中介包括文化产物、活动和概念，是个体参与社会活动和调节心智发展的重要手段。维果茨基认为，人类的认知功能是通过与他人和外部世界的互动，特别是通过语言等符号工具的使用，从社会层面到个体层面逐渐发展的。因此，中介在促进个体认知发展中起到至关重要的作用。语言作为最重要的中介工具之一，被认为是帮助个体理解和掌握世界的关键工具。

（2）调节。调节是中介的一种形式，是社会文化理论中另一个核心概念。它指的是在学习和认知发展过程中，教育者或更有经验的个体提供支持和指导，以帮助学习者逐渐掌握新的知识和技能。调节的过程分为物体调节、他人调节和自我调节三个阶段。物体调节是指学习者利用外部工具和资源，如教材、电脑等，来调节自己的学习行为。他人调节发生在学习者与教师、同伴等的互动中，他人提供指导和支持，帮助学习者完成任务。自我调节是学习者逐渐依靠自己的能力进行学习，这是内化的过程，也是认知发展的最终目标。在外语学习中，物体调节可以是学习者利用教材和学习工具来自主学习的过程，他人调节是指在教师和同伴的帮助下进行学习，而自我调节则是学习者逐渐独立运用所学知识的过程，这三个阶段相互关联，推动个体的认知发展。

（3）内化。内化指的是文化产物，特别是语言等外部符号工具，如何被个体转化为心理功能的过程。这一过程是从心理间平台向心理内平台的转化，也就是从个体与他人的社会互动逐渐转向个体内部的心理过程。在内化过程中，个体通过社会交往和外部中介的帮助，将外部知识、技能、文化价值观等内容转化为个体内部的认知结构和心理功能。这一过程对于高级认知功能的形成至关重要，因为它使学习者能够将外部的知识和经验内化为自己的思维方式和行为模式。

（4）最近发展区。最近发展区是维果茨基提出的概念，它指的是儿童独立解决问题的实际发展水平与在成人或有经验的同伴的帮助下解决问题的潜在发展水平之间的差距。这个概念强调了学习者在合适的社会支持下能够实现的潜力。在最近发展区内，学习者需要外部引导和支持才能完成任务，但随着学习的进行，他们可以逐渐独立解决问题。最近发展区是个体发展的动态概念，它随着学习和成长而不断改变。

内化和最近发展区之间存在密切的关系。内化过程涉及个体逐渐将外部知识和经验转化为自己的内部认知结构，而最近发展区则反映了学习者在外部支持下实现的潜在能力。通过他人调节和合适的支持，学习者能够进一步发展其最近发展区，逐渐扩大其能力范围。最近发展区的概念强调了教育者的角色，他们需要了解学习者的最近发展区，并提供合适的支持和引导，以促进学习者的认知发展。这一理论也强调了学习是一个动态的、相互交织的过程，涉及个体与社会文化环境之间不断变化的关系。

（5）自发概念。自发概念是儿童或学习者在日常生活中通过与环境互动和经验积累而形成的概念。这些概念通常是基于他们个人的经验、感知和直接观察得出的。自发概念反映了个体对周围世界的理解，但它们可能比较抽象或不够系统化，因为它们通常是通过个人经验和非正式学习获得的。例如，一个儿童可能会因为观察到物体掉落而形成关于重力的自发概念。这些概念有助于儿童建立起对世界的初步认知。

（6）科学概念。与自发概念不同，科学概念是通过有组织、有目的和系统的教育活动在教学环境中培养和发展的概念。科学概念通常是对前人经验和知识的概括，是文化历史的积累。这些概念更加抽象、精确和系统化，能够推动认知的深化和发展。科学概念的建构涉及系统性的教育方法和教学资源，它们通常在正式教育环境中被传授。例如，物理学家提出的关于重力的科学概念可能包括万有引力定律等复杂的理论。

这两种概念之间的区别在于来源、深度和系统性。自发概念来自个体的日常经验，而科学概念是通过有组织的教育和文化传承产生的。科学概念更具深度和广泛性，能够更好地推动认知的发展。教育者需要认识到这两种概念在学习过程中的角色，也需要了解如何引导学习者从自发概念逐渐迈向科学概念，以促进他们的认知发展和知识建构。这一理论对于设计教育课程和教学方法提供了有益的启示。

## （二）师生合作评价中的社会文化理论

师生合作评价的实践与社会文化理论之间存在紧密的关联，这种关联在教育领域中具有重要的理论依据。以下是有关师生合作评价与社会文化理论之间关系的重要观点。

### 1.学习是社会文化活动的结果

社会文化理论强调学习是通过参与社会文化活动来实现的，个体的认知和心理功能的发展是这种参与活动的结果。在师生合作评价中，学生与教师和同伴的互动是学习的关键部分。通过与他人合作，学生参与了写作和评价的社会文化活动，这种参与促进了他们的认知发展。师生合作评价的理念与社会文化理论一致，都认为学习发生在互动中，强调了学生在社会活动中的参与。

**2. 中介和调节的角色**

社会文化理论强调中介和调节的重要性，认为所有认知活动都是通过中介完成的。师生合作评价中的中介包括教师、同伴和自动评价系统。教师在引导学生完成评价任务时起到中介调节的作用，帮助学生发现问题、解决问题并提升写作能力。同伴和自动评价系统也在评价过程中起到中介的角色，提供不同层面的反馈和帮助。这与社会文化理论中的中介和调节概念相契合，强调了外部因素如何促进个体认知的发展。

**3. 以学习为中心的教育**

社会文化理论主张以学习为中心的教育，强调了教师的引领作用。在师生合作评价中，教师不仅在评价过程中提供指导和反馈，还在整个学习过程中发挥重要作用。教师的中介调节和引导有助于学生将评价经验转化为学习经验，进而提高写作技能。这种教学方法与社会文化理论中对教师作用的强调一致，认为教师在学习过程中扮演着关键角色。

## 二、师生合作评价的理念支撑

要想成功开展师生合作评价，高职英语教师必须更新教育理念，避免陈旧的教学理念阻碍新评价方法的有效应用。具体分析如下。

### （一）评价是教学的升华阶段

在产出导向法中，教学过程被划分为三个关键阶段，分别是驱动阶段、促成阶段和评价阶段。而在这三个阶段中，评价被认为是至关重要的一环。一般来说，一个单元的教学周期为两周。在这两周的教学活动中，评价是不可或缺的关键组成部分。但在日常的教学实践中，教师通常会将大部分精力投入教授新知识的驱动和促成阶段，对于后期的评价阶段，可能会缺乏重视。

在这种情况下，产出导向法强调了评价的重要性。在产出评价阶段，学生对于在输入促成阶段获得的理解性知识和产出性知识进行复习和运用，这个阶段被视为技能达到熟练水平的冲刺阶段。这个阶段需要投入更多的精力和努力，就像种植水稻一样，前期的育苗、插秧，中期的除草、治虫、施肥，都需要精心呵护。随着时间的推移，离收获的时刻越来越近，如果忽视后期的工作，前期的努力可能会白费。

为此，产出导向法设计了师生合作（技能、策略、概念、应用）的评价方法，旨在通过后期的评价来优化学习效果，提高数学教育的效率。评价不仅是对学生学习成果的检验，还可以帮助他们更好地巩固知识和技能。这种注重后期评价的方法有助于确保教学循环的完整性和学习效果的提升。

### （二）评价需教师专业引领

相关研究显示，教师的专业引领在学生自评或同伴互评的情境中扮演着关键的角色。通常情况下，教师在课程的开始阶段就需要对评价方法和内容进行培训，有时还会提供评价清单，以确保学生进行自评和互评时有明确的指导和依据。这些措施相对于没有引导的情况来说，能够更好地帮助学生进行评价。但问题在于，一次培训和一份清单并不能将学生培养成专业的评价员。学生需要在课外花更多的时间认真学习，但往往受限于知识和水平，难以提供高质量的评价。因此，这种学生自评和互评往往缺乏系统性和专业性的引导，可能会导致结果不尽如人意，甚至徒劳无功。

对这一问题，师生合作评价提出了一种更有效的解决方式。它主张每次学生自评或互评都应该有教师的专业引领，教师可以选择一些典型样本，带领全体学生一起进行评价。学生不是接受一次性的培训，而是接受多次有针对性的训练。每次专项培训后，学生立即进行自评或互评。这种做法不仅有助于学生复习课堂内容，还可以帮助他们运用和巩固新学到的知识、观点和技能。因此，教师的专业引领在学生自评和互评过程中起到至关重要的作用。

### （三）评价需学生以多种形式参与

师生合作评价提倡多样化的参与形式。这包括个人独立思考、结对交流、大班讨论等多种方式。每个学生都有机会在课内至少进行三次有意义的重复学习相似内容，并且课后要求全员参与自评或互评，这构成了第四次对内容的加工处理。这种有意义且多样化的重复学习，具有多重好处。它不仅有助于拓展思维的深度和广度，还能帮助学生将学习结果转化为长期记忆，提高外语学习的有效性。

相对于传统的教学方式，师生合作评价方法更注重学生的参与和反思，以确保学习内容真正扎根于学生的思维中。在传统的蜻蜓点水式教学中，学习内容可能只是短暂地触及学生的意识，没有足够的深度和反思，导致学习效果有限。而师生合作评价方法通过多次有意义的重复和参与，使学生更深入地理解和应用知识，从而更好地吸收和记忆。

### （四）评价要求学生全员参与

除了教师的专业引领，师生合作评价还强调了学生全员参与的重要性。尽管教师或同伴提供了详细和全面的评语，但即使产出者认真阅读，也不一定能够完全内化纠正性反馈，确保不再犯相似的错误。事实上，仅仅通过阅读来理解并不足以将理论性的知识转化为实际产出的能力。这种情况下，全员参与的方式变得至关重要。学生之间可以互相分享、讨论并解释评语，这有助于更深入地理解反馈信息。通过与同伴的互动和讨论，学生可以更好地理解自己的错误和不足之处，并探讨如何加以改进。这种互动不仅帮助学生更好地消化评价信息，还有助于将理论知识转化为实际应用的技能。

因此，师生合作评价强调学生全员参与，倡导学生之间的互动和讨论，以确保评价反馈得到更深入的理解和应用，促进学习效果的提高。这种全员参与的方式能够更好地帮助学生将知识转化为实际能力，促进他们的学习和成长。

# 第三节　师生合作评价的实施步骤

接下来两节以高职英语写作教学为例对如何开展师生合作评价进行进一步的分析和阐述。

## 一、课前准备

### （一）以目标为导向设计评价

#### 1. 目标的层级性

在实施师生合作评价时，目标是评价的核心和驱动因素。评价过程应该以明确的目标为导向。这意味着教师和学生在评价之前需要明确评价的目标是什么。在教学过程中，有多个层级的目标，从培养目标到课程目标，再到单元教学目标，每个级别的目标都是上一级更为具体目标的体现。因此，在师生合作评价中，教师和学生应该首先确定评价的具体目标，这是单元目标或者课堂教学目标的一部分。

（1）目标的层级性有助于确定评价的范围和重点。在评价过程中，教师和学生可以根据目标的层级性，确定评价的重点是哪个层级的目标。例如，如果在单元教学中，单元目标是产出总目标，那么评价可以集中在单元目标的实现上。如果需要更详细的信息，可以进一步关注子目标，即每一堂课需要完成的教学目标。这种层级性的确定有助于提高评价的针对性和有效性。

（2）目标的层级性还有助于评价的反馈和改进。通过评价目标的层级性，教师和学生可以更好地理解学生在不同层级目标的表现，从而提供有针对性的反馈和指导。如果学生在某个层级的目标上表现不佳，教师可以针对性地提供帮助和改进建议，以确保学生在下一个层级的目标上有更好的表现。

产出导向法在师生合作评价中强调了目标的层级性，这有助于确保教学目标的明确性和学习效果的提高。在产出导向法中，高职英语教学目标可以分为不同层次，包括培养目标、课程目标、单元目标、子目标和评价目标。

培养目标是高职英语教育的总体目标，通常由学校或教育主管部门确定。这些目标通常是宏观的，涵盖了高职学生在英语学科方面所需的广泛知识和技能。培养目标是高职英语教学的指导原则，为课程设计提供了方向。课程目标位于第二层级，是特定课程的教学目标。课程目标通常是更加具体和详细的，涵盖了学生在某个课程中需要达到的知识和技能。例如，在高职英语的英语应用文写作课程中，课程目标可以体现为掌握简历、求职信、备忘录、商务报告、会议纪要、日程安排、议程安排、邀请函和建议书等不同英语应用文体的写作方法等。单元目标是英语课程的下一层级，通常以单元为单位确定。每个单元都有其特定的单元目标，这些目标通常是课程目标的拆分和具体化，如英语应用文写作课程中不同单元的教学内容往往涉及不同的应用文体，每一个单元专注于一种应用文体的写作教学。单元目标可以帮助学生更好地理解和实现课程中的具体内容。

子目标是单元目标的进一步细化，通常用于指导每一堂课的教学目标。例如，在商务报告写作的教学单元中，其子目标可能包含掌握商务报告这一应用文体的格式规范；掌握商务报告各个部分的写作内容和写作要求；掌握商务报告写作常用的词汇、短语和句型；掌握商务报告写作应遵循的礼仪和写作技巧等。子目标明确了每堂课的具体学习目标，有助于教师在教学中更有针对性地进行教学设计。评价目标是单元目标或课堂教学目标的一部分，用于指导评价和测量学生的学习成果。例如，对商务报告写作成果的评价目标可能包含写作格式是否规范；商务报告各个部分的内容是否符合写作要求；商务报告的语言使用是否准确和专业；商务报告的文本内容是否符合写作礼仪等。评价目标通常与其他目标相对应，确保评价的准确性和有效性。

2.活动和评价以产出目标为导向

师生合作评价在产出导向法教学流程中，以目标为导向，围绕产出目标进行设计和实施，包含三个关键步骤：驱动、促成、评价。这三个步骤有助于确保教学的有效性和学习目标的达成。

（1）驱动阶段是教学的启动阶段，教师在这个阶段展示产出目标，并设计与目标相关的产出场景和交际活动。这些活动通常包括真实的语言使用情境，要求学生在实际交流中运用目标语言。产出目标在这个阶段具有细分性，可以分成若干子目标，每堂课对应一个具体的产出子目标。驱动阶段的关键是激发学生的学习欲望，让他们意识到自己需要提高语言水平来完成活动。这一阶段教师要提前告知学生单元产出目标以及产出活动的相关信息，为学生的学习动机提供支持。

（2）促成阶段是教学的核心阶段，教师在这个阶段围绕产出子目标设计促成活动。这些活动旨在为学生提供完成产出活动所需的内容、语言和结构。每个促成活动都与产出子目标直接相关，有助于学生逐步发展和提高语言能力。促成活动应具体、可操作，以帮助学生更好地理解和实现目标。

（3）评价阶段是教学的升华阶段，围绕产出目标（评价目标）进行设计。这一阶段教师的任务是评估学生在实际交际中达成产出目标的情况，同时关注语言目标的应用情况。评价内容不仅限于产出成果的质量，还包括学生对交际目标的实现和目标语言的应用。通过评价，教师可以检验驱动和促成阶段的有效性，发现学生的问题并进一步进行教学调整。这一阶段的评价是以产出目标为导向的，旨在确保学习目标的实现和学生语言能力的提高。

### （二）评价焦点与选择性评价

#### 1.评价焦点的定义与内涵

师生合作评价的实施步骤中，以目标为导向设计评价的关键要素之一是评价焦点。评价焦点是一个重要的概念，它代表了在一次评价中所聚焦的、典型的问题或方面。这个概念是为了在有限的时间和资源下，更加高效地评价学生的语言能力和解决问题的集中性。评价焦点的定义和内涵可以从以下几个方面来理解。

（1）问题或方面的选择。评价焦点是由教师根据一定标准所选出的问题或方面。这些问题可以涵盖多个语言层面，包括语法、语用、语篇结构等。选择评价焦点的目的是使评价具有明确的目标，不仅有助于学生集中精力解决问题，也有助于教师更准确地评估学生的能力。

（2）标准的设定。评价焦点的选择要基于一定的标准。这些标准可以是教学大纲、课程目标或语言能力框架中规定的，也可以根据具体的评价需要和学习情境来确定。标准的设定有助于确保评价的客观性和公正性。

（3）典型性问题。评价焦点所选的问题或方面通常是具有典型性的，即在学生的语言学习过程中经常出现或具有代表性的。这些问题可以反映学生在实际交际中需要面对的挑战，因此，评价焦点的选择应该与实际语言运用相关。

（4）集中精力解决问题。评价焦点的存在有助于学生集中精力解决特定问题，从而提高他们的学习效率。学生知道在评价中需要关注哪些方面，可以更有针对性地准备和学习。

（5）评价效果。教师通过评价焦点能够更准确地评估学生的语言能力，了解他们在特定问题上的表现，并为进一步的教学调整提供依据。这有助于教师更好地满足学生的学习需求。

#### 2.选择性评价的定义与优势

选择性评价是一种评价方法，它强调聚焦于学生语言产出中的特定问题或方面，而不是全面性地纠正所有错误。例如，在高职英语应用文写作课程中，针对学生所撰写的商务报告这一文体的写作产出成果，教师可能将商务报告这一学生较为陌生的应用文体的格式规范与内容结构作为重点对其中存在的典型性错误进行选择性评价而弱化对一些非典型性的语法或词汇使用方面的评价。在选择性评价中，教师和学生共同确定需要关注的问题，这些问题涵盖语法、语用、语篇结构等多个层面。评价的焦点是在有限的时间内提供有针对性的反馈，帮助学生提高他们的写作能力。选择性评价的优势如图 7-3 所示。

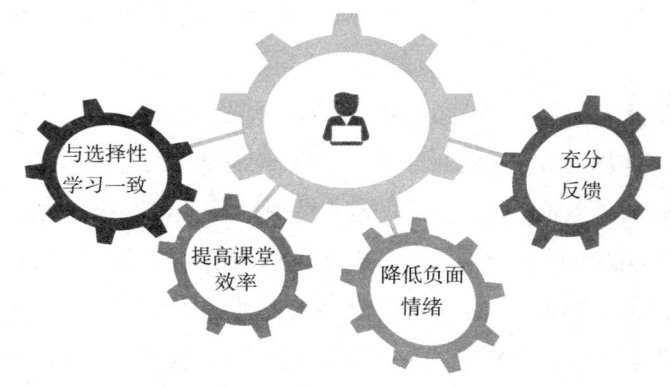

图 7-3　选择性评价的优势

（1）充分反馈。选择性评价聚焦于特定问题，提供更充分的反馈，有助于学生理解并改进产出成果。研究表明，聚焦型的书面反馈效果明显优于非聚焦型的反馈，因为它集中在关键问题上，使学生更容易理解和应用反馈。

（2）降低负面情绪。全面批改可能会导致学生失去信心，而选择性评价有助于降低学生的负面情绪。学生只需关注特定问题，感到更受鼓舞，这有助于保持产出积极性。

（3）提高课堂效率。在有限的课堂时间内，选择性评价比全面性评价更为有效。它强调课堂时间的最大化利用，使教师和学生能够集中精力解决最重要的问题。

（4）与选择性学习一致。选择性评价与"选择性学习"假设一致，即人脑在同一时间加工、存储和调用信息的能力有限。因此，选择性评价鼓励学生选择性地关注和解决语言产出中的主要问题，符合学习效率的原则。

### （三）选择性聚焦评价的原则

#### 1.选择性聚焦评价的定义

在学习借鉴、前期实践和反思基础上，可以将选择性评价聚焦于点，称之为"选择性聚焦评价"，即每次评价只选择样本中普遍存在的一个重要问题进行聚焦评价。

#### 2.确定评价焦点的原则

在师生合作评价的实施步骤中，确定评价焦点是至关重要的，而这一过程需要遵循一系列原则，以确保评价的有效性和实用性。确定评价焦点的原则如图7-4所示。

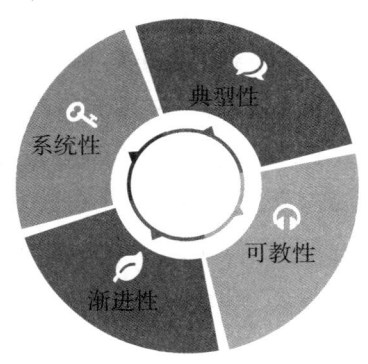

图7-4　确定评价焦点的原则

（1）典型性原则。典型性原则要求所选择的评价焦点应具有广泛的覆盖面，以上述商务报告写作为例，如果类似的格式或内容结构错误在班级学生提交的写作成果中存在50%以上，这样的写作错误才值得成为评价焦点。这样才能确保评价的针对性和实际意义。评价焦点是学生在写作中普遍面临的关键问题，而不是个别案例。典型性原则有助于确保评价的普适性和实用性。

（2）可教性原则。可教性原则要求评价焦点的内容应在可控、可教范围之内，既不能过于广泛，也不能过于狭窄。教师需要在有限的时间内完成对评价焦点的评估、教导、改进和练习。评价焦点应该是可以在一节正常的教学课时内得以处理和讲解的内容。这确保了评价的可操作性和实施性。例如，在一篇关于中国汽车出口量首次超过日本和美国成为世界第一汽车出口国的商务报告中，对中国汽车工业为什么能够超越日本和美国，实现汽车出口世界第一的根本性原因解析就可能超出了商务报告写作的教学范围，因而不适合在有限的课堂教学时间中对其进行深度的探究，而教师则应将关注点更多放在商务报告这一文体的写作内容结构分析和写作技巧掌握上。

（3）渐进性原则。渐进性原则强调评价焦点的安排顺序应该由易到难、由简到繁，逐步深化。这意味着教师应该首先关注学生相对容易解决的问题，逐渐引导他们处理更复杂的问题。渐进性原则有助于学生逐步提高他们的写作技能，确保他们不会感到不堪重负。

（4）系统性原则。系统性原则要求评价焦点的安排应该连贯相承，前后呼应。这意味着不同评价焦点之间应该存在逻辑关联，学生的学习应该是渐进和连续的。在多次评价中，评价焦点应该前后衔接，形成一个有机的教学体系。系统性原则有助于确保学生的学习过程是有条不紊的，不会出现断层和混淆。

这四项原则在确定评价焦点时相互作用，相互制约，共同确保了评价的有效性和实际可行性。它们为师生合作评价提供了一个坚实的理论基础，帮助教师和学生更好地聚焦于关键问题，提高写作质量，促进学生的学习和成长。

**（四）评价的课前操作步骤**

师生合作评价课前教师的准备工作分四步：确定评价内容、设定评价目标、选择典型样本和批改典型样本。

1.确定评价内容

评价内容的确定是评价的基础。以高职英语应用文写作课程为例，教师需要考虑学生的文本和教学目标之间的互动关系。在这一步骤中，教师不仅要识别学生文本中的典型问题，还要关注影响教学目标达成的主要问题。这确保了评价内容既符合学生的实际写作表现，又有助于实现教学目标。评价内容的选择需要遵循典型性和可教性原则，确保评价焦点是具有共性的问题。

2.设定评价目标

评价目标是对评价前后学生水平变化的明确表述，即通过评价学生需达到的预期学习效果。教师应该根据评价内容和学生当前水平设定评价目标。一般来说，总评价目标可以分为至少两个子目标：一是帮助学生发现评价焦点问题并意识到解决这些问题的重要性；二是帮助学生掌握解决问题的方法。评价目标的设定应该具有可分性，以便更好地引导学生的学习。

3.选择典型样本

典型样本是最能显示出评价焦点问题的样本。这些样本在评价中起着关键作用，因为它们供学生判断、评价样本中的问题，并用于修改阶段。选择典型样本时，可以考虑选择一些"极端"的个例，因为它们最容易引起学生的注意，学生可以从中更容易地发现问题。此外，还需要选择中等质量的样本，以供学生深入讨论和修改。这些样本通常是具有可修改之处但不属于质量最差的范畴，以便学生能够集中精力进行改进。

4. 批改典型样本

在课前，教师需要根据评价焦点详细批改所选的典型样本。这些样本将在课中用于评价，并为学生提供修改范例。教师的详细批改有助于学生理解评价标准和改进方法，为评价的顺利进行提供了支持。

这些课前操作步骤确保了师生合作评价的有序进行。通过明确的评价内容、目标和样本选择，教师和学生能够更好地合作，提高学生的写作水平和解决问题的能力。这些步骤基于典型性、可教性、渐进性和系统性原则，确保评价的质量和有效性。

## 二、课中实施

在开展师生合作评价的过程中，课中实施环节显得至关重要。在这个阶段，教师与学生能围绕语言产出的问题开展面对面的深度沟通与互动。这不仅是一个传递知识与接受知识的时段，更是师生共同探索、共享知识的黄金时期。在此期间，教师的职责不仅是传授知识，更是落实课前制定的评价计划，助力学生将评价与实际学习无缝结合，为他们在语言产出中能够更好地完善自己的产出成果提供必要的框架与指引。

课中实施评价不仅仅是简单地提问与回答，它更是一个师生共同成长的过程。通过这样的交互，学生不仅可以直接获得教师对自己写作问题的反馈，还能够在教师的引导下思考如何更好地进行修改和完善。对于教师而言，通过与学生的沟通交流，也能更深入地了解学生的思维方式和写作习惯，从而提供更为贴切的建议和指导。

### （一）课中评价步骤

1. 启迪学生意识与设立评价方向

在教育过程中，评价是为了更好地引导教与学。首要的步骤是唤醒学生的自主意识，并引导他们认识到评价在学习中的重要性。教师通过巧妙的提问、示例或实践活动来触发学生的好奇心，引导他们注意到某个领域或技能中存在的问题。随后，明确地为学生呈现评价的目标与标准，这样学生能够知道他们应该向何处努力，以及如何量化和理解他们的进步。

2.多角度解读与深化理解

一旦确定了评价的焦点，教师应该从多个视角进行深入解读。这意味着不仅要提供理论知识，还要通过实际示例、案例分析或与现实生活中的应用相结合，来帮助学生形成对该领域的全面认知。这种深化理解的方法可以帮助学生明白，为什么这一特定的评价焦点对他们的学习和成长如此关键。

3.学生主导的问题修正与策略分享

评价不仅是为了识别问题，更重要的是为了解决问题。在这一步，学生被鼓励参与到对问题的修正中，他们可以通过小组讨论、案例分析或实践活动来实施策略。同时，他们可以分享他们的方法和进步，这有助于整个班级建立一个共同的理解和策略库。教师在此过程中扮演着指导者的角色，通过点评、提供范例和进行归纳，帮助学生找到最有效的解决方案。

4.实践、指导与延伸任务

学生需要有机会将所学应用于实际的任务中，进一步巩固和展现他们的理解和技能。在学生进行实践时，教师应提供及时和具体的反馈，帮助他们不断完善。此外，教师需要为学生提供进一步的学习材料和任务，这样学生就可以在课堂之外继续他们的学习旅程，确保他们清楚地知道如何进一步提高和完善。

评价的实施步骤彰显了教师的引导作用与学生的核心地位，也体现了评价与教学的有机融合以及学习与评价的一体化思想。教师在评价中的主导性主要体现在确立合适的评价标准、制定相关的评价任务，以及为达到这些任务所需的讲解和指导。而学生的核心角色在于他们在"识别问题—调整策略—实践操作"这些子评价活动中所扮演的主导者。当教师进行评价讲解时，他们实际上是在评估的同时深入教学，为学生提供了进一步的学习机会。这意味着，学生在完成评价活动时，实际上也在经历一个深入的学习过程，从而展示出学习与评价的无缝结合。

### （二）教师的逐步引导

教师的逐步引导在师生合作评价中起到了桥梁的作用，它强调了教师的灵活性和对学生需求的响应，鼓励学生发挥他们在学习过程中的主体性，确保他们能够在一个支持性和适应性的环境中实现最佳的学习效果。

#### 1.逐步引导与问题识别

基于社会文化理论的最近发展区，认知的增长被看作是一个持续不断的流程，其中教师和学生的相互作用起到关键的推动作用。在这个过程的开始，教师应当启动一个探索性的对话，以识别学生在学习中遇到的问题和困难。这种探索性的对话不仅揭示了学生在哪里遇到了障碍，还帮助他们认识到自己在解决问题上的能力和潜力。

#### 2.根据需求进行适应性指导

一旦问题被识别，教师则需要决定如何对待这些问题：是回头补足还是继续前进。对于学生已经接触但未能完全掌握的内容，教师应当采用补救性的教学策略，重点强化那些核心概念和技能。而对于学生还未遇到但在文本或实践中已经显现出困难的内容，教师则需要进行延伸性的教学，引入新的知识，帮助学生拓宽他们的视野和理解。

#### 3.促进学生的主动参与与实践

递进式教师引导的最终目的是激发学生的内在动力，使他们成为学习的主体。通过教师提供的中介和指导，学生不仅能够针对课文中的典型样本进行修改，还能够进一步探索和实践，将所学应用于更广泛的场合。这种方式可以鼓励学生通过反思、交流和合作，逐渐建立起自己的认知框架。

### （三）课中评价设计要点

课中实施是师生合作评价的重点和难点。设计师生合作评价的课中环节需要重点考虑以下三个方面的问题：设计什么样的评价任务，教师怎样引导学生发现问题、解决问题，学生如何参与评价。

1. 创设适宜的学习环境

课中评价不仅仅是一次简单的评估，更是一次与学生在最近发展区进行深度互动的机会。为此，教师首先需要为学生构建一个安全、积极的学习氛围，让学生在接受评价时感到被尊重和理解。选择能够准确体现关键问题的样本，激发学生的讨论热情，是这一环节的核心内容。在学生识别出样本中的问题后，教师即刻将评估与教学进行结合，帮助学生理解问题的本质及找到解决方法。

2. 评价与指导紧密结合

课中评价既要对学生的表现进行反馈，也要提供相应的教学指导。评价时，教师应关注学生的问题所在，并给出具体的修改建议和方向；而在教学时，教师除了应针对学生常见的问题给出解决策略，更要帮助学生理解"为何"这样做。这样，学生在实际操作中不仅知道如何做，更能理解背后的原因。

3. 动态调整与实时反馈

在课中评价过程中，学生的表现与反馈是动态变化的。教师应持续观察，针对学生的反应和需求进行即时的调整，如结合同伴之间的互动，引导他们对比不同的答案，从而深化对问题的理解。不能局限于课堂内的讨论，后续的实践练习也是关键，它能帮助学生巩固并实际应用所学，真正掌握所学知识。

4.进行整体性的评价设计

评价过程中的各个环节都应该紧密衔接，形成一个连贯的整体。从发现问题到解决问题，每一个步骤都是为了下一个步骤做准备，形成一个闭环的学习链条。教师应掌握整体的评价进度和节奏，确保每一环节都能得到充分的关注和深入的挖掘，从而使学生在评价过程中真正收获知识与技能。

## 三、课后监控

### （一）课后评价步骤

1.教师提供评价清单

（1）评价清单的重要性。在教育的实践过程中，确保学生充分理解和掌握课堂内容至关重要。为此，课后评价活动应当旨在确保学生对所学内容的深入掌握。但是，仅依靠学生对课堂评价进行反思和修改，可能导致学生在课后活动中缺乏明确的方向，出现随意性和表面性的修改。为了解决这一问题，教师提供的评价清单成了一个关键的工具，它为学生明确了修改的方向，确保课后的评价与反思更加针对和深入。

（2）评价清单的构建与特征。评价清单并非固定不变的，而是需要根据评价的焦点和学生的需求进行动态调整。这样的清单确保与课堂评价活动紧密相关，确保学生能够集中注意力在关键的评价焦点上，同时考虑与焦点相关的其他方面。清单中还应包含基础的语言修订要点，为学生提供清晰的修改标准。更为关键的是，为了确保学生能够集中精力进行有效的修订，清单上的修改项目应简洁明了，尽量不超过五项。

（3）评价清单的应用。配备了这样一份清单，学生将更加有方向地进行课后评价和反思。这种方式不仅是对学生的引导，它还激励学生逐步形成自我评价和自我反思的习惯。利用评价清单，学生能够更系统地审视自己的工作，识别出需要进一步修改和完善的部分，并进行有针对性的修订，有助于培养学生的自主学习能力和批判性思维。

2.学生互评

（1）同伴互评的实质。同伴互评作为一种课后评价策略，是学生间基于相似的学习经验和发展水平进行反馈的过程。它提供了一个多角度、多层次的反馈平台，让学生不仅从教师那里获得评价，还可以从同龄伙伴那里得到宝贵的反馈。

（2）同伴互评的优势。第一，提供针对性的反馈。学生在同级别的发展阶段，对于彼此的错误和成功有更加直观的理解，他们提供的反馈通常更具针对性和实用性。第二，提高学习动机。知道自己的产出成果将由同学评审，学生通常会更加努力，以减少基础错误，展现出更好的表现。第三，加深对语言产出的理解。评价同学的产出成果可以使学生从另一种角度审视语言产出活动，从而更加深入地理解语言产出的艺术和技巧。第四，强化读者意识。同伴互评让学生体验到真实读者的感受，使他们意识到产出成果并不只是为了完成任务或满足教师，而是要真正传达给读者。

（3）如何有效实施同伴互评。首先，将学生分成若干小组，并组织他们开始互评活动，在这个过程中，他们不仅要给出建设性的批评，还要指出同伴产出成果中的亮点。学生之间可以进行面对面的讨论，进一步深化对同学作品的理解，并记录重要的讨论内容。教师在此过程中可以起到指导和调解的作用，确保评价活动的顺利进行。

3.学生提交修改稿

课后的评价步骤是一个结构化的过程，要求学生在自动评价系统和自我反思的指导下，对自己的作品进行多次修订，并在规定的时间内提交。这不仅可以确保作品的质量，还有助于培养学生的独立学习和自主修正的能力。

（1）利用技术工具的自我修正。随着技术的进步，自动评价系统在教育领域的应用越来越普遍。这些系统能够提供即时的、有针对性的建议，使学生能够对自己的工作进行反思和修正。当学生首次提交作业后，这些系统可以识别常见的错误，并为学生提供修改建议。利用这些工具，学生不仅可以加深对语言和结构的理解，还可以独立地识别和修正自己的错误，从而培养自主学习和自我纠错的能力。

（2）多次修订的重要性。鼓励学生多次修订作文稿不只是为了达到格式或语法的完美。这一过程更多的是为了培养学生的批判性思维和反思能力，使他们能够自我评价并从中学习。每一次的修订都是对原始内容的进一步深化和完善，使学生更深入地思考主题，提高其内容的深度和广度。

（3）遵循时间节点的意义。设置一个明确的提交时间节点，不仅有助于管理和组织教学活动，还可以培养学生的责任感和时间管理能力。当学生知道有一个固定的期限，他们更容易计划和分配时间，确保对作品进行充分的修订。这也教会学生如何在有限的时间内进行有效的自我评价和修正。

4.教师检查、推优

（1）教师的双重角色。在评价学生的作文修改稿中，教师不仅是一个检查者，还是一个发现者。他们需要用批判性的眼光识别和总结学生存在的普遍问题，同时要有一对敏锐的眼睛去发现学生作文中的亮点和独特之处。这种平衡角色的转换，确保了教师既能及时指出学生的问题，帮助他们改进，又能够发现他们的优点，鼓励他们继续努力。

（2）推荐优秀作品的意义。当教师从学生的作文中挑选出优秀的部分并推荐给全班，不仅是对这些作品的认可和鼓励，而且为其他学生提供了一个可行的示范和榜样。通过分析优秀作品，学生可以看到什么样的内容、结构和语言用法是受到认可的，从而为自己的写作提供方向和动力。这也是一个激励机制，使学生意识到，通过努力，他们的作品也有可能被推荐。

（3）表扬的力量。人们通常对负面反馈的反应更为敏感。但是，过多的批评和负面反馈可能导致学生对写作失去信心。因此，正反馈和表扬在教育过程中起到了至关重要的作用。它们不仅可以帮助学生建立自信心，还能为他们提供一个明确的进步方向。正确使用表扬可以激励学生更加努力，也可以帮助他们理解自己在哪些方面做得好，从而继续沿着这个方向努力。

### （二）监控修改过程

课后评价阶段中，为确保学生充分发挥自主性并确保修改的效果，教师的角色不应被忽略。他们在这个阶段更像是指导者和监督者，他们的职责是确保学生能够正确地理解评价标准，并引导他们通过合适的方式进行有效的修改。具体分析，在监控过程中，教师应该为学生制定明确、细致的修改流程。例如，教师可要求学生在自我评价后口头朗读自己的作品，这样有助于他们从听的角度寻找文中的不足。此外，还可以要求学生打印出修改后的稿件，留下明确的修改痕迹，供同伴在下次课前进行互评。为了确保互评的顺利进行，教师需要事先为学生分配评价伙伴，并将这些信息公布给所有学生。这样可以避免学生选择互评伙伴时的混乱，并确保每个学生都有伙伴，这也是提高教学效率的重要措施。

在开展同伴评价的过程中，除了直接的文本修改，学生还应该面对面进行讨论，分享各自的意见和建议。为了确保讨论的效果，学生需要记录下讨论的详细情况，如时间、地点、主要内容等，并撰写相关的反思日志，记录自己在讨论和修改过程中的所思所得。为了确保所有学生都参与到修改过程中，并真正达到了修改的目标，教师需要定期检查学生的修改稿件。这既可以是全班范围的检查，也可以是随机抽查。

### （三）课后评价设计要点

课后修改是师生合作评价的最后一环，也是必不可少的一环。在终稿完成之前的中间环节进行反馈和评价才更有效。课后评价要求学生在初稿的基础上修改、完善，有助于写作水平的提高。设计评价的课后环节需要考虑教师如何监控学生自评和同伴互评，以及如何抓住契机推荐优秀学生作品以增强他们的写作兴趣和动机。具体而言，设计课后评价环节包括如下要点。

第一，营造"教师在场"的氛围。在课后环节，学生自评和同伴互评仍然需要教师监督才能达到最优效果，因此营造"教师在场"的氛围对提升课后修改质量至关重要。在学生自评阶段，教师除了提供评价清单，还需要介绍如何进行自查的策略或者工具。

第二，明确修改要求。为了避免学生自评和互评形式化，而没有实质性的修改，教师需要明确修改步骤，提出细化的自评和互评要求。这些要求包括打印修改稿、录制朗读视频、保留批改痕迹、进行面对面讨论和记录修改过程等。这样的过程性监控使学生的每次修改都有目的、有针对性。

# 第四节　师生合作评价的实施要求

## 一、对教师的要求

### （一）评价理念要求

评价理念是教师对评价活动持有的基本观念和看法。评价的顺利、有效实施依赖于正确的理念。在实施师生合作评价的过程中，教师应树立与之相关的评价理念。师生合作评价理念包括认识论理念和方法论理念。

1. 认识论理念

（1）评价与教学不可分割。评价与教学是教育过程中的两个重要环节，它们相辅相成、相互影响。个别教育者可能会错误地将教学置于评价之上，认为评价只是为了验证教学效果。这种观点导致了评价与教学的孤立，进而影响到学生的学习进展和成果。真正有效的评价是与教学紧密结合的，它不仅是对教学成果的回馈，还是对教学内容和方法的调整和优化。通过实施评价，教师可以深入了解学生的学习状态，发现问题并及时调整教学策略，使学生能更好地掌握和应用知识。

（2）"评学融合"。评价不应被视为与学习相独立的环节，而应被看作是学习过程的一部分。在这一理念下，评价与学习是同步进行的，评价不仅是对学习成果的反馈，也是为了进一步促进学生的学习。评价时，教师不仅要检查学生的学习成果，也要关注他们的学习过程、策略和态度。学生也要通过评价了解自己的学习状况，发现自己的优点和不足，并据此调整学习方法和策略。

（3）"以评为学"的理念。在现代教育中，评价已经不再是简单地"检验"学生的学习成果，而是成了学生学习的一个重要组成部分。教师应将评价视为促进学生学习的重要工具，通过评价帮助学生发现和解决问题，提高学习效率。而学生也应该意识到，评价不仅是对自己学习的反馈，更是为了更好地学习。这种"以评为学"的理念不仅有助于提高学习效果，而且有助于培养学生的自主学习能力和批判性思维能力。

2. 方法论理念

方法论理念指教师实施师生合作评价时的操作理念，包括教师引领的主导作用，以及学生参与的主体作用。概括而言，师生合作评价是"以学习为中心"的"教师主导，学生主体"的"双主评价"。

（1）教师的关键主导角色。在评价过程中，教师扮演着至关重要的主导角色。从设计评价方案，到课堂活动的实施，再到课后监督和反馈，都离不开教师的专业指导和精心组织。教师不仅需要有清晰的教学目标，还需要根据这些目标制定相应的评价标准。只有当评价与教学目标相一致时，才能确保评价的有效性。教师还要确保评价活动与教学内容和策略相匹配，这样才能真正提高学生的学习效果。评价不仅是对学生学习成果的检验，也是为了促进学生的进一步学习和发展。

（2）学生是评价的核心参与者。虽然教师在评价过程中起到主导作用，但学生是评价的核心参与者。他们不仅是被评价的对象，更是评价的主体。学生积极参与评价活动，可以更好地了解自己的学习状况，发现自己的优点和不足。同时，通过与教师、同伴及评价系统的互动，学生可以构建自己的知识体系，提高自己的语言、写作和评价能力。学生参与评价还可以培养他们的自主学习能力、批判性思维能力和团队合作能力。

（3）"双主评价"的重要性。"双主评价"强调了教师和学生在评价过程中的双重主体性。教师和学生都是评价的关键参与者，他们共同构建评价内容，共同参与评价活动，共同反思评价结果。这种评价方式不仅能够确保评价的客观性和公正性，还能够提高评价的实效性和针对性。通过"双主评价"，可以真正实现评价与教学、评价与学习的融合，使评价成为推动学生学习和发展的有力工具。

在实践中，认识论和方法论之间的关系是紧密且动态的。一个健全的认识论理念可以为方法论提供指导和启示，确保评价活动与教育的根本目标相一致，避免走入形式主义或功利主义的误区。而一个有效的方法论则可以帮助教师更好地实施和体现认识论理念，确保评价活动既有理论依据又有实际效果。例如，如果教师认为学习是一个自主、探索性的过程，那么在评价活动中，教师就应该重视学生的自主性和创造性，而不是单纯地依赖于标准化测试和量化指标。相应地，教师需要寻找和发展一些更加开放、灵活的评价方法，以适应这种认识论理念。

### （二）职业素养要求

#### 1.职业责任感与教育使命感

师生合作评价不仅是一个评价过程，更是一个教育过程。这要求教师不仅要具备专业的教学能力，而且要有强烈的职业责任感和教育使命感。在评价中，教师不仅是为了给学生一个成绩或反馈，更是为了帮助学生成长和进步。这需要教师深入了解每一个学生的学习情况，与学生建立真正的合作关系，共同寻找学习的问题和解决方案。只有这样，评价才能真正成为推动学生学习的力量。

#### 2.具备评价的专业能力

除了需要具备教育的职业责任感，教师还需要具备评价的专业能力。这不仅包括传统的评价方法和技巧，更要求教师能够理解和掌握现代评价的理念和方法。例如，如何实施格式化评价、如何使用多元评价方法、如何设计和使用评价工具等。此外，教师还需要具备数据分析和解读能力，能够有效地利用评价数据为教育决策提供支持。

#### 3.持续的职业发展意识

评价是一个不断发展的领域，新的评价理念和方法不断出现。这要求教师具备持续的职业发展意识，不断地学习和更新自己的评价知识和技能。这不仅是为了满足职业的基本要求，更是为了更好地服务学生和教育。教师应该积极参与评价的研究和实践，与同行交流和分享，共同推动评价的发展和进步。

### （三）专业知识要求

#### 1.语言文化知识的要求

师生合作评价的实施不仅是对学生语言能力的评估，更是对其语言文化认知的评价。教师需要具备丰富的语言文化知识，以便更准确地理解和解读学生的语言表达，以及背后的文化内涵。语言和文化是紧密相连的，对于任何一门语言的教学，都不应忽视其文化背景。教师需要具备跨文化交际能力，帮助学生建立正确的语言文化观念，避免因文化差异造成误解。教师还应教导学生如何在不同文化背景下恰当地使用语言，这样学生在实际交流中才能更自如、得体。

2. 语言技能的要求

语言技能涉及听、说、读、写等基本技能的掌握和运用。在师生合作评价中，教师不仅要评价学生的语言技能水平，更要关注他们如何运用这些技能进行有效沟通。这就要求教师自己首先要具备高水平的语言技能，能够为学生提供准确、地道的语言示范。教师还需要掌握现代的语言教学方法和策略，帮助学生提高语言技能，特别是沟通能力。教师还应鼓励学生多参与语言交流活动，如角色扮演、小组讨论等，以实践促进学习，提高他们的语言实用能力。

3. 专业评价知识的要求

师生合作评价的实施更是对教师评价知识的考验。教师需要掌握现代的评价理念、方法和技巧，确保评价的公正性、准确性和有效性。首先，教师需要认识到评价不仅是对学生学习成果的衡量，更是促进学生学习的重要手段。教师要采用多元化的评价方法，如格式化评价、项目评价、综合评价等，确保评价的全面性。其次，教师还要关注评价的反馈过程，及时为学生提供有针对性的反馈，帮助他们发现问题，制订改进策略。最后，教师还要注意自我评价，时刻反思自己的评价行为，确保其科学性和公正性。

## 二、对学生的要求

### （一）有效沟通能力

在师生合作评价中，有效沟通是确保评价公正、透明和真实的关键。

学生需要能够明确、有条理地向教师和同伴表达自己的观点、需求和困惑。这不仅涉及语言表达的准确性，还要求学生具备听的技能，尤其是倾听。例如，当一个学生对某一评价标准存在疑惑时，他不仅要能够清晰地表达自己的困惑，还要倾听教师或同学的解释，并基于此进行进一步的沟通。只有这样，评价过程中可能出现的误解和歧见才能得到及时的解决。

## （二）团队合作意识

师生合作评价模式下，学生与学生之间，学生与教师之间都需要展现出紧密的合作。学生需要认识到，他们的评价不仅影响到自己，还可能影响到其他同学。因此，他们需要具备团队精神，与同伴协同工作，确保评价的公正性和准确性。例如，在小组项目评价中，每个学生都要承担自己的职责，同时与小组成员沟通、协调，确保评价的连贯性和一致性。

## （三）公平公正态度

公平公正是评价活动的核心原则。在师生合作评价中，学生在进行自评、互评时都应摒弃个人偏好或情感，确保评价是基于事实和证据。例如，当评价同伴的作业时，学生应该基于评价标准，而不是个人对这位同伴的喜好或情感。只有这样，评价结果才能真实地反映学生的学习成果，对所有学生都公平。

## （四）开放学习心态

面对评价结果，学生需要具备开放的学习心态，愿意听取、接受他人的建议和批评。这样，他们不仅可以从中看到自己的不足，还可以找到改进的方向。例如，当一个学生在写作成果的评价中得到了低分，他应该开放地听取教师和同伴的反馈，理解自己在哪些方面需要改进，而不是抱怨评价不公或逃避问题。

**（五）反思与自我调节**

在师生合作评价中，学生不仅要参与评价，还要反思自己的学习过程，找出其中的问题，并及时调整。这要求学生具备高度的自我觉察和自我调节能力。例如，当一个学生在英语口语产出训练中发现自己总是犯同样的语法错误，他应该反思自己在学习这一语法知识点时是否存在遗漏，或是方法不对，及时调整学习策略，确保下次不再犯同样的错误。

# 第八章 产出导向法视域下高职英语教学的具体实践

## 第一节 产出导向法视域下高职英语听力教学

英语听力课程一直是很多高职学生比较畏惧的一门课程，认为它不仅难度较大，而且课堂学习效果有限，因此教师对这门课程也是非常重视。现实教学中，授课时间本来就比较少，教师应该提高课堂效率，利用有效的时间来充分开展教学活动。目前，高职院校学生的英语听力能力提升存在一定短板，这成了一个在英语学习上的阻碍，也是目前高职英语听说课程需要进行重大变动的主要目的。对此，一个切实可行的做法就是利用产出导向法来进行一段时间的教学实验以观察英语听力课程的教学效果是否得到了改善。这个方法不但能够激起学生们的兴趣，而且能够提升学生的听说能力。

以高职英语听力教学为例，基于产出导向法的教学模式主要应从课前、课中及课后三个阶段入手，分别对应产出导向法理论中驱动、促成和评价三部分内容。基于产出导向法的高职英语听力教学模式如图8-1所示。

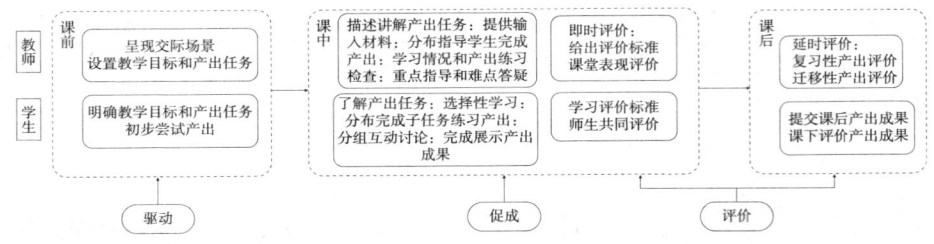

图 8-1　基于产出导向法的高职英语听力教学模式

## 一、背景介绍

作者在研究中以某高校的大一新生共 110 人为产出导向法英语听力课教学实验对象。这些学生的英语水平参差不齐，听力水平普遍较低，在课前的英语测试中，听力平均分仅为 12.88 分（满分 25 分）。教学实验为期两周，每周两节课。

## 二、教学目标

本次研究选取施心远主编的《听力教程》第一册中的第五单元为探讨对象。该单元以"食物"为核心话题，涵盖了在餐馆的点餐过程、美国南方的什锦饭（Jambalaya）与西式番茄汤的制作，以及速溶咖啡的生产技术等内容。为了更好地融合输入与产出的教学模式，笔者对原始教材进行了适当的调整，确保所有内容均与以下四个教学目标紧密相关：一是交际目标，即成功地点餐以及介绍中餐烹饪流程；二是语言目标，即掌握与食物相关的词汇、短语及句型；三是听力策略目标，即有效地使用预测、推断、逻辑推理以及选择性关注等听力策略来获取信息；四是文化目标，即了解和宣传中国的饮食文化。

## 三、教学流程

### （一）驱动

在传统教学模式中，教学过程通常遵循"先输入后输出"的顺序。但是，产出导向法（POA）颠覆了这一常规，它将学习的起点设置为产出驱动，旨在为学生创造一种"饥饿状态"。这种状态可以激发学生在尝试完成任务时认识到自己的学习需求。为实现这一目标，教师需设计有潜在交际价值的产出活动，以激发学生的表达欲望。

在本研究中，教师根据学生未来可能面临的实际交际场景，设计了两个基于教材的产出任务。一个场景设定为学生在加拿大留学期间到牛排馆用餐，与服务员交流点餐的过程。另一个场景则是在学校举办的中国文化节上，学生向加拿大同学介绍中国新年期间的包饺子和吃饺子的传统习俗。这两个任务都根植于真实的交际背景，既有吸引力又具有一定的挑战性。学生在完成这些任务的过程中不仅可以获取新的知识，还可以提高其语言应用能力。这种方法恰好满足了产出导向法对于驱动环节的三个评估标准：产出目标的适当性、交际的真实性和认知的挑战性。

经过这样的教学实践，许多学生开始意识到他们在选择内容（即说什么）和语言表达（即怎么说）时都存在一定的不足。这种认知进一步激发了他们的学习热情和兴趣。通过这种方式，产出导向法为高职英语教学提供了一个创新的、以学生为中心的教学方法，确保学生在真实的交际场景中能够有效地应用所学知识和技能。

### （二）促成

在产出导向法的教学流程中，促成阶段扮演着核心角色，其实施的有效性直接影响学生产出成果的质量。在这一阶段，教师需充分发挥指导作用，精选能有效辅助任务产出的输入材料，确保学生能明晰理解教学目标和产出任务的具体要求。同时，教师应设计一系列循序渐进的促成活动，引导学生进行选择性学习，从而平稳将接受性知识转化为产出性知识。为了成功完成一个产出任务，学生通常需要调动内容、语言和话语结构三方面的能力。鉴于听力教学的独特性，本课程增设了一个听力策略促成部分，旨在帮助学生掌握信息处理技巧，提升听力水平。

1.内容的促成

很多学生在听力练习中遇到困难，主要原因之一是他们缺乏与听力材料相关的文化或背景知识。再加上听到的发音很快就被新的内容覆盖，学生很难即时完成对信息的解析。一些研究指出，相较于掌握词汇，对话题及相关知识的熟悉更为重要。因此，产出导向法通常从内容促成着手。例如，在播放描述餐厅服务员与客人点餐对话的听力材料前，教师可以通过图文结合的方式预先向学生介绍西餐的点餐流程和餐饮礼仪。这种"预存"新信息的方式能确保学生在听力练习中将更多精力投入理解语句的具体内容上。这一阶段的内容设计，不仅丰富了学生的文化背景知识，还有效降低了听力理解的难度，为后续的语言产出打下坚实基础。

2.语言促成

在产出导向法的教学策略中，语言促成是至关重要的一个环节，因为它涉及学生在听、说、读、写等方面遇到的语言障碍。学生在听力理解过程中常常面临三大挑战：首先，由于对口语的连读、爆破音等现象不够熟悉，他们可能无法准确识别某些单词的发音；其次，词汇储备的不足使他们难以理解某些句子或段落想要表达的意思；最后，若语法基础不扎实，他们可能无法理解句子的深层含义或快速解析复杂句型。为了解决上述问题，产出导向法提倡设计从简到繁的语言促成活动，以系统地帮助学生掌握目标语言结构。根据"选择性学习"的理念，教师不必强求学生完全理解每个细节，而是应指导他们重点学习与产出任务直接相关的内容。这种方法可以降低学生的学习焦虑，从而提高他们的学习效率和成果。

　　以"什锦饭（Jambalaya）的烹饪"为例，教师在进入听力练习前，不仅要介绍相关的文化背景知识，更要突出与烹饪流程相关的关键词汇。利用图文结合的方式，教师可以帮助学生迅速建立词汇的发音与意义之间的联系，从而增强对听力内容的预期和理解。为进一步稳固这些词汇，教师可以设计或改编一些填空练习，让学生在实际语境中使用这些词汇，进而加深对它们的理解和记忆。教师还可以组织口头复述活动，鼓励学生使用这些关键词汇和句型，来描述听力材料中的内容。这样的实践活动不仅能帮助学生巩固语言知识，还能增强他们的口语表达能力。多次接触和使用同一个词汇或句型，是使其从短期记忆转移到长期记忆的关键。教师应确保学生有足够的机会反复练习和使用目标语言，从而实现真正的语言促成。

　　3.话语结构促成

　　在产出导向法的语言教学中，话语结构的掌握是一项核心技能，因为它涉及如何有效地组织和传达信息。对于描述事物的制作流程或其他顺序性内容，使用恰当的话语结构是至关重要的，它可以帮助听众或读者更好地理解和跟随思路。例如，在描述"什锦饭的烹饪"这样的食物制作流程时，明确、连续的话语结构可以确保读者或听众不会在复杂的烹饪步骤中迷失。该教学实验单元重点介绍了如何描述食物的制作流程，这本质上是一个说明文的结构形式。这样的文本通常包含表示时间或步骤顺序的连接词，如"the first thing""then""next"等。这些连接词在信息的连贯性和逻辑性中起到了关键作用。为了确保学生能够掌握和运用这些连接词，教师可以采用一系列策略。例如，在播放"什锦饭的烹饪"这一听力材料之前，教师可以先向学生介绍这些连接词，并强调它们在描述制作流程中的重要性。播放音频时，教师可以鼓励学生记录他们听到的连接词，然后将这些词进行归纳和总结。此外，为了加深学生对这些连接词的理解，教师可以设计一些实践活动。例如，要求学生使用这些连接词来复述听力文本的内容，或者描述其他食物的制作流程。这样的活动不仅可以帮助学生巩固他们所学的连接词，还可以增强他们的篇章结构意识。

4.听力策略促成

听力，作为学习外语的核心技能之一，其重要性无须过多强调。听力的真正挑战在于如何有效地从所听内容中提取关键信息。这就是听力策略的作用所在。从认知角度出发，听力策略被定义为学习者为完成特定听力任务所采纳的一系列心理和观察行为。事实上，这些策略的适当运用已被证明可以提高信息获取的效率，从而为学生的语言学习过程提供了支持。

在实际教学中，教师在进行听力教学前，通常会指导学生进行一些预听活动。这些活动包括快速浏览听力练习的标题、选项、句子等，以此来帮助学生对即将听到的内容建立初步的认知框架。通过提问和讨论，教师可以进一步引导学生对听力材料的主题和可能的答案进行推测。这种策略性的预听活动，不仅为学生提供了一个听力的方向，还激发了他们的好奇心，使他们更加关注即将播放的内容。

在听力过程中，学生需要将注意力集中在与学习任务相关的关键词、短语、指示性词语、句子或某种特定信息上。这种选择性注意策略可以帮助学生减轻认知负荷，确保他们的大脑只关注与任务相关的信息。例如，如果听力任务要求学生从材料中找出某个人的家庭背景和职业，那么学生就应该重点关注与这两个信息相关的词汇和句子。

另一个有效的听力策略是边听边记。这种策略旨在帮助学生在听的过程中记录关键信息，从而提高他们的记忆效果。例如，当学生观看《发现中国：美食之旅》这部纪录片的片段时，他们需要记录下与包饺子和煮饺子相关的食材、佐料和步骤。完成观看后，学生可以根据自己的笔记整理信息，并进一步绘制包饺子的流程图。这种策略不仅有助于学生更好地理解和记住听到的内容，还可以为他们提供完成后续学习任务所需的语料。

**（三）评价**

教育评价过程中的核心目的在于促进学生的学习。通过多种评价方式，如教师评价、学生自评、学生互评以及师生合作评价（简称TSCA），这一目标得以实现。这些评价方式不仅为教师提供了关于教学效果的反馈，还为学生提供了一个机会去发现自己在学习中的不足，从而实现查漏补缺的目的。这样的评价方式实际上是打破了传统的"学与评"的界限，使评价成为学习的一部分，实现了"以评促学"的目的。

具体到某次的产出任务，如"介绍中国人过年包饺子、吃饺子的习俗"，这是一个相对复杂的任务。为了保证学生有足够的时间去完成这一任务，教师决定将其作为课后任务，同时为了确保学生的参与度，教师规定了提交作业的形式和要求。学生需要以音频的形式提交作业，音频的时间不少于三分钟，并且内容需要包括"如何包饺子"和"中国人过年吃饺子的习俗"。这样的规定确保了学生不仅要关注语言的准确性，还需要关注内容的完整性和深度。

在评价学生的作业时，教师首先会检查学生是否使用了在促成活动中所学到的目标语言和话语结构。此外，教师还会检查作业中是否存在发音不准确、动词时态和名词单复数错误、句式混乱、中式表达及对吃饺子习俗介绍的内容是否太过简单等问题。而 TSCA 的实施，要求教师在课前就从学生提交的作业中找出几个典型样本进行评阅。在此基础上，教师会根据教学目标有针对性地设计 TSCA 的重点和流程。

鉴于语言错误和内容过于简单是学生常见的问题，教师决定将这两项作为评价的重点。为了确保评价的公正性和客观性，教师会详细批阅三份典型样本，并以 PPT 的形式标注出其中的语言错误并进行订正。此外，为了确保评价的系统性，教师还会设计一个量化的评分表，这个评分表会涵盖表达的流利度、词汇的多样性、语法的准确性、发音的标准性以及内容的丰富性等方面。这样，当学生在课堂上对样本进行评价时，他们就有了一个客观和公正的评价依据。

在现代教育评价中，动态、互动和参与性评价逐渐受到重视。特别是在外语教学中，学生对所学内容的掌握程度并不只是取决于单一的测试或评价，更多的是在实际的应用和互动中进行深化和巩固。在上述的听力课程中，教师采用了一种结合了多元评价方式的策略，以期更为有效地推进学生的学习。课堂上，教师发放了事先设计好的评分表，让学生在听取样本的过程中进行即时记录，这种实时反馈方式能让学生更为直观地捕捉到自己在听力过程中可能遗漏或误解的信息。随后，学生基于自己的记录和评分表开展 3 到 4 人的小组讨论，这一环节不仅能够鼓励学生之间的交流与合作，还有助于他们从不同的角度审视问题，对于提高学生的批判性思维和协作能力具有积极意义。教师在此基础上，展示了自己的详细批注，与学生的评价进行对比。这种师生之间的互动评价方式既能提高样本的修订质量，也为学生提供了一个学习和进步的机会。这一"辨识错误—订正错误"的过程，不仅能够帮助学生深化对所学内容的理解，更重要的是，通过这种方式，学生能够重新审视自己的学习成果，并在此基础上进行改进。然而，评价过程中揭示出的问题并不总是可以通过简单的讨论和修订得到解决。例如，在此次评价中，大部分学生在介绍"吃饺子"的习俗时并没有进行详尽的描述，这也反映出他们对这一文化现象的理解尚浅。为此，教师进行了补充教学，播放了关于饺子历史和文化渊源的视频片段，并要求学生进行关键信息的记录。通过这种方式，学生不仅能够更为深入地了解饺子的文化背景，也有了一个改进自己的作业的机会。在学生再次提交作业后，教师进行了抽查，并选取了几份优秀的作品与大家分享。这种做法既是对学生努力的肯定，也为其他学生提供了一个学习的典范。总体来看，这一评价策略不仅关注学生的学习成果，更多的是注重学生的学习过程和学习策略的培养，从而达到真正的"以评促学"的目标。

# 第二节　产出导向法视域下高职英语口语教学

产出导向法提倡学生通过开展语言产出活动来体验语言的吸引力和发现自我语言能力的局限性，进而激发学习动机。为此，教育者可以巧妙地构建一些高度交际化且具挑战性的任务或场景，促使学生积极参与并完成指定活动。考虑到很多高职院校拥有众多的留学生，这为学生提供了一个绝佳的语言应用环境，能够让他们在真实的语言交流中锻炼口语能力。实际上，学生在多种场合都有与外国人接触的机会，如参与国际赛事、国际展会的志愿服务，或参加学校的国际交流项目等。

例如，以"Food and Drink"（食物与饮料）为主题，高职英语教师可以构建以下口语实践任务。

（1）假设学校组织了一场家乡美食节活动，其中一名留学生对你的家乡美食产生了浓厚的兴趣，希望进一步了解。

（2）设想自己是一名接待外国客人的接待员，负责为他们安排就餐。在品尝中国特色菜肴时，外国客人对其中的制作工艺产生了浓厚的兴趣。

（3）假设你被学校选为国际交换生，当中国春节来临时，你邀请外国同学到中国体验春节氛围，并在家中品尝饺子。你的同学对饺子的制作方法表现出强烈的好奇心。

这些任务在表面看似普通，实则涵盖了深厚的交际价值。它们不仅能引导学生去探索和学习新知识，还能让他们在已有知识的基础上发现并填补知识缺陷。更重要的是，这些任务让学生深刻体验中西方文化差异，从而提升他们的跨文化交际能力。在这种教学环境下，学生不仅能够在语言技能上得到提高，还能够在跨文化交际中体现中国的文化魅力，有助于改善中国文化的"失语症"现象。

## 一、高职英语口语教学中的促成环节

促成环节包含了以下教学步骤：由教师将产出任务进行细致的描述、学生根据教师的描述来进行学习、教师根据学生的学习成果进行有效的检查和指导。

### （一）教师针对产出任务进行有效的描写和讲述

在高职英语教学中，教师的描写和讲述技巧对于确保学生理解并成功完成产出任务至关重要。针对产出任务的有效描写和讲述可以为学生提供清晰的指导，帮助他们更加明确地理解任务的要求和预期结果。

任务的成功完成依赖于三个核心方面：内容、语言形式和话语结构。在内容方面，学生需要深入理解任务的主题和背景知识，从而为其提供有针对性的学习内容。语言形式是指学生在完成任务时所使用的正确的语言结构和词汇。而话语结构关乎学生如何组织和呈现其思想，确保信息的连贯性和逻辑性。

在这个过程中，教师扮演的角色是至关重要的，他们不仅是知识的传递者，更是学生学习过程中的引导者和助推器。为了帮助学生更好地完成任务，教师需要为他们提供相关的参考材料。这些材料不仅可以帮助学生理解任务的背景和要求，还可以为他们提供完成任务所需的信息和语言资源。

例如，教师为学生提供了关于中国菜的两篇英文材料，《中国菜的故事》和《我爱中国菜》。这两篇文章不仅为学生提供了关于中国菜文化背景的知识，还为他们展示了如何用英文进行描述和表达。此外，教师还为学生提供了一个关于"中国羊年春节"的视频，视频中的华人厨师用纯英文向外国观众介绍包饺子的步骤。这一视频旨在展示如何将文化和语言相结合，使学生更好地理解和掌握语言在实际情境中的应用。

### （二）学生根据老师的描述来进行学习

在当今教育领域，教与学的方式正在经历深刻的变革。传统的教学模式中，教师往往作为知识的传递者，而学生则是被动的接受者。越来越多的教育研究者和从业者认识到，为了培养学生的创新能力、团队合作能力和解决问题的能力，必须进行教学方式的改革。

在这种新的教学方式下，学生将根据教师的描述进行学习。首先，学生会被分成若干小组，每个小组会根据自己选择的任务来下载与之相关的材料。在获取所需材料后，小组成员根据各自的特长和兴趣进行明确的分工合作。不同的小组成员可能负责资料的整理、问题的分析、解决方案的制定以及最后的汇报展示等不同内容。通过这样的方式，学生可以充分利用和整合他们所获取的信息和知识，共同解决问题并完成教师所交代的任务。

对于教师而言，其角色在这种教学模式中发生了根本的转变。他们不再是单纯的知识传递者，而是转变为学生学习过程中的指导者和帮助者。教师的主要工作是提供必要的指导，帮助学生解决在学习过程中遇到的难题，确保学生能够顺利地完成任务。教师还需要密切关注每个小组的学习进展，及时了解学生的学习状态和需求，并提供必要的反馈和建议。在任务完成之前，教师还需要对学生制作的幻灯片进行检查，确保其内容的质量和完整性。

### （三）教师对学生的产出任务进行检查

在教学领域中，教师对学生的任务产出的监督和指导是至关重要的。任务完成的方式必须确保学生能够根据教学要求循序渐进地完成，而不是盲目地进行。下面将探讨三个具体的教学任务和教师如何进行有效的指导和评估。

首先，来自《中国菜的故事》的任务要求学生探索家乡菜及其背后的有趣故事，例如东坡肉和佛跳墙。在评估学生制作的幻灯片时，教师注意到其中多数内容呈现方式偏向文字描述，缺乏足够的视觉吸引力，这可能导致观众失去了解的兴趣。为了解决这一问题，教师建议学生对幻灯片内容进行优化，增加有趣的视觉元素，如图片；对文字内容进行精练，只展现关键信息。这样，学生的幻灯片不仅可以更好地吸引观众，还可以更有效地传达信息。

在第二个任务中，学生从《我爱中国菜》中选择了具有浓厚中国特色的菜肴，如糖醋排骨和宫保鸡丁，并重点学习与烹饪方式相关的词汇。这个任务的目的不仅仅是为了让学生了解中国传统的烹饪方法，还希望他们能够掌握如何准确地描述菜谱。这意味着，教师需要确保学生不仅了解这些菜肴的制作方法，还能够用准确的语言描述它们，从而提高他们的语言表达能力。

至于第三个任务，它涉及较为复杂的实践活动，即包饺子。在老师的指导下，学生们将第三个任务的复杂流程细分为六个步骤，这样做简化了包饺子的过程，使学生在处理材料时更为轻松自如。

## 二、高职英语口语教学中的评价环节

在高职英语口语教学中，评价环节是实现学生语言能力全面发展的重要手段。评价不仅为学生提供了了解自己进步情况的途径，同时为教师提供了教学效果的反馈。

评价大致可以划分为两种类型，即即时评价和延时评价。即时评价关注学生在课堂上的实时表现。这一方式能够迅速地为学生提供反馈，帮助他们即时地调整学习策略。例如，当学生在完成一个口头任务后，教师可以立即对学生的发音、语法、词汇运用等方面进行指导和纠正。而延时评价则更为深入，它涉及教师与学生的互动合作。学生在完成了教师布置的口语任务后，教师将在一段时间后对学生的表现进行评估。这种评价方式要求学生对自己的学习成果进行总结和反思，同时鼓励学生学习和评价同伴的成果。

在具体的教学过程中，小组合作任务是常见的评价形式。例如，某一课时的前两个任务可以由两个小组合作完成，而后续任务则需要三个小组的共同努力。因为课堂时间有限，需要通过抽签的方式确定哪些小组先进行展示。这种抽签机制确保了每个学生都有平等的机会来展示自己的学习成果。

教师在听取了学生的展示后，不仅可以对学生进行个性化的指导和评价，还可以激发全班同学的参与热情。例如，教师可以随机挑选一些听众，要求他们对某个小组的汇报内容进行反馈，或提出与话题相关的问题。这种评价方式旨在调动课堂气氛，让所有学生都积极参与到评价过程中来。当然，可能会有一些小组因为时间关系没有机会在课堂上展示。为了确保每个学生的努力都得到认可，教师可以要求这些小组在课后将他们的展示材料上传到课堂 QQ 群中。这样，全班同学都可以对这些材料进行评价，从中吸取教训，进一步提高自己的口语能力。

## 三、基于产出导向法的高职英语口语教学实践

接下来，作者以某高职院校的空乘英语口语教学为例，展示如何在"产出导向法"理论的指导下，利用信息化混合式教学优势，借助翻转课堂手段，开展基于 POA 的高职英语口语教学实践。

产出导向法理论将教学流程分为产出驱动、产出促成和产出评价三步骤，与此对应，高职空乘英语口语教学分为课前、课中和课后三个阶段，在教学实施中利用某学习 APP 的线上教学平台开展线上线下相结合的翻转课堂教学①。下面以高职空乘英语口语教材第四单元的"客舱休闲娱乐服务（Cabin leisure and Entertainment Service）"为例，按照 POA 教学流程，展示"产出导向法"指导下的空乘英语口语教学流程。

---

① 李首权."产出导向法"视角下的高职空乘英语口语教学模式探索 [J].新疆职业教育研究，2019（4）：31-35.

（一）课前"产出驱动"环节

产出导向法理论认为在"产出驱动"环节，教师应向学生提供具有交际性的场景和具有认知挑战性的话题以供学生尝试完成语言产出活动，通过尝试性的产出活动让学生体会到产出的困难，认识到自身语言储备和应用能力的不足，从而刺激其产生学习的欲望。

课前，教师首先围绕单元主题"客舱休闲娱乐服务（Cabin leisure and Entertainment Service）"，设计出基于空中乘务员真实工作情境的三项口语产出任务。

一是空中乘务员用英语向乘客广播机上各类休闲娱乐设备。

二是空中乘务员用英语向乘客广播如何使用机上视听娱乐设备。

三是空中乘务员用英语回答乘客提问，指导其正确使用视听娱乐设备观看电影。

在语言产出任务设计好后，教师通过移动学习 APP 将其提前发布到线上学习平台，使学生熟悉单元主题交际背景，明确需要完成的产出任务。其次，教师将与交际主题相关的语言输入材料，如词汇表、阅读材料、微课、视听材料、PPT、网络学习资源等上传至 APP 学习平台，以便引导学生课前进行选择性学习。同时，教师制定并发布课前任务单，要求学生对输入材料进行学习并设置课前自主学习测验，以强化学生对专业知识的掌握。最后，教师在线上进行学习辅导，答疑解惑，检查学生学习完成情况，要求学生将口语产出成果上传至 APP 学习平台供大家分享交流，教师对学生的产出成果进行审阅，归纳总结存在的问题和不足，为课堂教学与互动做好准备。

（二）课中"产出促成"环节

产出导向法的"产出促成"环节设定的教学步骤分为教师描述产出任务、学生进行选择性学习、教师给予指导检查、学生练习产出，教师给予指导检查。

在课堂教学环节，教师首先针对学生课前自主学习情况通过小测验的方式进行检查复习。教师展示"客舱休闲娱乐服务"相关图片和词汇，要求学生将其配对并给出专业词汇的准确释义。其次，就本单元教材中的三篇广播词和三篇情景对话中的重点词汇及句型进行讲解，并就课前学生口语产出中存在的问题与学生互动交流。再次，教师将班级同学划分成若干小组并要求同学们以小组为单位自主学习教材内容和其他 APP平台资源并练习课前布置的三个口语产出任务。教师需要随时关注学生产出活动准备工作的进展情况，随时帮助学生答疑解惑，解决语言知识、情节设计和专业知识方面的困难，促成学生口语产出活动的完成。最后，各小组进行成果展示。每个小组派 2 人分别完成第一项和第二项口语产出任务，派 2 至 3 人完成第三项口语产出任务。小组展示时，其他小组的同学要对展示内容进行批评性分析，归纳总结出展示内容中的可取和不足之处，同时对小组总体表现和个人表现进行评价、打分等。小组展示结束后，其他各组各自给出评价意见。与此同时，教师也对同学们的展示情况进行点评，对正确得体的口语产出予以肯定，对错误和不当的口语产出予以指正并提出合理化建议以帮助学生更好地吸收和内化相关的语言知识。

### （三）课后"产出评价"环节

产出导向法的"产出评价"分为及时评价和延时评价两种。及时评价是指在"产出促成"环节，教师对学生的选择性学习和产出练习给予的实时评价。延时评价则是指学生在课堂环节结束后的课后自主练习阶段将自己的产出成果提交给教师进行评价。

在本单元课堂教学完成后，教师布置复习性产出任务即要求各个小组改进和完善以上三个口语产出任务，并将最新改进的两个口语广播和一个情境对话拍成视频上传至 APP平台，教师对其进行审阅并给出成绩。

教师还要另行布置三个迁移性产出任务，要求学生完成情景模拟并拍摄视频上传至 APP 平台，供教师评阅和打分。

第一，乘客要求调换耳机，经检查耳机没有问题，视频播放没有声音的原因是设备故障，空中乘务员帮助其解决问题。

第二，乘客想要观看电影但是不知如何挑选，空中乘务员通过问询了解其观影偏好并帮助其完成电影挑选并观看。

第三，乘客不会使用遥控器选择想要观看的娱乐节目，空中乘务员对其进行指导。

对于复习性产出任务，教师要求每一组学生都必须完成，而对于迁移性产出任务，为不增加学生额外的学习负担，教师可以将任务分配给各个不同小组，要求每个小组完成其中一项。教师在 APP 平台上对各个小组的任务完成情况进行评阅打分，指出存在的问题和错误。针对存在的问题和错误，教师与各个小组进行沟通交流并给出修改意见。通过完成复习性产出任务和迁移性产出任务，课堂教学知识可以得到巩固，空乘英语口语的应用技能也可以得到进一步的锻炼。

## 四、产出导向法在高职英语口语教学中面对的挑战及应对策略

"产出导向法"作为一种已经在实践中得到成功验证的本土化外语教学理论，在当下的高职英语口语教学中具有良好的应用价值，在提高英语口语教学效果，促进学生英语口语产出能力培养方面发挥巨大作用。但该理论在教学中的实际应用将面临来自专业的师资力量、教学资源及教学评估等多方面的挑战。

### （一）提高教师教学组织能力，优化教师专业知识结构

在"产出导向法"教学实践中，传统课堂教学的组织形式被打破，输入活动和输出活动的顺序被颠倒，语言和专业知识的吸收与内化被翻

转至课外进行，而课堂教学环节成为语言输出能力促成的练兵场，在此教学模式下，教师不再是教学活动的主演而是导演，学生摆脱了被动接受地位而成为教学活动的主体。因此，只有对专业教师加以专门化的培训，全面提高他们的 POA 教学组织能力，才能充分发挥教师在 POA 教学中的作用，课堂效率才能提高。

此外，开展产出导向法教学对教师的专业知识结构也提出了更高的要求。高职英语教师不仅要具备深厚的语言功底和良好的教学能力，还要有一定的专业知识储备，熟悉职业和行业发展情况，了解行业企业真实的人才需求。目前，国内高职院校英语教师大多为英语专业出身，很少有在具体的行业企业一线的工作经历，对高职生就业面向的行业和企业的专业知识比较缺乏。因此，要提高教学效果就要优化教师的专业知识结构，提升教师的职业综合素质。在师资能力培养上，高职英语教师应在课余时间积极主动学习相关职业和行业的专业知识，抓住一切培训、进修机会优化个人的知识结构，提升自身的实践能力；学校应寻求与行业和企业积极合作，帮助教师进入企业进行实践锻炼，积累一线的企业工作经验，了解企业相关岗位的工作内容以及真实的英语语言知识、技能和素质要求。

### （二）改编现有教材，打造立体多元的教学资源库

教材是开展教学活动的主要工具，同时也是学生获得语言输入的主要来源。当前高职院校英语口语教学所使用教材虽然种类较多，但它们的编写指导思想基本上还是以传统课堂教学理论为基础，目前市面上还没有以"产出导向法"理论为指导编写的高职英语口语教材，这就对教师开展"产出导向法"口语教学提出了巨大挑战。在没有现成教材可用的情况下，教师应当对现有教材内容进行取舍，对适用于该理论的内容加以提取和精练，还应适当补充和扩展相关的知识内容以满足 POA 教学法的需要。

除对现有教材进行改编以外，POA 教学法还要求教师在驱动和促成阶段为学生提供声音、图像、文字等多样化立体化的语言输入材料来全面刺激学生的各种感官，提高语言输入效率。教师还要让学生对语言输入材料进行选择性学习以完成语言产出任务。高职英语口语教学应当立足于教材而不完全依赖教材，教师应充分利用各类线上和线下的信息资源，打造多元化立体化的英语口语学习资源库，为学生产出活动的顺利开展提供足够的知识储备。随着教育信息化改革的发展，高职英语教师还可以建立各类移动教学平台，运用移动教学 APP 或移动信息平台开展线上线下相结合的混合式教学，同时积极打造微课和慕课资源，创建高职英语口语线上开放课程，拓展学生课外自主学习渠道，实现课堂内外，线上线下的一体化智能化教学，深层次全方位提升高职学生的英语口语产出和应用能力。

### （三）改革传统课程考核方式，建立多元评估体系

熟练使用英语口语是高职生提高职场竞争力，促进个人职业生涯发展的一项重要技能，而英语口语教学考核则是检验这一技能是否习得的试金石。口语技能训练不同于读写训练或翻译训练，其产出成果的最终体现是一个动态过程，该项技能的完善也是一个循序渐进阶段性的成长过程。因此，教师应当改革当前类似于传统大学英语教学以期末考试为主的考核方式，建立以形成性评价为主、终结性评价为辅的课程考核方式。在课程考核中体现学生的阶段性成长，通过形成性的评价认可学生不断取得的进步，同时进一步鼓励和督促学生深入学习，强化训练，不断提升口语技能水平。

高职英语不同于本科层次的英语，具有较强的职业性和情境性。要成功开展英语涉外工作，学生不仅要掌握相应的专业知识，具备一定的语言技能，还需要了解和掌握一定的人际沟通和跨文化交际方面的知识和技巧。因此，英语口语课程教学应建立多元化的评估体系，不仅评价

学生英语口语表达能力，还要评价学生在仿真的职场情境中正确使用口语完成工作任务的语言运用能力，既要关注学生语言技能的习得也要关注学生职业技能的培养。因此，在教学评价体系构建中，教师要以职业岗位要求为依据，将行业服务标准引入评估体系，测试学生实践中运用英语完成工作任务的应用能力。

## 第三节　产出导向法视域下高职英语阅读教学

### 一、产出导向法在高职英语阅读课程教学设计中的应用原则

#### （一）以学生为中心，明确教学目标

在教育过程中，明确的教学目标是实现良好教学效果的基石。在这个前提下，设计教学活动不仅需要教师对《高等职业教育专科英语课程标准（2021 版）》和课程大纲进行深入的解读，更重要的是将这些官方指导与学生的实际需求和能力相结合。这要求教师不仅是作为知识的传递者，更应是一个引导者和协助者，真正将"以学生为中心"这一教学理念融入教学的每一个环节中。学生的学习基础和认知规律应被视为教学设计的关键因素。每位学生都有其独特的学习背景、经验和习惯，这些因素在很大程度上影响了他们的学习效果。因此，教师应深入了解学生的学习状况，确保教学活动与学生的实际水平和需求相匹配。同时，阅读不仅是文字的理解，它还涉及对文化背景的认知、对信息的筛选和判断，以及对知识的批判性思考。围绕语言文化知识、阅读技能和思辨能力这三个层次，教学目标的设计应当是有层次的，确保学生从基础到高级，从浅入深地掌握所需的知识和技能。这些目标应该是具体的、可观测的，以便教师在教学过程中进行有效的评估和反馈，确保学生能够达到预期的学习效果。

## （二）持"学用一体"原则，选取教学内容

在教育的领域中，选择合适的教学内容对于实现教学目标至关重要。当教育者提到传统的英语阅读课程时，通常的做法是专注于课文的讲解和分析。产出性导向法为教学内容的选取带来了新的视角。这一教学方法强调，教学内容的选取应建立在明确的产出目标之上，与之紧密相连。产出，作为学习过程的终点，是学生通过各种活动和实践获得的知识和技能的具体展现。而产出的实现离不开充分的输入。输入在这里不仅是教材内容，更包括各种与课题相关的资料、实例和活动，这些都为学生提供了丰富的知识和信息来源，帮助他们更好地理解和掌握课题内容。在产出性导向法的指导下，教师在选取教学内容时，首先要考虑其与产出目标的关联性。这意味着，所选的内容应该是典型的、与时代发展相适应的，能够帮助学生更好地实现教学目标。教学内容的设计还需要考虑学生的认知水平和学习需求，确保内容既有深度又有广度，既有挑战性又有可操作性。为了确保教学内容与产出目标的紧密对接，教师还需要从语言文化知识、阅读技能和思辨能力这三个维度出发，设计出一系列有梯度的、具有挑战性的教学活动。这些活动不仅可以帮助学生巩固和深化对知识的理解，还可以提高他们的实际应用能力和批判性思维能力。产出性导向法还强调"选择学习"的重要性。这意味着，教师应鼓励学生根据自己的兴趣和需求选择学习内容，从而更好地激发他们的学习兴趣和潜能。在这一过程中，输入与输出的结合成为关键，确保学生在学习过程中既能获得充分的知识输入，又能有效地将所学知识转化为实际的产出。

## （三）组织线上线下混合式教学，拓展教学思路

随着信息技术在教育领域的广泛应用，线上线下混合式教学已逐渐成为推动教育创新和提高教育质量的重要手段。这种教学方式在现代教

育环境中展现出其独特的优势和价值。

线上线下混合式教学打破了传统教学的时空约束，为教师和学生提供了更为灵活的学习和交流平台。学生不再受限于固定的上课时间和地点，他们可以根据自己的需求选择合适的学习方式和时间，从而更好地适应自己的学习节奏和风格。而对于教师而言，这种教学方式使他们能够随时与学生进行交流和互动，及时解决学生的学习困惑和提出的问题。另一方面，线上线下混合式教学为教育提供了丰富的资源和工具。通过线上平台，学生可以轻松地获取各种优质的学习资源，如视频、音频、图文资料等，这些资源不仅丰富了学习内容，还为学生提供了多种学习方式，使学习变得更加生动有趣。而教师则可以利用这些资源进行教学创新，设计出更为生动和富有吸引力的教学活动。

线上线下混合式教学还有助于提高学生的自主学习能力和积极性。在线上平台上，学生可以自主选择学习内容和进度，这既培养了他们的自主学习习惯，也激发了他们对学习的兴趣和热情。同时，线上学习的数据和记录也为教师提供了宝贵的反馈，使他们能够更为准确地掌握学生的学习状况，进行有针对性的教学调整和优化。线上线下混合式教学还为教育带来了新的教学思路和理念。在这种教学模式下，教育不再是单一的、线性的过程，而是一个动态的、互动的系统。教师和学生可以在这个系统中相互交流、合作和创新，共同推动教育的进步和发展。

### （四）贯彻"以评为学"教学假设，达到以评促学的目的

在教育的深厚传统中，评价往往被视为学习的结束阶段，用于检验学生的学习成果。但在产出导向法中，评价被重新定位为学习的核心环节，它不仅是对学习的强化和深化，更是教学的升华。这种观念的转变揭示了评价与学习之间的紧密关系，强调评价的作用不仅是测量和判断，更是推动和引导。"以评为学"的教学假设凸显了评价在教学过程中的中心地位。为了实现以评促学的目的，评价的设计和实施应该细致、全

面。细化评价标准是评价设计的关键，它确保了评价的公正性和客观性，使学生清楚知道他们的学习目标和期望。此外，评价标准应与教学目标和产出任务相一致，确保评价的内容和形式与教学的要求和目标相匹配。同时，学生应被鼓励熟悉和了解评价标准，这不仅帮助他们明确学习的方向和目标，还有助于激发他们的学习兴趣和动力。

产出导向法还强调多元化的评价方式，这种方式不仅丰富了评价的内容和形式，还使评价更加全面和客观。在多元评价方式中，教师评价、学生自评、师生共评、学生互评和外部评价等都被纳入评价体系。这些评价方式不仅为学生提供了多角度的反馈和建议，还有助于培养他们的自主学习和批判性思维能力。例如，学生自评可以帮助学生反思自己的学习过程和成果，培养他们的自我监控和调整能力；而学生互评则有助于培养学生的合作和交流能力，使他们从他人的角度审视自己的学习。及时性评价和延时评价都被纳入评价体系。及时性评价为学生提供了实时的反馈和建议，帮助他们及时调整学习策略和方法；而延时评价则更加关注学生的长期学习成果和能力的发展。

## 二、产出导向法理论指导下的高职英语阅读课程教学模式

### （一）教学目标

在教育的现代化进程中，产出导向法作为一个重要的教学理念和方法，对于高职英语阅读课程的教学设计和实施有着深远的影响。这种教学方法以"学习中心说"和"学用一体说"为核心，强调教学的目标是促进学生的实际产出，即他们在实际语境中使用英语的能力。

在产出导向法的理论框架下，高职英语阅读课程的教学模式可以从课前、课中、课后三个阶段展开。在课前阶段，线上教学平台和资源被充分利用，将部分教学内容前置，让学生在正式的课堂教学之前就开始接触和学习相关知识。通过学前驱动任务，教师引导学生进行自主学习，

鼓励他们进行初步的尝试产出。学生还被要求熟悉评价标准，明确自己的学习目标。教师则可以根据学生的学前产出，进行诊断性评价，进而有针对性地设计课堂教学方案。

进入课堂，教师采用对话式、启发式和探究式的教学方法，鼓励学生积极参与，充分发挥自己的思维潜能。教师在这个过程中扮演了一个"脚手架"的角色，他们通过各种方式帮助学生构建知识，培养他们的思辨能力。同时，教师还会选取学生的产出作业，进行课堂展示和评价，这不仅加深了学生对知识的理解，还提高了他们的应用能力。

课后阶段，学生被要求根据所学知识改进他们的产出作业，同时反思自己的学习情况，撰写学习反馈。教师则会根据学生的表现和反馈，设计后续的教学任务，促进学生的深入学习。学生还被鼓励进行自我学习、合作学习和探究式学习，从而提高他们的自主学习和问题解决能力。

高职英语阅读类课程有着丰富的内容和形式，如英语专业的《综合英语》《泛读》和《高级英语》，商务英语专业的《基础英语》和《商务英语阅读》，以及非英语专业的公共课《高职英语》等。在这些课程中，产出导向法为教学活动提供了新的理念和方法，使教学活动更加注重学生的实际产出，更加贴近学生的实际需求和能力。以《基础英语》为例，这一课程在产出导向法的指导下，不仅培养了学生的英语阅读能力，还帮助他们提高了英语应用和综合素养。

## （二）教学内容

《基础英语》包含十六个单元。单元主题兼顾语言和文化，语言知识难度由浅入深，循序渐进，注重对听说读写译基本功的学习。

## （三）教学流程

以产出导向法为指导的《基础英语》单元阅读教学实验包含三个教学步骤，分别是驱动、促成和评价，三个教学步骤呈现循环模式。

1.驱动

在产出导向法中，"驱动"作为一个核心概念，是启动学习过程的关键环节。它旨在激发学生的学习兴趣和动机，为后续的学习活动创造一个良好的起始条件。从大的范畴来看，"驱动"可以分为直接驱动和间接驱动两种。

间接驱动的策略通常包括利用微课、慕课或教学视频来预习和学前准备。这种方式的优势在于为学生提供了一个自主学习的机会，使他们在进入课堂之前已经对教学内容有了初步的了解。此外，间接驱动还可以帮助学生明确教学目标，为课堂活动做好准备。在课堂中，教师会重点检查学生对教学目标的理解和掌握，同时结合设计的具体交际活动选择合适的产出任务形式，引导学生进行实践和应用。

以《基础英语》为例，通过设计与生活息息相关的交际场景，教师可以更好地吸引学生的注意力，促使他们更加积极地参与教学活动。例如，当教学内容涉及银行业务时，教师可以设计一个在银行办理存取款业务的交际场景，使学生能够将所学知识应用到实际的语境中。同样，当教学内容与时间相关时，教师可以设计一个与未来相关的交际场景，如"二十年后的班级聚会"，让学生展望未来，发挥想象力。对于与节日相关的内容，教师可以将"圣诞节的早晨"替换为"除夕夜"或"大年初一的早晨"，使之更贴近学生的生活经验。

2.促成

"促成"环节在产出导向法中起到至关重要的作用，作为学生从接受知识到实践应用的桥梁，它确保了教学内容的连贯性和系统性。在这个环节中，教师的角色从传统的讲授者转变为指导者和协助者，他们通过为学生明确学习目标、描述具体的产出任务，以及提供多种形式的输入性材料，帮助学生构建知识体系，提高学生的语言应用能力。

对于教学内容的选择，产出导向法强调输入性材料的多样性和选择性。这些材料涵盖了语言内容、语言形式和话语结构三个维度，它们旨在提供给学生一个全面的语言输入方式，帮助他们理解和掌握教学内容。同时，教师还需要根据学生的理解情况和完成情况，随时提供检查和指导，确保学生能够正确理解和应用知识。

以第二单元"男孩和银行办事员"为例，教师首先明确产出任务，即"通过阅读理解和分析，掌握课文中人物描写的方法与作用"。首先，教师提供与单元相关的多种形式的输入材料，如照片、电影片段、文学节选等，这些材料中包含丰富的人物描写实例。教师引导学生注意这些材料中的关键词汇和句型，以帮助他们更好地理解和分析文本。其次，学生的主要任务是进行深入的阅读和理解活动。在这一过程中，学生需要识别文本中的人物描写手法，包括作者是如何通过外貌、性格、行为等方面来塑造人物形象。最后，学生应分析这些描写是如何帮助读者理解人物性格、动机以及其在故事中的作用。在课堂上，教师可以组织以下几种阅读理解活动。

第一，寻找关键段落。学生在提供的文本中寻找并标记关于人物描写的关键段落。

第二，角色分析讨论。分小组讨论不同角色的描述方式，分析其对故事发展的影响。

第三，问题解答。教师提出与人物描写相关的问题，学生通过阅读材料来回答。

这些活动不仅检验了学生对人物描写方法的掌握情况，而且强化了他们的阅读理解和分析能力。通过这样的实践，学生能够在理解文本的基础上，提升分析和推理能力，这对于他们的英语阅读和整体语言能力的提升是非常重要的。

促成作为教学过程的核心阶段，在教学目标与产出任务明确后，需要对其各个组成部分采纳特定的教学方法。例如，当教师以两人相遇的经历为教学内容，他们会通过词汇、句式结构、叙述手法和修辞特点等方面进行深入的探讨。这不仅帮助学生理解与掌握相关的语法知识，还使他们能够形成对于见面场景所需的综合认识，对如何运用词汇、叙述手法等进行描述。在此过程中，筛选并强调关键的输入内容至关重要，其目的是确保学生能够在后续的产出练习中达到最佳效果。

例如，A young woman was coming toward me.Her figure was long and slim; her golden hair lays back in curls from her delicate ears; her eyes were blue as flowers; her lips and chin had a gentle firmness，and in her pale green suit she was like spring time come alive.

这段描述不仅为学生提供了人物外貌描写的典范，还展现了如何在相遇的场景中进行细致的叙述。通过对人物外貌的细节描述，读者能够更为深入地感受到场景的真实性。

再看另一个例子：The girl in the green suit was walking quickly away. I felt as though I was split in two，so keen was my desire to follow her，and yet so deep was my longing for the woman whose spirit had truly accompanied me and up-held my own.

此处的描述重点在于揭示主人公面对选择时的内心挣扎。学生通过这样的描述可以学习到如何使人物更具深度和复杂性。这种基于实际场景的输入教学，为学生的后续产出提供了必要的知识支撑。

这里需要强调的是，第一阶段与第二阶段的产出有本质的区别。在第一阶段，由于学生没有得到专门的指导，他们的产出可能会存在质量问题。而在第二阶段，教师提供了针对性的输入和指导，这将导致学生的产出质量得到显著提高，更接近预设的教学目标。此时，学生创作的故事情节更具吸引力，人物形象更为立体，这对于增强学生的学习积极性具有积极作用。完成产出后，教师应为学生提供及时和针对性的反馈，帮助他们对自己的工作进行深入思考，从而进一步促进他们的学习。

3.评价

评价在产出导向法中占据了一个核心位置，为教学提供了方向和反馈，从而确保教学目标的达成。在这一方法中，评价不仅是对学生学习成果的简单判断，而是一个与学习过程相结合的动态过程。它分为"及时评价"和"延时评价"两种类型。

"及时评价"是教学过程中对学生学习情况的实时反馈。它能够及时发现学生在学习过程中的困惑和问题，为教师提供了对教学策略进行调整的依据。这种评价方式相当于"促成"环节的"检查"部分，它不仅能够监控课堂教学的进展，还能为学生提供及时的反馈，帮助他们更好地理解和掌握教学内容。

"延时评价"则是对学生课后完成的任务进行的评价。它分为复习性产出和迁移性产出两种。复习性产出主要是对学生关于教学内容的理解和掌握情况进行评价，迁移性产出则是评价学生将所学知识应用到新的语境中的能力。在进行迁移性产出评价时，教师需要明确评价标准，使学生能够清楚地知道评价的依据，从而进行自我检查。

以第二单元"男孩和银行办事员"为例，教师布置了一项课后作业，要求学生解释一个段落，并挑选出描述 John Reed 形象的词汇，然后尝试写下一个描述图片中人物的段落。这项任务不仅检验了学生对教学内容的理解和掌握情况，还要求学生将所学知识应用到新的语境中，展现了他们的迁移性产出能力。对于这样的任务，教师在评价时不仅要关注学生的语言准确性，还要关注他们的应用能力和创造力。

## 三、产出导向法指导下的高职英语阅读课程教学策略

### （一）充分利用线上教学资源，达成学用结合教学目标

首先，在当今信息化教学的时代背景下，线上教学资源为高职英语阅读课程提供了前所未有的教学机会和挑战。随着各种教育技术的日益完善，网络上涌现出大量高质量的英语教学资源，为教师和学生提供了丰富的学习材料和多样化的学习方式。这为英语教学，特别是产出导向

的英语阅读教学提供了有力的支撑。

其次，高职英语阅读类课程的在线资源不仅涵盖了从基础到高级的各种阅读材料，还为学生提供了实际交际的场景和真实的语境。这些资源的多样性和丰富性为教师提供了广阔的教学选择空间。教师可以根据学生的实际水平和需求，灵活地选择和调整教学资源，确保教学内容与学生的实际需求和兴趣相匹配。

再次，线上平台为教师提供了与学生互动的新途径。传统的面对面教学方式可能受到课堂时间和空间的限制，线上教学则为教师和学生提供了更加灵活和多样的互动方式。通过在线讨论、小组合作和互评等方式，教师可以更加深入地了解学生的学习情况，及时调整教学策略，确保教学效果的最大化。

最后，线上教学为学生提供了更为个性化的学习路径。学生可以根据自己的兴趣和需求选择学习材料，自主安排学习进度，这无疑有助于提高学生的学习兴趣和积极性。更为重要的是，线上教学为学生提供了真实的语言使用环境，使他们有机会在真实的语境中进行语言实践，从而提高其语言应用能力。

### （二）借助听说读写译互助模式，提升学生的阅读能力和水平

英语阅读在整体的语言学习过程中占据着至关重要的位置，它不仅是信息的获取途径，更是语言技能的核心组成部分。在许多传统的教学模式中，阅读常常被局限于对文本内容的理解和对词汇、语法的分析，而忽视了阅读与其他语言技能，即听、说、写、译之间的内在联系。产出导向法为教育者提供了一个新的视角，强调在实际应用中实现语言知识与技能的整合。

阅读并不是一个孤立的过程。实际上，当学生在阅读时，他们经常需要运用听、说、写、译等其他语言技能来加深对文本的理解。例如，听力可以帮助学生更好地理解文本的语境和语音；口语则可以帮助他们

将文本内容转化为实际交流；写作可以使学生将所读内容重新组织并表达出来，而翻译可以进一步锻炼学生对语言结构和文化差异的认识。因此，一个有效的阅读教学不应只关注对文本内容的理解，更应重视与其他语言技能的整合。

此外，阅读也不应仅仅停留在表层的理解上。为了真正提高学生的阅读能力和水平，教师应引导学生深入挖掘文本，探索其背后的文化、历史和社会背景，培养他们的批判性思维和分析能力。这样，学生不仅能够理解文本，还能对其进行深入的反思和评价。

在产出导向法的指导下，教师可以设计一系列的教学活动，将阅读与听、说、写、译等技能相结合。例如，教师可以让学生听与阅读材料相关的讲座或访谈，再进行口头讨论和写作练习，以及进行文本的翻译。这样的教学模式不仅可以加深学生对文本的理解，还可以锻炼他们的综合语言应用能力。

### （三）完善高职英语阅读类课程评价体系，实现教学相长

产出导向法作为一种先进的教学策略，强调了教与学的交互性与评价在教学过程中的核心地位。在英语阅读类课程中，评价不仅是对学生学习效果的检测，更是一个反馈机制，旨在优化教学过程并助力学生深化理解与提高能力。为此，构建一个综合性的评价体系，将"形成性评价"与"终结性评价"有机结合，是确保教学效果和推动学生持续进步的关键。

形成性评价关注的是学生的学习过程，它为教师提供了一个及时了解学生学习状态的机会，从而对教学策略做出相应的调整。这种评价方式不仅可以帮助学生明确自己的学习目标，而且可以引导他们在学习过程中发现问题并及时自我调整。通过定期的互动、讨论和反馈，教师和学生都能更深入地理解学习内容，并找到最有效的学习策略。

与形成性评价不同，终结性评价更关注学生学习的最终成果。它通

常在学习单元或课程结束时进行，以确定学生是否达到了预定的学习目标。但这并不意味着终结性评价是孤立的。相反，它与形成性评价相辅相成，共同构成一个完整的评价体系。例如，教师可以根据形成性评价中收集到的信息，调整终结性评价的内容和形式，确保评价更加公正、准确。

为了更好地实现教学相长，评价不应仅是教师的职责，学生也应参与到评价过程中来，通过自评和互评，培养自己的批判性思维和反思能力。这样，评价不仅可以帮助学生了解自己的长处和不足，还可以激发他们的学习兴趣和积极性。

## 第四节　产出导向法视域下高职英语写作教学

作为一种较为新颖的教学方法，产出导向法是对传统的输入及输出理论进行改进的基础上得来的。产出导向法不仅实现了对课程设置的关注，更将英语课堂上高职英语教师与学生之间进行的分工以及实现的合作作为重要内容进行关注，进而突出输出及输入在进行英语教学时所起到的重要作用。产出导向法对学生进行英语学习时有重要帮助，帮助学生解决自己在进行英语学习时无论是学习过程还是使用中遇到的困难，更重要的是有力地推动英语教师在教学观念与方法方面进行改变。语言作为一种人与人之间沟通、交流的工具，若希望对其实现熟练掌握，必须对听、说、读、写四方面进行训练，更需要在学习者进行学习的每一个阶段采用形态各异的教学方式。国内学者如果要对我国现行的英语教学模式存在的问题进行思考，不仅需要对国外教学方法进行借鉴，更重要的是需针对我国面临的教学现状进行实践探索，以期寻找到对本土化问题进行解决的方案。

## 一、高职英语写作问题解析

（1）高职英语写作主要采用范文讲解和模拟写作的教学方法。在传统课堂中，对英语的交际性应用并未得到充分关注。一般流程是：教师先为学生展示范文，边讲解写作技巧边让学生进行阅读。之后，学生会接到写作任务，如说明文、议论文等。有时，教师还会用当前社会的热门话题作为写作素材，鼓励学生表达自己的看法。

（2）传统的英语写作教学，以技能训练为中心，往往忽略了写作与所学的学科内容之间的有机连接。这样的教学方式，尽管能够培养学生的基本写作技巧，但却无法鼓励学生深入挖掘和表达与自身文化背景相关的话题和思考。事实上，写作中的很多主题和话题与学生的母语文化有着深厚的联系。简单的、技能导向的写作训练，很难为学生提供一个平台，让他们用英语去描述和反思中国的传统文化。为了更好地在英语写作中表达自己的文化背景，学生不仅需要进行大量的英语阅读，积累知识和词汇，还需要深入了解他们的母语文化和英语文化。通过学习英语国家的文化和文学作品，学生可以更好地理解英语的语境和背景。但同样重要的是，他们还需要深入研究那些涉及中国文化的英语文章和作品。这样，他们不仅能够更好地了解自己的文化传统，而且还能学习如何用英语有效地传达这些知识和情感。

（3）在我国的英语教育体系中，理论学习往往受到过多的重视，而实际应用则相对被忽视。这主要是因为英语课程大多在课堂内通过讲授的形式进行，教师主要在课堂时间或者少量课后时间布置一些实践性作业。但是，这种方式忽视了实践性在语言学习中的重要作用。尤其在高职英语课程中，由于课程设计缺乏足够的实践环节，学生很难有机会进行真正有意义的、实际操作的英语锻炼。这不仅限制了学生实际应用英语的能力，也导致了高职英语写作教学效果的不尽如人意。为了提高英语教学效果，应该在高职英语课程中增加实际应用和实践性训练，这样不仅能够提高学生的实际应用能力，还能够更好地激发学生的学习兴趣，实现理论与实践的完美结合。

（4）在英语写作教学中，评价方式的选择至关重要。长久以来，许多评价方法并未有效地解决评价效率的问题。传统的以结果为导向的写作教学中，仍主要采用教师对学生作品的批改评价方式。这种评价方法的弊端是过于单一。它不仅增加了教师的工作负担，而且由于教师在评价中对学生作品的问题给出的过多负面反馈，可能导致学生在修订作品时感到失落和懈怠。近年来，一些写作教学方法开始尝试采用更加以学生为中心和合作学习的理念，如同伴评审。这种方法鼓励学生之间进行相互批改，希望通过这种方式提高学生的参与度和自主性。但是，这种方法也遭遇了一些挑战，如同伴之间的评价可能缺乏权威性，以及和我国传统的教学文化不完全契合。

（5）在现代的高职英语写作教学中，教材的重要性似乎逐步减弱。许多学生觉得自己在学习过程中似乎难以将所学知识转化为实际应用，导致对英语学习产生"无用"的误解。这不仅需要高等教育机构和英语教育者深入反思，更应引起社会各界的重视。但是，仍有个别教师坚持使用传统的、以教材为核心的教学理念。这样的情况提示人们，虽然教材在教学中具有基础性的作用，但为了更好地激发学生的学习兴趣和提高教学效果，教育者应该在教学方法上进行创新，将教材与实际生活、工作和学术研究相结合，从而使学生真正感受到所学知识的价值和应用意义。

## 二、产出导向法在高职英语写作教学中的实施

### （一）对教学目标进行明确

在高职英语写作教学中，产出导向法的引入为教学注入了新的活力。为确保课堂教学效果最大化，首先要让学生认识到并积极追求的教学目

标，教师也要有对这些目标的清晰规划。仅仅设定一个宏大的目标是不够的，更重要的是将这个目标逐步细化，转化为具体的技能和任务，如词汇应用、句子结构和内容组织等，以便学生能具体了解所需的步骤和标准。在这一过程中，评估不仅是教师的职责，学生也应参与其中。他们既要进行自我评估，也要学会如何在同伴之间给予和接受反馈，这种参与式的评估方式能够帮助学生更加客观地看待自己的优点和缺点。与此同时，强调语言输出作为学习的核心驱动力变得尤为关键。这意味着学生在学习过程中不再仅是被动的接受者，而是需要主动地使用所学的英语知识的主导者。为了进一步增强写作任务的实用性和交际性，教师在布置任务时需创设一些与实际生活情境相符的场景，如商务信函或旅行日记，使学生能够在更真实的环境中运用英语进行交际。这样的方法不仅让写作训练更具交际性，还鼓励学生将听、说、读、写、译等多种技能融合在一起，从而全面提高其英语能力。

### （二）对教学内容进行确定

在高职英语写作教学中，确立教学内容是实现教学目标的关键。要确保输入与输出之间的恰当衔接，教材的选择和内容知识都起着至关重要的作用。与此同时，理论和实践的结合也不可忽视。基于学生的实际能力和需求，教师应当为他们提供适合的教学内容，如通过多媒体或书面材料为学生展示实例。这种方法不仅鼓励学生预习和自我搜集相关材料，还有助于他们更好地理解和吸收内容。教师在选择教材时，不仅要考虑教材本身的内容和结构，更要关注如何与学生的实际需求和能力相结合，为他们提供有针对性的学习资源。除了教材，其他相关的辅助材料和资源也很重要，可以帮助学生更好地理解和应用知识。教材与辅助材料的结合，可以为学生提供更丰富、更实用的学习资源。产出导向法的核心理念并不是完全反对将教材作为学习的中心，而是强调在学习过程中对教材的正确使用。仅仅学习知识是不够的，更重要的是如何将这些知识应用到实践中。通过制订有效的教学内容和策略，教师可以为学生创造更多的学习和实践机会，鼓励他们在真实的场景中进行筛选和应用，从而更好地完成写作任务。为了实现这一目标，教师还需要不断地反思和调整自己的教学策略，与学生进行互动和沟通，了解他们的需求和反馈，以此作为教学改进的依据。这样，不仅可以提高教学效果，还能够更好地满足学生的需求，使他们更有信心和动力参与到学习过程中，实现真正的知识输出。

### （三）运用优秀范例进行教学

在现代教育方法中，利用优秀范例进行教学逐渐受到教育者和学生的更多青睐，其原因在于此方法有助于将学生从被动的学习状态转向主动参与的状态。这种转变不仅提高了学生的学习动机，还为他们提供了更真实、更有意义的学习体验。对于教师而言，运用例子进行教学，要求他们在课前进行充分的准备，以确保所选取的例子与教学内容高度匹配并具有代表性。这种对例子的精选有助于学生更深入地理解教学内容，并激发他们的思考和探索欲望。教师在课堂上提出的例子，往往可以为学生构建知识框架，将抽象的概念具体化，使得复杂的知识点变得更为直观和可理解。但更为关键的是，这些例子也为学生提供了一个平台，使他们可以基于实际情境应用自己的知识，并在此过程中加深对知识的理解。

仅仅依赖教师所给的例子是不够的，学生还需要深入探究，从而掌握学习的主动权。这也意味着在学习过程中，教师的角色逐渐从主导者转化为指导者和组织者。学生在学习中，通过自我探索和讨论，不仅可以深化自己的认知，还可以为教师提供不同的视角和见解，为整个教学过程注入新的活力。此外，教师需要意识到，每个学生的认知结构和学习风格都是独特的。因此，在使用例子进行教学时，教师需要尽量选择那些既具有普遍性又具有足够的开放性的例子，以便学生可以从不同的角度进行思考和讨论，从而达到对知识深入探讨的目的。这种学术性的讨论和交流，不仅可以提高学生的思维品质，还能培养他们的批判性思考和创造性思维。

### （四）推动教师角色的转变

在现代教育环境中，随着学习的中心学说和产出导向法的提出和广泛应用，教师角色的转变显得尤为迫切和重要。产出导向法特别强调学生的学习过程与成果，从而使学生的需求逐渐成为课堂活动的中心。在这样的背景下，教师不再只是知识的传递者，而是成为学习的设计者、指导者和伙伴。持平等的态度对待每一位学生，确保每个学生都获得平等的学习机会和资源，已经成为教育者的共识。这种平等不仅是指提供同样的资源和机会，还意味着对待每个学生的需求和差异都给予充分的关注和尊重。课堂上的学习活动应该充分反映这一点，确保每个学生都能从中受益，进而达到其学习目标。

教师在课堂教学中需要持续地探索和创新，以找到最适合学生的学习方式。这不仅要求教师具有丰富的教育理论知识和实践经验，还需要他们敏锐地洞察学生的需求和反馈，以便及时调整教学策略。同时，与写作相关的课堂活动和任务设计，需要结合学生的实际情况，确保它们既具有足够的挑战性，又能够为学生提供有效的学习支持。为了提高教学效率并促进学生的语言综合使用能力，教师需要在课堂中引入多种形式的活动，如小组讨论、项目合作、案例分析等。这些活动不仅可以激发学生的学习兴趣和动力，还能帮助他们在实际情境中应用所学知识，从而加深对知识的理解和应用。

### （五）不断地进行写作实践

在教育领域，产出导向法为学生提供了一个重要的框架，强调通过实际应用和实践活动来巩固和深化学习。这种方法与传统的、仅限于课堂内的教学相比，为学生创造了更多的机会，使他们能够在真实的情境中应用所学知识。其中，课外实践成为这一方法的核心组成部分。

利用情景设置来激发学生的求知欲已经被认为是非常有效的。情景设置不仅为学生提供了一个与实际生活相近的学习环境，也鼓励他们积极探索、思考和应用所学知识。在这种情境中，学生更容易看到知识与现实生活之间的联系，从而更加珍视他们的学习机会。

课外实践还为学生提供了与不同背景和经验的人交往的机会，进一步丰富了他们的社交经验。这样的交流不仅有助于学生扩大自己的视野，更能够帮助他们培养与他人沟通和合作的能力，这在今天的全球化背景下显得尤为重要。在课外实践中，学生不仅能够应用课堂所学，还能够发现自己在学习过程中可能遗漏或忽略的知识点，这对于他们的长期学习和成长都是非常有益的。随着实践的深入，学生会逐渐认识到学习不仅是在课堂上的事情，更多的是在真实生活中的不断探索和实践。

## 三、基于产出导向法的高职英语写作教学驱动环节设计

在不改变现有高职英语课程的框架和总体要求的前提下，将产出导向法理论体系引入英语写作教学，是一个切实可行的策略。这一策略的核心在于设计有效的驱动环节，使学生在写作过程中能够真实地体验到交际场景，从而提高写作的交际价值。在设计驱动环节时，教师面临的挑战是如何使任务具有真实性和交际价值。交际场景的四要素，即时间、地点、身份和交际工具，是决定任务真实性的关键因素。其中，身份要素尤为关键。如果学生在完成任务时存在身份不当或身份不明的问题，那么他们的写作产出可能会缺乏交际价值。身份不当可能导致语用失误，因为学生未能准确地认识到自己与读者之间的社会距离和心理距离；身份不明则可能导致写作目的不明确，从而缺乏交际价值。以《高职英语综合教程》为例，教材中关于不同学习方式的文章写作任务，由于未明确文章的读者和写作的必要性，导致该任务的交际真实性受到挑战。同

样，考试中的写作任务，由于缺乏明确的交际背景和身份设定，使得考生在完成任务时往往只是为了应对考试，而非为了真实的交际，这无疑削弱了写作的交际价值。因此，想要设计出符合 POA 要求的驱动环节，教师不仅要遵循驱动环节的三原则，还应该深入挖掘交际场景的四要素，特别是身份要素。只有这样，学生的写作产出才能真正具有交际价值，而不仅仅是为了完成任务或应对考试。

　　在教学设计中，写作活动的真实性和交际价值显得尤为关键。2018年 12 月全国大学英语四级考试中的"在大城市生活的挑战"这一作文题目，为教育者提供了一个典型的例子，展示了如何通过驱动三原则和交际场景四要素来改编原始题目，使其更具真实性和交际价值。该题目原来的设定中，学生的身份和写作背景均较为模糊，导致其交际真实性和身份明确性相对较低。为了解决这一问题，可以调整写作背景为毕业生面临的选择，是选择在大城市还是小城市生活，并通过与外国朋友的邮件交流，探讨大城市生活中可能遭遇的挑战。此种设定不仅为学生提供了明确的身份，即面临抉择的毕业生，还使其通过书信的形式体验到真实的交际场景。而在输入材料的选择上，教师可以根据此产出题目，精选与大城市生活挑战相关的图片、视频和文字资料。这些材料应涵盖大城市中常见的问题，如污染、交通拥堵、高昂的房价以及教育资源的不均等分布等，从而确保学生在写作时能够有充分的素材可供选择，同时也保证了这些问题与学生实际生活中可能面临的选择具有高度的相关性，进一步加强了话题的真实性。该话题旨在引导学生深入思考大城市生活的利弊，从而培养其思辨能力。这一设计不仅确保了学生在写作中能够充分发挥其认知能力，也对其语言能力提出了适当的挑战，使得学生在写作过程中不仅能够体验到知识的习得，更能体会到语言技能的提升。为了进一步引导学生进行有效的写作，教师可以设计逐层递进的产出任务。在学生对话题有了初步的了解后，教师可以组织小组讨论，促使学生之间的互动交流，再由学生代表对讨论结果进行汇报。这样的设计不仅有助于帮助学生整合和巩固知识，还能够提高其口头表达能力。学生可以在对话题有了深入的理解后，独立完成英语写作任务。

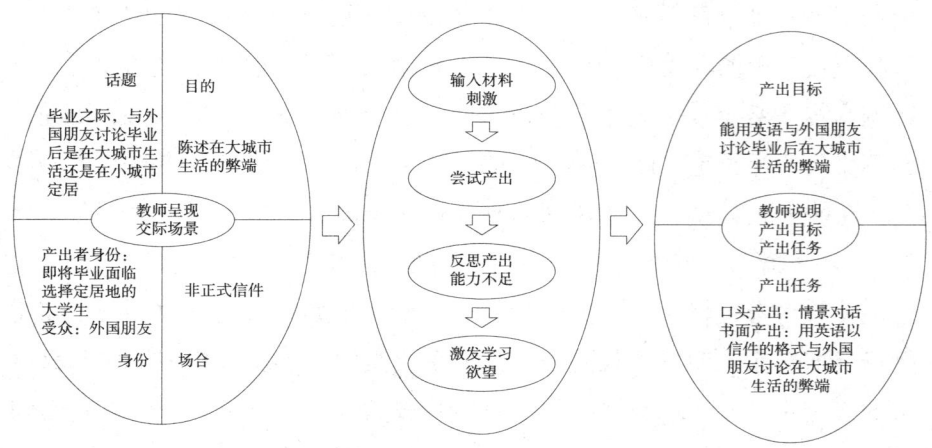

图 8-2　POA 高职英语写作教学驱动环节设计

## 四、基于产出导向法的高职英语写作教学促成环节设计

在教学设计中，对学生的促成活动是关键的一环，其目的是针对学生在产出过程中遇到的困难提供有针对性的支持。采用 POA 理论体系为框架，以"在大城市生活的挑战"为例，在此探讨如何精准设计促成环节，帮助学生克服产出过程中的困难。在教学过程中，观察学生的尝试产出是了解其困难的重要手段。通过对高职一年级学生的观察，发现他们在此话题上主要面临两大困难：语言和内容。具体来说，学生对于此类话题中常用的动词和固定词组的使用不够熟练，对于大城市生活所面临的具体挑战也缺乏深入的了解。为了有效地解决这些问题，促成活动的设计需要从内容和语言两个维度出发。对于内容方面的困难，可以使用图片和文字材料为学生提供信息，帮助他们了解大城市生活的各种挑战，如高昂的生活成本、交通拥堵、环境污染等。这些材料可以为学生提供丰富的信息源，帮助他们更好地理解和掌握话题内容。而对于语言方面

的困难，可以通过各种书面或口头形式的活动进行解决。例如，通过选词填空活动，学生可以加强对常用动词和固定词组的掌握；通过接龙等口头活动，学生可以在实际交流中熟悉和应用这些词汇和短语。值得注意的是，虽然学生在话语结构上没有太大的困难，但对于这类话题的特定话语结构，教师仍需适当地进行明示，以确保学生能够准确地表达自己的观点。最后，根据文秋芳的 POA 理论体系，教学流程是由多个"驱动—促成—产出"循环组成的。每个环节都可能涉及多个小循环，这意味着在教学过程中，教师需要不断地观察、调整和优化，以确保学生能够有效地完成产出任务①。POA 高职英语写作教学促成环节示例如表 8-1 所示。

表8-1　POA高职英语写作教学促成环节示例

| 单元模块 | 教学流程 | 内容安排 | 说明 |
|---|---|---|---|
| Explore1 | 驱动 1 促成 1 产出 1 | 假设你即将毕业，你会选择生活在如图片所示的大城市吗<br>图片促成：图片主题为"在大城市生活的挑战"<br>口头产出：用英语单词或词组概括图片中所呈现的在大城市生活的挑战 | 产出目标 1：<br>掌握描述大城市生活弊端的词组；<br>了解在大城市生活的挑战 |
| Explore2 | 驱动 2 促成 2 产出 2 | 你和你的外国朋友讨论在大城市生活的利弊<br>文章 The advantages and disadvantages of living in a big city<br>口头产出：小组接龙：在大城市生活的利弊<br>头脑风暴：总结文中出现的说明类行为动词 | 产出目标 2：<br>了解对比类文章的语篇特点；<br>全面梳理在大城市生活的利弊，培养学生辩证分析问题的能力 |
| Explore3 | 驱动 3 促成 3 产出 3 | 英文报纸有奖征文：在大城市生活面临的挑战<br>文章 A unified theory of urban living<br>书面产出：以"在大城市生活面临的挑战"为题，为投稿写一篇 150 字左右的短文 | 产出目标 3：<br>了解在大城市生活的挑战；掌握说明类行为动词；掌握说明类文章的语言结构 |

① 文秋芳，毕争.产出导向法与任务教学法的异同评述 [J].外语教学，2020（4）：41-46.

原作文题目没有任何其他辅助材料，学生在得到这个产出任务时可能无从下手，因此，笔者首先通过图片对学生进行视觉刺激，引导学生用英文词组简要概括图片内容，使学生大致了解在大城市生活的挑战。通过 "The advantages and disadvantages of living in a big city" 和 "A unified theory of urban living" 两篇文章在内容上对学生进行促成，不仅使学生在内容上有话可说，而且促进学生辩证思维能力的发展。学生以图片和文字材料输入，通过口头和书面产出检验促成效果，实现了产出形式上的多样化，促成小循环内的驱动通过变换场景，实现了内容多样化。从语言、内容对接学生的产出困难，达到了促成的精准性标准。从词到句再到篇章，以及从描述图片到复述文章再到独立产出，从语言单位和认知难度实现了促成的渐进性。

表 8-1 是笔者针对只有题目的写作产出任务设计的一次促成尝试，考虑得可能还不够全面。对于以课文为重点的高职英语教学而言，可能还涉及对课文材料的调整。

## 第五节　产出导向法视域下高职英语翻译教学

在经济全球化和我国提出 "一带一路" 倡议的背景下，对高技能的英语翻译人才的需求越来越高。这些人才不仅需要有坚实的专业知识，还需要具备高级的翻译技巧。但目前，在中国的高等职业教育中，学生的英语翻译能力并不令人满意，无法满足社会和经济对翻译人才的需求。产出导向法作为一种新兴的外语教育方法，强调知识输入和任务输出的紧密结合，对实用性强的语言教育尤其有益。这种教育理论已经开始被应用于高职英语翻译的课堂教学。因此，为了最大限度地发挥产出导向法的潜力，高职英语教育工作者需要深入分析这种理论在翻译教学中的应用，以总结出更有效的教学方法，推动高职英语翻译教育的发展。

## 一、产出导向法在高职英语翻译课堂教学实践中的优势

产出导向教学方法的核心在于学习和应用的结合。在这种方法下，教学以具体的产出任务为驱动力，构建了一个整合输入与输出的模式。这种模式鼓励学生在学习过程中更多地学习和应用所学知识，从而促进他们的语言翻译能力的发展，提高课堂教学效果。具体来说，产出导向法倡导学生先尝试输出，遇到困难时，通过教师的指导性输入有针对性地解决问题。这种方法能够有效地指导教学，解决学生在传统教学模式下被动学习的问题，帮助学生对教学内容留下更深刻的印象。

以往高职英语翻译教学中，教师通常侧重于知识的输入，而忽视了学生的翻译输出。这种方法通常是教师通过讲解来完成课堂翻译知识教学，学生则处于被动接收的状态，缺乏对翻译知识的主动探索和应用，长此以往会阻碍学生翻译能力的提升。此外，这种传统教学方法还可能影响教师与学生之间的沟通，减少互动，不利于营造良好的课堂氛围。相比之下，产出导向法通过注重基于输出困难的针对性输入，为学生提供更多的输出机会，即知识应用的机会，因而可以有效提升学生的英语翻译实践能力。

高职英语翻译教学不仅要培养学生的翻译技能，还应包含对优秀民族传统文化的传承与弘扬。这样，高职英语翻译课堂不仅能更加生动活泼，还能促进国与国间的跨文化交流。在产出导向法的理论指导下，教学内容可以将中国优秀文化融入英语翻译教学中，从而提高教学效果，增强学生的翻译技能和文化意识。这对于提高高职学生的英语翻译能力和文化素养具有重要的意义。通过这种教学方法，学生不仅能够提高语言技能，还能更好地理解和传承中华优秀文化，为促进全球文化交流做出贡献。

## 二、基于产出导向法的高职英语翻译翻转课堂教学设计

产出导向法的理论框架主要服务于具备一定外语基础的学习者，将其教学过程划分为三个关键环节：产出驱动、输入促成，以及产出评价。"产出"不仅是指传统意义上的"输出"，如说和写，还涵盖了口头和书面的翻译。因此，将产出导向法融入高职英语翻译课堂教学是完全切实可行的[①]。当前高职英语教材中的翻译部分相对较少。为了确保采用产出导向法的翻译教学有足够的教学资源，并有针对性地提升学生的翻译能力，笔者选择了历年的大学英语四级考试中的篇章翻译题目作为教学材料。这些题目覆盖了传统节日、历史文化、环保、教育、经济发展、科技、旅游和体育等八大领域。这些主题不仅与当前的社会发展紧密相连，而且与学生的日常生活有着密切的联系，既展现了英语学习的实用性，也体现了其人文性，与"全人教育说"的教育理念相呼应。这些选定的主题与高职英语教材中的单元话题高度匹配。因此，在每个教学单元中，都可以选择一个与单元话题相关的翻译材料，从而弥补当前教材在翻译教学方面的不足。具体教学设计如下。

### （一）产出驱动环节：课前视频或微课呈现

产出导向法挑战了传统教学模式中从输入到输出的顺序，提出了输出不仅是学习的终极目标，还是学习的核心驱动。在这种理论框架下，输出被视为新的学习任务的初始步骤，允许学生首先进行尝试性的产出，从而意识到自己在语言能力方面的不足，并产生内在的学习动机。基于这一理念，教师在任务开展之初应明确向学生解释教学目标及期望的产出任务。高职英语翻译教学的核心目标是使学生能够运用翻译技巧高效地翻译内容完整、结构明确且语言难度适中的文章，并确保译文的准确

① 文秋芳，孙曙光."产出导向法"驱动场景设计要素例析 [J]. 外语教育研究前沿，2020（2）：4-11.

性，避免出现重大的理解或表达错误。考虑到非英语专业的高职生通常英语水平较低，并且他们的翻译学习并不是以职业为目标，因此高职英语翻译教学的目标应同时涵盖语言知识和翻译技能。以 2015 年 6 月的四级翻译真题为例，该题目涉及"中国快递业迅速发展"的内容。在产出驱动阶段，教师可以录制一个小视频，展示一个真实的交际场景：一名刚到中国的外国留学生在中午时分看到学生宿舍楼外堆积如山的快递包裹，对此感到非常惊奇，并希望了解中国快递业的发展状况。在视频中，学生被鼓励向这位外国留学生介绍中国快递业的发展情况。教师接着展示这次翻译教学的核心任务：翻译 2015 年 6 月的四级翻译真题——"据报道，今年中国快递服务（courier service）将递送大约 120 亿件包裹。这将使中国有可能赶超美国成为世界上最大的快递市场。大多数包裹里装着网上订购的物品。中国约有百万在线零售商以极具竞争力的价格销售商品的机会，仅在 11 月 11 日，中国消费者就在国内最大的购物平台购买了价值 90 亿美元的商品。中国有不少这样的特殊购物日，因此，快递在中国扩展就不足为奇了。"完成视频录制后，教师将其上传至在线教学平台，并要求学生按照视频中的场景模仿交际输出。学生需要双人合作，模仿视频中的场景，进行交际输出，并将其录制成视频上传至在线交流平台。学生还需尝试翻译上述四级翻译真题，并将其上传至平台。这一过程旨在让学生意识到自己在语言知识和跨文化交际能力方面的不足，并产生强烈的学习意愿，即学习的内在驱动力。此外，这也为教师提供了一个了解学生的实际水平的机会，为下一环节的教学设计提供参考。

### （二）促成环节

"促成"环节在产出导向法的教学流程中起到了至关重要的作用，它对产出的质量具有决定性的影响。文秋芳提出，通过将一个复杂的产出任务分解为数个较小的子任务，不仅可以降低任务的复杂性，还能缩短产出与输入学习的间隔[①]。因此，为了充分实现教学目标，即语言知识和翻译技能的培养，笔者将"中国快递业迅速发展"的翻译任务细分为两个子任务：一是向外国留学生简述中国快递行业的飞速发展；二是翻译关于"中国快递业迅速发展"的相关短文。为了成功完成上述子任务，促成环节可以进一步细分为三个子环节：语言知识的促成、翻译技能的培养和翻译任务的完成。具体操作如下。

1. 语言知识促成

在产出导向法的教学策略中，语言知识的促成环节为学习者提供了一个关键的机会，使他们在尝试产出之前填补语言知识的空缺。在此环节，教师需要精心设计和选择教学资源，确保它们与学生的需求和教学目标紧密相关。基于学生在产出驱动阶段所展现的语言知识和跨文化交际能力的不足，教师可以从 *China Daily*、《21 世纪报》等电子资源中筛选平行文本。此外，与教学内容相关的视频，如由中国中央电视台和英国广播公司联合制作的《美丽中国》系列，也提供了丰富的学习材料。这些视频不仅用英文展示了丰富的中国文化景观，还与四级翻译题目有很高的契合度。通过网络教学平台，这些资源可以方便地传递给学生。在此基础上，学生被鼓励根据自己的实际需求进行选择性学习，从所提供的输入材料中挑选与他们当前学习任务相关的词汇和表达方式，以填补他们在特定话题，如快递行业的知识空白。完成这一步骤后，学生可以再次尝试完成先前的子任务，如制作一个介绍中国快递业发展的视频，并将其上传到网络学习平台。此环节的核心目的是通过听和读的方式，帮助学生填补他们在语言知识方面的缺陷，从而为完成后续的翻译任务提供支持。这种策略确保了学生在尝试产出之前得到充分的输入，从而更好地完成了翻译任务，满足了产出导向法的核心理念。

---

① 文秋芳.专栏引言："产出导向法"教学流程再解读[J].外语教育研究前沿，2020（2）：3.

2.翻译技能促成

在翻译教学过程中，除了对特定领域的语言表达有基本的了解，翻译技能的培养同样至关重要。尤其是当涉及具体的主题如"中国快递业迅速发展"时，学生需要深入理解英汉两种语言在语法结构、句型、语态使用，以及主客观强调等方面的细微差异。例如，学生需要熟练掌握特定的句型、词序调整和语态转换等关键翻译技巧。为了确保学生能够有效掌握这些技能，教师可以利用当前普及的在线教育资源。例如，"中国大学 MOOC"网站和"学习强国"平台上的外语慕课和微课都提供了丰富的关于翻译技巧的授课视频。教师可以为学生筛选出与课题相关的视频教程，并将链接分享给学生，引导他们在课前进行自主学习。这种策略不仅使学生了解中英两种语言的文化差异，还有助于他们掌握相关的翻译技巧。网络学习交流平台为教师提供了一个便利的途径，与学生进行在线互动和答疑，及时了解他们的学习进展和任务完成情况。这一环节的核心目标是帮助学生系统地掌握翻译所需的关键技能，并培养他们的跨文化交际意识，从而为完成最终的翻译任务打下坚实的基础。这种结合了语言知识与翻译技能的教学方法，不仅满足了产出导向法的核心理念，也有助于提高学生的翻译水平和跨文化交际能力。

3.翻译任务促成

在产出导向法的教学策略中，翻译任务的促成作为一个关键环节，是在课堂中实施的。经过"课前"自主学习的前两个促成阶段，学生已经为课堂中的翻译任务打下了坚实的基础。教师需要设计和组织活动，引导学生将前期学到的知识应用于实际的翻译任务中。课堂的开始，教师可以通过多媒体展示的方式评价学生在"语言知识促成"阶段的产出，并重点指导学生巩固其中的重难点。教师可以简要地重构翻译技能的知识体系，确保学生对此有了全面的认识。在这个基础上，学生被引导完成段落翻译任务。鉴于此任务相较于先前的子任务在难度和深度上都有所增加，其执行可以采用分阶段的策略。教师可以组织学生进行小组讨论，深入分析原文，挖掘出与快递业相关的词汇及其对应的英文词汇，并探讨文中的跨文化交际点。例如，如何将汉语中的隐性被动句转化为英语表达。在这一基础上，学生独立完成翻译，再将自己的译文与小组成员共同讨论，针对遇到的问题进行深入的探讨。经过小组讨论和修正后，每个小组最终提交一份经过全体成员认可的译文。教师在此过程中扮演着观察者和指导者的角色，对学生的小组讨论进行观察，了解他们的学习进展，并为接下来的评价环节做好准备。这一环节不仅培养了学生的翻译技能，还锻炼了他们的团队合作和批判性思维能力。

**（三）产出评价环节：课中即时评价＋课后延时评价**

在产出导向法的教学框架中，评价环节被视为学习过程的核心部分。这一观念强调了评价在知识体系强化中的重要性，并主张在教师的专业指导下，学生应该在评价中学习，实现评价与学习的有机结合。课堂中的即时评价策略要求学生基于小组进行互评。每个小组都需要对在网络学习交流平台上提交的翻译任务进行评价，并提供具体的评阅意见。完成小组互评后，教师将对每个小组的译文及其提供的评阅意见进行总结，并给出专业性的评价。这种评价方法不仅激励学生进行深入的反思，还鼓励他们对同伴的工作提供有建设性的反馈。而课后的延时评价策略进一步强化了学习效果。基于小组的互评意见和教师的专业建议，学生需要修改并完善他们的译文，并再次上传至网络交流平台。教师随后会根据修改后的译文提供评阅意见。对于表现出色的学生，教师可以提供额外的拓展任务，进一步挑战和提高他们的翻译能力。

综上所述，基于 POA 的高职英语翻译翻转课堂教学模式如图 8-3 所示。

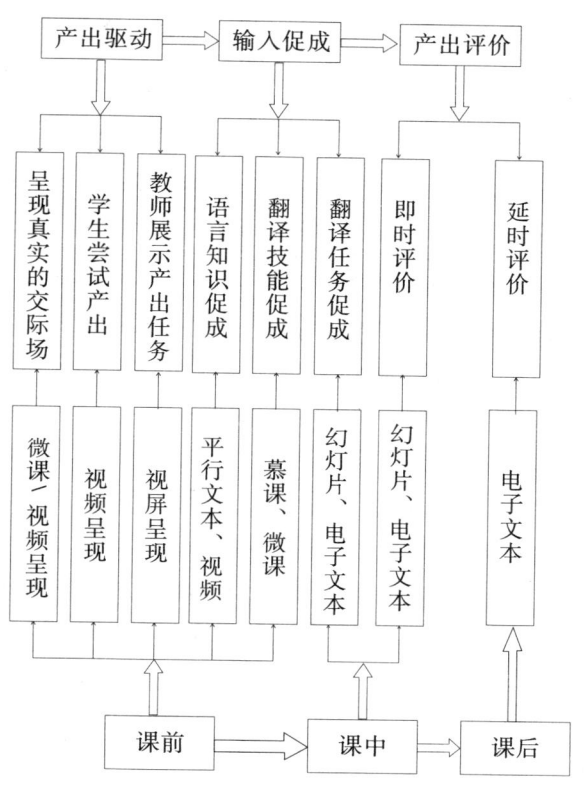

图 8-3 基于 POA 的高职英语翻译翻转课堂教学模式

## 三、高职英语翻译类课程教学模式建构策略

### （一）以教学目标为导向，使输入性学习与产出性运用有机对接

在高职院校的教学策略中，教学目标的明确与实施是至关重要的。这些学校旨在培养具有较强实践能力和高素质的应用型人才。为了实现这一目标，教育者采纳了 POA 理论"学用一体"的教学理念，并结合学生的实际情况，围绕知识、技能和素养三个层面对翻译课程的教学目标进行明确。高职院校翻译课程的目标不仅涉及双语语言知识、翻译理论和双语文化知识，而且还包括翻译技巧、实践技能和跨文化交际技能。更为重

要的是，这一课程还强调了翻译职业道德、职业素养和思辨素养的培养。

为了确保教学目标的连贯性和深度，教育者需要对每个单元、每节课乃至每个教学环节的目标进行细化，确保目标之间的相互连接和渗透。这样的设计使得学生能够逐步深入理解，从而达到由浅入深、层层递进的学习效果。在选择教学内容时，教育者应以教学目标为导向，确保所选内容与教学目标高度匹配。同时，教师应充分利用其在教学中的支架作用，设计出结构清晰、有层次的驱动活动和产出任务。这不仅确保了输入材料与产出任务之间的匹配，而且保证了输入性学习与产出性运用之间的精准对接，从而达到了教学目标的最终实现。

### （二）利用线上线下混合式教学模式，实施选择性学习

在现代翻译课程教学中，选择性学习的概念正在逐渐受到重视，特别是在 POA 理论的指导下。与传统的全面教学方法相比，选择性学习更加强调根据产出目标的需要，有针对性地对内容进行筛选和重点学习。这种方法不仅增强了教学的针对性，还提高了教学效率，更好地激发了学生的学习积极性和主动性。随着信息技术在教育领域的广泛应用，线上教学已逐渐成为教育的一部分，并在翻译教学中展现了其独特的优势。利用线上平台，教育者可以为学生提供丰富的慕课和微课资源，为他们提供更为灵活和多样化的学习选择。在线上环境中，教师可以更好地发挥其在学习过程中的支架作用，引导学生进行自主学习，助力他们发现并解决问题。而在线下教学中，教师则可以针对学生在线上学习过程中遇到的问题，以及教学的关键内容和难点，进行有针对性的教学设计。这种方法确保了学生能够在有限的时间内，深入地学习和理解关键内容，有效地克服学习中的困难。综合考虑，线上线下混合式教学模式结合了两种教学方法的优点，为学生提供了一个更为灵活、高效和个性化的学习环境。在此模式下，选择性学习不仅能够提高教学效率，还能够更好地满足学生的个性化学习需求，进一步促进其深度学习。

### （三）深化评价认识，完善评价体系

在教育评价领域，产出导向法为评价的深化认知提供了新的视角和方法。这一方法不仅为评价方式注入了新的活力，还对评价的本质和目的提出了刷新人们既有观念的见解。产出导向法强调了评价的多元性，主张将不同的评价方式整合使用。它将教师评价、学生自评、同伴互评及机器评价有机结合，构建一个全面而多维的评价体系。这种评价方式强调了师生之间的合作与沟通，旨在创造一个充满活力和互动的教学环境。更为重要的是，产出导向法的评价理念与传统教育中的评价理念有所不同。它提出的以评为学、以评促教的观点，强调评价与教学和学习的紧密结合。在这种观念下，评价不再是教学的尾声环节或简单的成果检验，而是与整个教学过程相伴随，成为推动学习的关键因素。根据产出目标，产出导向法建议为不同的产出任务制定相应的评价标准，这有助于为教学提供明确的方向和目标。此外，教师在产出导向法评价模式下不再是单纯的评价者，而是引导者和合作伙伴。他们通过引导学生学习评价标准，帮助他们明确学习目标，同时鼓励学生参与评价活动，使其更加主动地参与学习过程。这种评价方式旨在激发学生的兴趣，调动其学习动力，为其创造条件去完成更高阶的学习任务。

### （四）依托"驱动—促成—评价"教学流程组织渐进式教学

在现代教育实践中，产出导向法所建构的"驱动—促成—评价"教学流程为组织渐进式教学提供了清晰的框架。该流程将教学过程划分为三个相互关联的阶段，确保学生从初步的知识接触到深入的知识应用得到连续而有意义的支持。课前阶段，教师的任务是为即将到来的课程设定明确的教学目标并设计与之匹配的产出任务。利用各种现代教育工具和平台，如学习通、QQ、Unipus及微课等，教师将传统的课堂教学内容转移到线上环境，为学生提供一个自主、灵活的学习空间。学生在这一

环境中进行尝试性产出，将所学知识运用于实际任务中。通过在线平台，教师可以实时掌握学生的学习情况，识别其遇到的问题和难点，为接下来的课堂教学做好准备。进入课堂后，教学活动的重点转向对话、启发和探究。这一阶段的目的是激发学生的思维活力，引导他们深入探索和分析知识。教师将课前收集的学生作品中的典型案例带入课堂，作为案例分析的基础，帮助学生明确知识的核心和边界。同时，教师通过详细的知识点讲解，确保学生对知识有深入的理解。对于评价标准的学习，它不仅帮助学生明确学习目标，还能深化他们对知识的理解，提高他们的分析和应用能力。课后阶段，学生在教师的指导下，基于课堂所学和评价标准修订自己的作品。教师则根据学生的产出情况制订后续的教学任务，确保学生的学习得到持续地促进和深化。

## 四、产出导向法在高职英语翻译教学中的实践

产出导向法在高职英语翻译教学中的实践，是一种以学生翻译产出为中心，重视学生主动学习和实践应用的教学策略。这种方法不仅着眼于提高学生的翻译能力，还旨在通过翻译实践加深学生对语言和文化的理解。在高职英语翻译教学中，产出导向法的应用可以分为几个关键步骤。

首先，教师应精心选择适合高职学生水平和职业需求的英汉双语材料。这些材料应涵盖不同的主题和体裁，如技术文档、商务通信、日常会话等，以确保学生能够接触并熟悉不同领域的专业术语和表达方式。其次，教学过程中应重视对复杂句型和专业术语的讲解，帮助学生准确理解源语言文本。这包括对语言结构、词汇选择、语境含义等方面的分析，以及如何在目标语言中恰当表达这些元素。学生进行翻译实践是产出导向法的核心环节。学生在教师的指导下，将选定的文本从英语翻译成汉语，或从汉语翻译成英语。在这个过程中，学生不仅要关注语言的准确性和流畅性，还要考虑文化差异对翻译的影响。再次，教师应组织

课堂讨论和小组合作，鼓励学生分享翻译经验，相互评价和修改同伴的译文。这种互动不仅提升了学生的团队协作能力，也促进了他们对翻译技巧的深入理解和应用。最后，教师应定期对学生的翻译作品进行评估和反馈。这包括指出学生作品中的错误和不足，提供改进建议，并给予表现出色的学生正面的鼓励。这种持续的反馈机制能够帮助学生不断提高翻译水平。

通过以上步骤，产出导向法能够在高职英语翻译教学中实现教与学的双重目的：一方面，学生通过实际翻译操作提高了语言技能；另一方面，他们在翻译过程中深入理解了文化差异和语言特点，从而提升了跨文化交际能力。这种教学方法不仅适应了高职学生的学习需求，也为他们日后的职业生涯打下了坚实的语言基础。

接下来笔者以具体的商务英语翻译教学流程设计为例，展示如何在产出导向法指导下开展高职英语翻译教学。

教师以"外贸物流包装"为主题设置教学任务，旨在让学生掌握撰写物流包装要求、指示、物品清单等方法，同时能够高效地就物流包装细节问题，与英语客户进行沟通。该教学任务中涉及的商务英语翻译内容，同时包括了书面、口语两部分，其中书面翻译内容以信函形式呈现。除了商务英语知识、技巧，学生还需要了解一些物流包装上蕴含的中外文化差异。

## （一）输出驱动环节

产出导向法的教学中，输出驱动环节起着至关重要的作用，它主要分为三个步骤：创设情境、尝试交际以及明确任务。

首先，在创设情境的环节中，教师可以运用多媒体教学工具，如微课视频或 PPT 展示图片，来帮助学生快速了解课题内容和角色定位。例如，教师可以通过案例介绍国际贸易中包装设计、材质、结构的重要性，以及外贸物流包装的常见问题及其潜在后果等。

其次，进入尝试交际环节。在这一环节，学生需要根据提供的素材进行讨论，自由表达自己的意见和观点。在这个过程中，学生可能会遇到各种困难，但这正是他们意识到自己知识不足的关键时刻，从而产生对新知识的渴求，这也为接下来的"输入促成"环节奠定了基础。

最后是明确任务环节。教师在学生进行初步尝试后，会呈现出完整的任务。例如，这次的任务是围绕"信函交际"和"口语交际"，旨在掌握外贸物流包装相关的关键词汇、句型、时态和语篇等。具体任务可以是编写一封信函，内容涉及外贸货物的包装指示信息，并在课堂上模拟与美国某百货公司经理进行商务谈判。这样的实践活动不仅能够提高学生的实际应用能力，还能增强他们对专业知识的理解和运用。

驱动环节一：教师在创设情境时，展示外贸物流的相关词汇，如table trolley（物流台车）、third party logistics service provider（第三方物流企业）、transportation package size by modular coordination（运输包装系列尺寸）等，让学生自检了解情况。

驱动环节二：教师要求用英语探讨外贸包装的功能和作用，将碎片化的词汇、短句整合成小短篇，同时记录下小组成员存在的不足。

驱动环节三：教师在阐明任务的基础上，详细分析教学目标、产出任务等，引入"Based on your experience, which style do you think should be used to write packaging instructions?（根据自己的经验，你认为撰写包装指示应该采用哪一种文体）"的话题。

## （二）输入促成环节

在产出导向法的输入促成环节中，教师作为"学习支架"，不仅要平衡教学内容与学生的学习状态，而且要引导学生渐渐熟悉新的词汇、语言结构和表达方式。在这个阶段，教师首先需要详细阐述产出任务的具体要求，以确保学生对其有深刻理解。其次，学生在教师的引导下自主选择任务，这既能明确他们的学习方向，又能激发学生的主动学习兴趣。这个选择过程是在教师的协助下进行的，如果学生选择了撰写信函的任务，学习的重点可能包括专业词汇、文体格式和信函结构。此外，教师会阶段性地提供丰富而精确的学习材料，来支持学生的学习过程。例如，首先提供与茶具包装相关的专业词汇，其次是关于商务信函的阅读材料，最后是有关外国书信文化和商务文化的资源。这种分阶段提供材料的方法，不仅能帮助学生系统地构建知识体系，还能促进他们在实践中灵活运用所学知识，从而有效提高他们的英语翻译能力和跨文化交际技巧。通过这样的教学方法，教师与学生共同努力，旨在使学生在实际的产出任务中更好地应用所学知识，进一步提升他们的综合语言能力。

在产出导向法的教学框架中，产出任务分为两部分，旨在全面提升学生的实际应用能力。第一部分的任务是撰写以茶具物流包装为主题的商务信函，这可以被视为"初级产出"。对于英语基础相对薄弱的高职学生来说，书面翻译通常比口头交流更为容易。在将信函从中文翻译成英文的过程中，学生被鼓励尽可能详细地描述茶具包装的外观、颜色、文字等元素，从而提高他们的细节处理能力和翻译准确性。第二部分的任务是模拟与美国 B 百货公司经理的商务谈判，这被视为"高级产出"。这一任务的挑战在于，谈判过程中不仅会涉及信函中的内容，还可能包括一些生僻或专业的词汇。为了应对这一挑战，教师可以引导学生在课余时间分配角色，进行模拟谈判的练习，并将其拍摄成视频上传至线上教学平台。这种方法不仅能提高学生的口语交际能力，还能增强他们对专业术语的理解和应用，同时鼓励学生在实际情境中运用语言，提高其实际应用能力。通过这两种产出任务的设计和实施，学生能够在书面和口头交际中均获得实质性的进步，为他们日后的职业生涯奠定坚实的语言基础。

（三）产出评价环节

在基于产出导向法的英语教学活动中，教学评价的实施分为两种主要方式：即时评价和延时评价。即时评价强调"以评促学"的理念，主要在学生完成产出任务的过程中实施，而延时评价则是在学生经历充分准备和练习后，对最终提交的成果进行评估。

针对本文所设置的"信函"和"商谈"两项任务，教师可以采用不同的评价策略。对于"信函"任务，更适合采用即时评价。在这个过程中，教师可以按照信函的格式、主体内容和信件礼仪文化等方面分步进行评价。在每个部分完成后，教师应围绕词汇、语言和语法进行详细评价。这种分阶段的评价方式有助于学生更容易、更快速地吸收和理解知识。

"商谈"任务则更适合采用延时评价。考虑到学生需要完成角色分配、对话练习和视频拍摄等一系列步骤，教师可以在学生提交作品后，挑选出不同水平（优、良、差）的代表作品。在下一次课堂上，教师可以通过微课的形式展示这些作品，让学生相互分享和评价。这不仅能促进学生之间的学习交流，还能增加他们的学习兴趣。同时，教师还可以组织学生进行"复出性产出"，即根据前次评价的结果，学生在课堂上重新演绎中美企业代表的谈判过程。这种活动能够进一步强化学生的学习成果，提高他们对知识的应用能力。

通过这样的评价体系，教师不仅能及时了解学生在学习过程中的进展和存在的问题，还能有效地指导学生如何改进和提高。学生也能通过这种多样化的评价方式，更加深入地理解学习内容，提升自己的语言运用能力和跨文化交际技能。这种教学和评价方法，不仅促进了学生的主动学习，也提高了教学的效果和质量，为学生未来的职业生涯打下了坚实的基础。

# 参考文献

[1] 李首权."产出导向法"视角下的高职空乘英语口语教学模式探索 [J]. 新疆职业教育研究, 2019（4）: 31–35.

[2] 李首权. 高职英语产出导向法教学模式创新和实证研究 [J]. 新疆职业教育研究, 2020（4）: 29–34.

[3] 杨岑. 基于"产出导向法"的 ESP 教学研究: 以涉海 ESP 课程为例 [M]. 长春: 吉林人民出版社, 2021.

[4] 程彩兰, 韩彦林. 基于"产出导向法"的大学英语信息化教学效能研究 [M]. 长春: 东北师范大学出版社, 2017.

[5] 张文娟. 产出导向法理论应用的行动研究 [M]. 北京: 外语教学与研究出版社, 2022.

[6] 邱琳. 产出导向法促成活动设计 [M]. 北京: 外语教学与研究出版社, 2020.

[7] 文秋芳. 产出导向法: 中国外语教育理论创新探索 [M]. 北京: 外语教学与研究出版社, 2020.

[8] 张丽霞. 产出导向法视域下的大学英语教学研究 [M]. 北京: 经济管理出版社, 2019.

[9] 邱银香. 基于"产出导向法"的大学英语信息化教学效能研究 [M]. 北京: 中国建材工业出版社, 2017.

[10] 资灿 . 高职英语教学的发展与创新研究 [M]. 成都：西南交通大学出版社，
2020.

[11] 赵盛 . 高职英语教学方法与改革研究 [M]. 长春：吉林人民出版社，2020.

[12] 王九程 . 信息化时代高职英语教学研究 [M]. 长春：吉林人民出版社，2020.

[13] 包学敏 . 基于应用型人才培养的高职英语教学质量提升探究：评《高职英
语教学的反思及未来趋势研究》[J]. 应用化工，2023（9）：2756.

[14] 杜娟 . 基于 POA 的高职商务英语翻译教学研究 [J]. 英语广场，2023（5）：
120-123.

[15] 文长虹，鲁燕 .POA 理论视阈下高职英语翻译教学探究 [J]. 现代英语，
2020（16）：69-71.

[16] 曹慧敏 . 红色文化在高职英语教学中的融入探讨 [J]. 英语广场，2023（24）：
54-57.

[17] 翁庆 . 混合式教学法在高职英语教学中的应用路径分析 [J]. 英语广场，
2023（24）：94-97.

[18] 刘大稳 . "一带一路" 背景下高职英语教学工匠精神的培养 [J]. 太原城市
职业技术学院学报，2023（6）：147-149.

[19] 张莉芳 .CLIL 理论下高职英语教学现状分析及提高策略 [J]. 晋城职业技术
学院学报，2023（4）：41-43.

[20] 苏丽艳 . 区域经济发展需求背景下的高职英语教学策略探究 [J]. 海外英语，
2023（12）：226-228.

[21] 于晓丽 . 就业导向下的高职英语教学创新分析 [J]. 产业与科技论坛，2023
（8）：221-222.

[22] 席晶晶 . 课程思政视阈下中华优秀传统文化融入高职英语教学研究 [J]. 湖
北开放职业学院学报，2023（12）：182-183，187.

[23] 覃籹 . 基于职业能力导向的高职英语教学优化研究 [J]. 海外英语，2023
（10）：213-215.

[24] 王冬艳. 中华传统文化与高职英语教学的融合探究 [J]. 海外英语，2023（10）：219–221.

[25] 王金铭. 中华优秀传统文化融入高职英语教学路径探究 [J]. 海外英语，2023（10）：222–224.

[26] 蒋霞. 概念型教学法视域下的高职英语教学 [J]. 海外英语，2023（8）：203–205，212.

[27] 曹霞. 核心素养视域下高职英语教学生态系统的构建 [J]. 三门峡职业技术学院学报，2023（1）：68–73.

[28] 严谨. 应用型人才培育模式下高职英语教学的困境与优化 [J]. 苏州市职业大学学报，2023（2）：88–92.

[29] 张昕煜. 大数据与人工智能技术在高职英语教学中的应用探究 [J]. 海外英语，2023（5）：238–240.

[30] 李娟. 翻转课堂教学模式在高职英语教学中的应用 [J]. 中国多媒体与网络教学学报（中旬刊），2023（5）：17–20.

[31] 刘晶晶. 微课在高职英语教学中的应用研究 [J]. 海外英语，2023（8）：209–212.

[32] 张辰昀. 基于人工智能技术的高职英语教学系统的构建 [J]. 湖北开放职业学院学报，2023（6）：143–145.

[33] 姜莹. 整体语言法理论在高职英语教学中的应用 [J]. 辽宁高职学报，2023（3）：41–45.

[34] 贾佳子. 高职英语教学课程思政的思考 [J]. 辽宁高职学报，2023（3）：46–50.

[35] 梁丹. 基于深度产教融合的高职英语教学与校企合作新模式的探索 [J]. 湖北开放职业学院学报，2023（9）：178–179，185.

[36] 伏晓晓. "一带一路"背景下高职英语教学中工匠精神融入对策研究 [J]. 海外英语，2023（8）：197–199.

[37] 汤莹华 . 英美文学经典融入高职英语教学的研究 [J]. 英语广场，2023（7）：125–128.

[38] 李蔚东 . 基于职业需求视角下高职英语教学改革与创新 [J]. 英语广场，2023（6）：102–105.

[39] 宋惠珍 . 高职英语教学应对新课标的探索与实践 [J]. 英语广场，2023（6）：118–121.

[40] 李丹 . "互联网 +"环境下的高职英语教学创新：评《高职英语教学的发展与创新研究》[J]. 中国教育学刊，2023（5）：137.

[41] 侯晓慧 . 基于互联网 + 支架式教学模式在高职英语教学中的应用 [J]. 濮阳职业技术学院学报，2023（2）：32–34.

[42] 张中凯 . 优秀传统文化融入高职英语教学的路径 [J]. 英语广场，2023（9）：117–120.

[43] 马晓梅 . 翻转课堂教学模式在高职英语教学中的应用 [J]. 英语广场，2023（7）：129–132.

[44] 高星 . 基于核心素养的高职英语教学设计研究 [J]. 江西电力职业技术学院学报，2023（4）：95–97.

[45] 袁晶 . 基于产出导向法的高职英语教学研究 [J]. 鄂州大学学报，2023（2）：47–48，109.

[46] 严秋岑 . 高职英语教学中影响学生思辨能力的因素分析 [J]. 海外英语，2023（3）：228–230.

[47] 李伟容 . 课程思政融入高职英语教学的实践探究 [J]. 延安职业技术学院学报，2023（1）：14–18.

[48] 陆金丽 . "一带一路"背景下高职英语教师能力发展探究：评《高职英语教学的发展与创新研究》[J]. 应用化工，2023（6）：1945.

[49] 李丽娟 . 基于微课的翻转课堂在高职英语教学中的应用研究 [J]. 海外英语，2023（6）：220–222.

[50] 董迪雯. 现代学徒制在高职英语教学中的实践探究 [J]. 黑龙江教师发展学院学报，2023（5）：98–100.

[51] 丁敏. 高职英语教学中传统文化的渗透措施 [J]. 江西电力职业技术学院学报，2023（2）：31–33.

[52] 张澍. 职教改革大背景下高职英语教学与专业课程的融合路径 [J]. 海外英语，2023（4）：235–237.

[53] 王金生. "一带一路"趋向下当代高职英语教学优化策略 [J]. 湖北开放职业学院学报，2023（7）：175–176，182.

[54] 雷振龙. 基于《新课标》的高职英语教学课程思政路径的生成研究 [J]. 湖北开放职业学院学报，2023（6）：107–109.

[55] 胡卫军. 立德树人理念下高职英语教学中的德育渗透 [J]. 黑龙江教师发展学院学报，2023（2）：75–77.

[56] 陈艳. 高职英语教学"课程思政"实施策略 [J]. 现代职业教育，2023（6）：45–48.

[57] 熊能. 基于 BP 神经网络的高职英语教学质量评价方法 [J]. 信息与电脑（理论版），2023（10）：251–253.

[58] 滕永青. 课程思政视域下高职英语教学与思想政治教育融合路径研究 [J]. 国家通用语言文字教学与研究，2023（5）：99–101.

[59] 马丽. 课程思政视域下"产出导向法"在高职英语教学中的实施路径分析 [J]. 广州广播电视大学学报，2023（4）：40–44，108.

[60] 王雯心. 中华优秀传统文化融入高职英语教学研究 [J]. 河南广播电视大学学报，2023（3）：104–107，112.

[61] 刘梦璋. 高职英语教学中地域文化导入的意义策略探析 [J]. 海外英语，2023（13）：219–221.

[62] 哈丽霞. 以就业为导向的高职英语教学创新策略研究 [J]. 海外英语，2023（13）：231–233.

[63] 张金龙.基于心理学理论的高职英语教学策略研究：以情绪管理和学习动机为例 [J]. 辽宁高职学报，2023（8）：26–29，112.

[64] 梁婧.就业导向背景下职业素养教育融入高职英语教学的策略研究 [J]. 现代职业教育，2023（25）：13–16.

[65] 王馨婕.基于现代教育技术的新型高职英语教学模式研究 [J]. 英语广场，2023（20）：124–129.

[66] 纪靓.线上线下混合教学模式在高职英语教学中的实践研究 [J]. 江西电力职业技术学院学报，2023（6）：30–32.

[67] 管宪慧."微课 +BOPPPS"混合教学模式在高职英语教学中的应用研究 [J]. 海外英语，2023（10）：200–202.

[68] 胡蓉.产教融合背景下的高职英语教学模式创新路径分析 [J]. 产业与科技论坛，2023（8）：134–135.

[69] 李新瑾.信息化背景下高职英语教学模式的优化策略 [J]. 科教导刊，2023（10）：58–60.

[70] 王法昌，陈赓.基于多元智能理论与教育目标分类学融合视角的高职英语教学改革初探 [J]. 潍坊工程职业学院学报，2022（5）：50–55.

[71] 王骊.慕课背景下高职英语教学的创新与思考 [J]. 产业与科技论坛，2022（16）：124–125.

[72] 胡亚萍.以学生为中心视角下高职英语教学有效模式的构建策略 [J]. 现代职业教育，2022（21）：127–129.